"十二五"职业教育国家规划教材
经全国职业教育教材审定委员会审定

电子 CAD

张兆河　孙立津　主　编

電子工業出版社·

Publishing House of Electronics Industry

北京·BEIJING

内 容 简 介

本书依照职业院校电子与信息技术专业教学标准，参照职业院校电子类专业相关教学指导意见，结合工信部及人力资源和社会保障部"计算机辅助设计OSTA（Protel平台）"国家职业技能鉴定标准编写，同时参考了行业职业技能鉴定规范。

全书共七个单元，包括：电子线路CAD入门、工程项目操作基础、工程项目原理图操作基础、工程项目原理图高级设计、工程项目PCB操作基础、工程项目PCB高级设计和电子线路仿真操作。各单元均列出了综合教学目标和岗位技能综合职业素质要求，并在后面概括了本单元技能重点考核内容，安排有多项习题与实训。为方便教学，本书还配有电子教学参考资料包。

本书可作为职业院校电子与信息技术、电子技术应用等专业的课程教材，也可用作相关行业岗位培训用书和从事电子技术工作人员的自学参考用书。

未经许可，不得以任何方式复制或抄袭本书之部分或全部内容。
版权所有，侵权必究。

图书在版编目（CIP）数据

电子CAD / 张兆河，孙立津主编. —北京：电子工业出版社，2016.11

ISBN 978-7-121-24759-0

Ⅰ. ①电… Ⅱ. ①张… ②孙… Ⅲ. ①印刷电路—计算机辅助设计—教材 Ⅳ. ①TN410.2

中国版本图书馆CIP数据核字（2014）第268582号

策划编辑：白 楠
责任编辑：郝黎明
印　　刷：北京盛通商印快线网络科技有限公司
装　　订：北京盛通商印快线网络科技有限公司
出版发行：电子工业出版社
　　　　　北京市海淀区万寿路173信箱　邮编　100036
开　　本：787×1 092　1/16　印张：16.25　字数：416千字
版　　次：2016年11月第1版
印　　次：2023年8月第11次印刷
定　　价：33.50元

凡所购买电子工业出版社图书有缺损问题，请向购买书店调换。若书店售缺，请与本社发行部联系，联系及邮购电话：（010）88254888，88258888。

质量投诉请发邮件至zlts@phei.com.cn，盗版侵权举报请发邮件至dbqq@phei.com.cn。

本书咨询联系方式：（010）88254592，bain@phei.com.cn。

P 前 言

PREFACE

随着电子技术、电子工艺的飞速发展，电子类产品的更新越来越快，产品功能也越来越丰富。随着计算机技术的迅速发展，计算机辅助设计（CAD）技术已应用到电子线路设计的各个方面，极大地改变了传统的电子产品设计观念、设计方法和设计过程。EDA 技术的出现促进了电子线路设计自动化，极大地提高了电路设计的效率和质量，也为电子设计师带来了很大方便。EDA 软件已经成为电子线路设计不可缺少的重要工具。《电子 CAD》已是职业院校电子与信息技术、电子技术应用等专业的必修课程。

本教材的编写依照职业院校电子与信息技术专业教学标准，参照职业院校电子类专业相关教学指导意见，结合工信部及人力资源和社会保障部"计算机辅助设计 OSTA（Protel平台）"国家职业技能鉴定标准。教材编写力求体现"以学生为主体，以能力为本位，以应用为目的，以就业为导向"的职教理念。作者从教与学的实际出发，针对目前职业院校学生学习现状、学习特点及各地区教学软、硬件环境的不同，以及职业岗位的需求，努力使教材的深度、广度和适用度符合职业教育学生的认知结构、职业院校的教学条件及学生未来就业的起点。

本教材力图呈现以下特色：

1. 结合具体工程项目进行理论教学与技能实训，并与《电子技术基础与技能》、《单片机技术及应用》、《计算机辅助设计绘图员 OSTA》等相关 CAD 课程横向紧密联系，重在相关技能培养，体现多元化学习。

2. 加大知识体系联系实际设计环节，突出实际应用，选择贴近生活的工程项目，增强教学吸引力。将教学过程划分为 CAD 技能基础、电子相关课程积累、CAD 设计能力发展和综合实践 4 个递进式阶段。

3. 以"做中学、做中教"为教学突破口，根据当前职业教育学生的学习现状，感性认识，动手在前，引导学生主动参与学习，确立新时期职业教育教学特点，并融入职业教育理念与综合职业技能培养目标，改革传统教材编排模式与内容，规范教学设计，优化教学评价，在教材中编排"问题导读、知识拓展、知识链接、做中学"等环节，紧扣专业培养目标，满足职业岗位需要。

4. 形成"任务导向、理论联系、项目综合、能力锻炼"的工学结合"四环节"技能训练法人才培养模式。使学生真正做到理实一体，实现电子 CAD 专业技能的初步建立。

5. 结合企业、公司的相关技术标准及电子产品开发案例，吸收、补充当前电子与信息技术领域中的新知识、新技术、新工艺、新设备的内容，同时结合全国及各省市的技能大赛相关项目，精细内容，体现先进性和趣味性，突出应用性。

6. 以典型的实用电路介绍操作过程与技术要求，编排多项习题与实训，包括职业资格认证考试模拟试题、全国职业技能大赛赛题等，用于读者加强练习与巩固；编制实训综合评价表，优化教学评价并与考取 CAD 资格证书相衔接，等等，充分体现了实用性。

7．配备丰富的电子教学资源，方便教师教学及学生自学。配套教学资源（电子教学参考资料包），包括：电子教案（教学幻灯）、案例与素材（教辅短片与图片）、视频资料（教学视频）、习题解答等。在网上可以免费下载，借助网络平台，资源共享、学习交流，促进学生可持续发展，注意关注学生的再学习能力及建立终身学习的思想。

本书适合于不同层次、不同地区的学生学习，有利于提高他们电子线路 CAD 设计与应用的竞争力。

教材配备的电子教学参考资料包可登录华信教育资源网（www.hxedu.com.cn）免费注册后下载使用。

本教材教学内容的参考学时分配如下：

单元	教学内容	建议学时
一	电子线路 CAD 入门	12
二	工程项目操作基础	4
三	工程项目原理图操作基础	16
四	工程项目原理图高级设计	8
五	工程项目 PCB 操作基础	16
六	工程项目 PCB 高级设计	8
七	电子线路仿真操作	8
总计		72

本书可作为职业院校电子与信息技术、电子技术应用等专业的课程教材，也可作为相关行业岗位培训用书和从事电子技术工作人员的自学参考书。

本书由张兆河、孙立津主编。编写时参考了有关文献资料，在此一并向原作者表示感谢。限于编者水平，书中难免会存在疏漏之处，敬请读者提出宝贵意见，以便修订时改正和进一步完善。

编　者

目 录
CONTENTS

VI

电子线路 EDA 入门

本单元综合教学目标

　　了解 EDA 概念及其重要发展阶段, 熟悉 EDA 工具软件的分类, 初步熟悉并掌握 PSpice、Multisim、Proteus 等各种电路仿真软件的原理图建立及仿真运行操作方法。熟悉各种仿真软件工作环境及常规元器件库操作。通过对几个典型电子线路任务的原理图仿真编辑与操作, 掌握常用电子元器件具体属性的编辑、仿真仪器仪表的运行和相关交直流参数分析。熟悉 Keil 软件建立工程文件及程序编辑、编译等操作过程。初步掌握各种仿真软件仿真文件的常规保存操作, 能进行自定义设置, 养成个性化保存文件的工作习惯。

岗位技能综合职业素质要求

1. 掌握常见仿真软件的启动与退出操作。
2. 熟悉典型电子线路仿真操作的一般设计过程。
3. 掌握典型电子线路原理图建立与编辑方法。
4. 学会典型电子线路仿真运行、调试的操作方法。
5. 初步掌握常见数字万用表、示波器等虚拟仪器仪表的使用。
6. 逐步掌握利用仿真软件所得相关交直流参数进行电路初步分析的能力。
7. 熟知利用 Keil 软件建立工程文件及程序编辑、编译等操作过程与方法。

项目一　EDA 技术概述

学习目标

（1）了解 EDA 概念及其重要发展阶段。

（2）熟悉 EDA 工具软件的分类。

问题导读

什么是 EDA?

　　EDA 是 Electronic Design Automation 的缩写, 其含义是电子设计自动化。EDA 出现之前, 设计人员必须手工完成典型集成电路的设计、布线等工作, 这是因为当时所谓典型集成电路的复杂程度远不及现在。经过 20 世纪 70 年代计算机辅助设计（CAD）、计算机辅助制造（CAM）、计算机辅助测试（CAT）和计算机辅助工程（CAE）等技术的发展, 到 20 世纪 90 年代, 国际上电子和计算机技术较为先进的国家, 一直在积极探索新的电子线路设计方法,并在设计方法、工具等方面进行了彻底的变革，取得了巨大成功。

当今，在世界电子技术设计领域，可编程逻辑器件（如 CPLD、FPGA）的应用，已得到广泛的普及，这些器件为数字系统电子产品的设计带来了很大的灵活性。这些器件可以通过软件编程而对其硬件结构和工作方式进行重构，从而使得硬件的设计可以如同软件设计那样方便快捷。这一切极大地改变了传统的电子产品设计方法、设计过程和设计观念，促进了 EDA 技术的迅速发展。

知识链接

EDA 技术的发展

EDA 技术是指以计算机为主要工作平台，融合了应用电子技术、计算机技术、信息处理及智能化技术等的最新成果，进行电子产品的自动设计。EDA 技术就是以计算机为工具，设计者在 EDA 工具软件平台上，用硬件描述语言 VHDL 完成设计文件，然后由计算机自动地完成逻辑编译、化简、分割、综合、优化、布局、布线和仿真，直至对于特定目标芯片的适配编译、逻辑映射和编程下载等工作。EDA 技术的出现，极大地提高了电路设计的效率和可操作性，减轻了设计者的劳动强度。

知识拓展

EDA 工具软件分类

EDA 工具软件可大致分为芯片设计辅助软件、可编程芯片辅助设计软件、系统设计辅助软件三大类。

在我国具有广泛影响的系统设计辅助软件和可编程芯片辅助设计软件有 Protel 99SE、Altium Designer DXP 2004、OrCAD PSpice、Multisim、Proteus、MATLAB、Cadence Allegro 等。这些工具都有较强的 EDA 功能，功能均较全面，例如，很多软件都可以进行电路设计与仿真，同时还可以进行 PCB 自动布局布线，可输出多种网络表文件与第三方软件接口，等等。

任务一 EDA 技术绪论

读中学

利用 EDA 工具软件，电子设计工程师可以从概念、算法、协议等开始设计电子系统，大量工作可以通过计算机辅助系统完成，并可以将电子产品从电路设计、性能分析到设计出 IC 版图或 PCB 版图的整个过程由计算机自动处理完成。回顾电子设计技术的发展历程，可将 EDA 技术分为三个主要发展应用阶段。

（1）20 世纪 70 年代为 CAD 阶段。这一阶段人们开始用计算机辅助进行 IC 版图编辑和 PCB 布局布线，取代了手工操作，产生了计算机辅助设计的概念。

（2）20 世纪 80 年代为 CAE 阶段。与 CAD 相比，CAE 除了纯粹的电路图形绘制功能外，又增加了电路功能设计和结构设计，并且通过电气连接网络表将两者结合在一起，以实现工程设计，这就是计算机辅助工程的概念。CAE 的主要功能是：原理图输入、逻辑仿真、电路分析、自动布局布线和 PCB 综合分析。

（3）20 世纪 90 年代为 EDA 阶段。尽管 CAD/CAE 技术取得了巨大的成功，但并没有把人们从繁重的电子产品设计工作中彻底解放出来。在 EDA 整个设计过程中，自动化和智能化程度还不算高，各种 EDA 工具软件界面不尽相同，学习使用有一定困难，并且兼容性较差，直接影响到设计环节间的衔接。基于各方面的不足，人们开始追求贯彻整个设计过程的自动化，这就进入 ESDA 即电子系统设计自动化阶段。

目前，EDA 技术的使用范畴很广，在机械、电子、通信、航空航天、化工、矿产、生物、医学、军事等各个领域，都有 EDA 的应用。此技术在各大公司、企事业单位和科研教学部门同样拥有广泛的市场。

从目前的 EDA 技术来看，其发展趋势是政府重视、使用普及、应用广泛、工具多样、软件功能强大。EDA 市场发达国家日趋成熟，我国 EDA 市场已经起步，不过大部分设计工程师面向的是 PCB 制板和小型 ASIC 领域，仅有部分的设计人员开发复杂的片上系统器件。为了与世界各地的设计工程师形成更有力的竞争，我国的设计师们有必要引进和学习一些最新的 EDA 技术。

任务二　EDA 工具软件分类

读中学

1．电子线路设计与仿真工具软件

大家可能都用面包板、实验板或其他的实验设备制作过一些电子产品来进行实践。但是有时候，做出来的电子产品会有很多问题，既浪费了时间和物资，又延长了产品的开发周期，耽误了产品的上市时间，从而使产品失去市场竞争先机优势。

那么，有没有可能不动用电烙铁焊接调试试验板就能够知道结果呢？答案是有，即将电路设计与仿真技术的各项实验参数都输入计算机，然后通过计算机编程编写出一个虚拟环境的软件，并且使它能够自动套用相关公式和调用长期积累在计算机中的相关经验参数。

电子线路设计与仿真工具包括 SPICE/PSpice、Multisim、MATLAB、SystemView、Proteus、Quartus II 等，下面简单介绍其中三款软件。

（1）SPICE→OrCAD PSpice A/D。

SPICE（Simulation Program with Integrated Circuit Emphasis）是由美国加州大学最早推出的电路分析仿真软件，是 20 世纪 80 年代世界上应用最广的电路设计软件之一，1998 年被定为美国国家标准。1984 年，美国 MicroSim 公司推出了基于 SPICE 的微机版 PSpice。PSpice 电路仿真技术是在电子 CAD 技术基础上发展起来的通用软件系统，是指以计算机为工作平台，融合了应用电子技术、计算机技术、信息处理及智能分析技术，进行电子产品的仿真设计。其优点是：完整、实用、直观、方便、安全。它把实验过程涉及的电路、仪器以及实验结果等一起展现在使用者面前，整个学习过程好像在实验室中通过进行实验，电路参数调整方便，绝不束缚师生们的想象力，自学、扩展应用均容易实现。现在用得较多的是 PSpice 8 及以上版本，可以说在同类产品中，它是功能非常强大的模拟和数字电路混合仿真 EDA 软件。目前，其在国内仍被广泛使用的是 PSpice 8.X 和 PSpice 9.X 版本。再后来 OrCAD（目前也已被收购）公司并购了 Microsim 公司，将 PSpice 更名为 OrCAD PSpice A/D。

（2）Multisim 软件。

Multisim 是美国国家仪器（NI）有限公司推出的仿真工具，适用于板级的模拟/数字电路板的设计工作。它包含了电路原理图的输入、电路硬件描述语言输入，具有丰富的仿真分析能力，其最新版本为 Multisim 13，目前在国内普遍使用的是 Multisim 10。相对于其他 EDA 软件，它具有更加形象直观的人机交互界面，特别是其仪器仪表库中的各仪器仪表与操作实际仪器仪表完全相同。它对模数电路的混合仿真功能尤为出众，几乎能够 100%地仿真出真实电路的结果，并且软件系统的仪器仪表库十分丰富。

（3）Proteus 软件。

Proteus 是英国 Lab Center Electronics 公司推出的 EDA 工具软件。它是世界著名的单片机领域电路仿真软件，目前最新的版本是 Proteus 8.2。它不仅具有其他 EDA 工具软件的仿真功能，还能仿真单片机及外围器件，易操作而且很实用。特别适用于单片机教学、单片机应用开发领域的专业人员，受到致力于单片机开发应用的科技工作者的青睐，因为毕竟每个单片机产品都进行实际 PCB 制作调试是不可能的。

Proteus 可以仿真 5X 系列、AVR、HC11、PIC10/12/16/18/24/30、dsPIC33、ARM、8086、MSP430、Cortex 和 DSP 系列处理器等，还涉及常用的 MCU 及其外围电路（如 LCD、RAM、ROM、键盘、马达、LED、AD/DA、部分 SPI 器件、部分 IIC 器件等）。其实 Proteus 与 Multisim 比较类似，只不过它可以更全面地进行 MCU 仿真。在编译方面，它也支持 IAR、Keil 和 MATLAB 等多种编译器。Proteus 具有设计灵活，仿真效果、过程统一的特点。可使单片机电路设计时间大为缩短、耗资大为减少，还可降低工程制造的风险。相信在单片机开发应用中，Proteus 也会愈来愈受欢迎。

当然，软件仿真精度有限，而且不可能所有的器件都找得到相应的仿真模型，配合使用开发板和仿真器学习效果会更佳。

2. PCB 设计软件

PCB（Printed-Circuit Board）设计软件种类很多，如 Protel 99SE、Altium Designer DXP 2004、CadenceSPB、Cadence OrCAD Capture PCB Editor（OrCAD Capture）配合 Layout，Mentor 公司的产品是 Board Station（EN）和 Expedition PCB（WG）以及收购来的 Pads（PowerPCB），等等。

（1）应用极为广泛的 Protel 产品。

Protel 公司（现为 Altium 有限公司）是一家专注 3D PCB 设计、电子设计和嵌入式系统开发的澳大利亚跨国软件公司。Protel 软件较早在国内使用，普及率相对较高。它简单易学，适合初学者，占用系统资源不多，对计算机配置要求较低。现在一般设计者普遍使用的还是 Protel 99SE 或 Protel DXP 2004。

早期的 Protel 主要作为印刷板自动布线工具使用，从最初的 Protel for DOS，升级为 Protel for Windows。1998 年推出 Protel 98，1999 年推出了划时代的 Protel 99 及其升级版 Protel 99SE，2002 年推出 Protel DXP，……此后 Altium 从定点软件产品发布向连续流发布方式转移，基本上每年都有新版本发布，后又发布以 Altium Designer+季节命名的版本，如 2008 年 Altium Designer Summer 08（简称：AD8）将 ECAD 和 MCAD 两种文件格式结合在一起。Altium 在其最新版的一体化设计解决方案中，为电子工程师带来了全面验证机械设计（如外壳与电子组件）与电气特性关系的能力。还加入了对 OrCAD 和 PowerPCB 的支持能力。同年 Altium Designer Winter 09 推出，此年 9 月发布的 Altium Designer 引入了新的设计技术和理念，以帮助电子产品设计创新。

最新版本是 2014 年 6 月新发布的 Altium Designer 14.3，它是个完整的全方位电路设计系统，包含了电路原理图绘制、模拟电路与数字电路混合信号仿真、多层印刷电路板设计（包含印刷电路板自动布局布线），可编程逻辑器件设计、图表生成、电路表格生成、支持宏操作等功能，并具有 Client/Server（客户/服务体系结构），同时还兼容一些其他设计软件的文件格式，如 OrCAD、PSpice、Excel 等。Altium Designer 14.3[①]还改善了原理图线路拖曳功能，重点解决了在提高设计效率的同时保持线路连通性的问题，包括针对线路重叠、网络标签、连接节点等处理功能的改进。

2014 年发布的版本主要有以下改进：

➤ 依据 PCB 设计中生成的多边形的数量和复杂度不同，敷铜两次，生成速度可提高 2 倍至 20 倍。

➤ 后期敷铜设计阶段中，布局修改所需的时间将大幅减少。

➤ PCB 设计规则、钻孔表均做了改进。

➤ 为向量图形提供原理图支持。

➤ 提高了 Altium 交互式布线引擎和长度调整工具的设计效率和速度。

➤ 在极坐标网格上，以圆形放置元器件时，元器件会根据极坐标网格的角度自动旋转角度。

➤ 改进了过孔阵列和过孔屏蔽工具，显著减少手动放置和屏蔽过孔编辑的工作。

➤ 自动去除内层中未使用的焊盘，提升高密度设计中内层的使用率。

总之，Altium 产品智能地跨越了 PCB 设计、FPGA 设计、嵌入式软件开发和设计数据管理，适用于工程师个人、小团队和大企业等不同客户群体。2011 年，公司总部从澳大利亚悉尼搬迁至中国上海。

（2）Mentor 产品。

Mentor Graphics（明导国际）成立于 1981 年，总部位于美国俄勒冈州威尔逊维尔。Mentor 是电子设计自动化技术的先锋引领者之一，它提供完整的软件和硬件设计解决方案，让客户能在短时间内，以很低的成本，在市场上推出功能强大的电子产品。Mentor Graphics 拥有世界级的研发部门，在全球有 70 个办事处，与世界知名的电子产品制造商、供应商及半导体厂商结成战略联盟，开发新的设计解决方案服务于现代高科技。中国总部同样设在上海。

Mentor 公司的产品是 Board Station（EN）和 Expedition PCB（WG）以及收购来的 Pads（Power PCB）。PCB 工具 Mentor 已经逐渐地在整合到一起，最高端的就是 Board Station RE 和 WG 的 PCB 工具 Expedition PCB 无缝切换。说起 PCB 工具不得不提的就是 Xtreme PCB 平台，它可以让几个 PCB 工程师在不同的客户端共同设计一个 PCB，这样可以大大地提高产品设计进度。

（3）Cadence 产品。

Cadence 公司成立于 1988 年 5 月，总部位于美国加州圣荷塞市。Cadence 公司的电子设计自动化产品涵盖了电子设计的整个流程。Cadence 公司的产品是 Concept/Allegro 和收购来的 OrCAD。Cadence 公司将 OrCAD 的强项原理图设计 Caspture CIS 和 Cadence 原来的原理图设计 Concept HDL、PCB 工具 Allegro 及其他信号仿真等工具一起推出并统称为 Cadence PSD,现在叫 SPB。其一, Cadence Allegro 现正成为高速 PCB 设计中应用最广泛软件代表之一，其最新版本是 Allegro 16.5。它有着操作方便、接口友好、功能强大（比如仿真方面，信号完整性仿真、电源完整性仿真都能做）、整合性好等诸多优点，尤其在做 PCB 高速板方面优势明显。其二, Cadence OrCAD Capture 也是目前国内外很多人使用的线路图绘图程序及画原理图全面的软件。它的元器件库比较丰富，只有很少的电子元件需要重建，而且易与其他软

---

① 关于 Protel 更多资料请上 http://www.altium.com.cn/ 中文网站进行学习，其他软件也同理学习。

件（如 Ansoft、Mentor 的软件）集成，各种工具交互比较容易。它针对设计一个新的模拟电路、修改现有的一个 PCB 的电路图，或者绘制一个 HDL 模块的方框图，都提供了所需要的全部功能，并能迅速地验证你的设计。OrCAD Capture 再联合 Cadence OrCAD PCB Editor、Allegro 或其他的 Layout 软件，就可以很好地完成 PCB 设计。

项目二　PSpice 典型电路仿真

学习目标

（1）熟悉 PSpice 典型电路原理图编辑与仿真操作过程。

（2）掌握二极管、三极管仿真应用电路的原理图编辑和运行分析操作方法。

问题导读

PSpice 仿真设计主要步骤有哪些？

（1）启动 Schematics 程序项。

（2）调用元件库中的元件，设置各元器件的属性。

（3）用导线连接各个元器件，形成电路原理图。

（4）设置要模拟分析的内容，确定分析类型。

（5）进行仿真运行及调试操作。

（6）利用 Probe 输出或表单输出文件，分析仿真结果。

知识拓展

PSpice 8.X 的主要优点

（1）多个软件包，功能强大，集成度高。

（2）实用性强，图形界面友好，易学易用，操作简单，仿真效果好。

（3）PSpice 可以对电路进行各种分析。如直流静态工作点、直流扫描分析、交流扫描分析、瞬态分析、温度特性分析，灵敏度分析、蒙特卡罗分析等。

（4）集成了诸多数学运算。不仅为用户提供了加、减、乘、除等基本的数学运算，还提供了正弦、余弦、绝对值、对数、指数等基本的函数运算。

知识链接

PSpice 设计效果

PSpice 主要用于电子线路的仿真，以图形方式输入，自动进行电路检查，生成网络表，模拟和计算电路的功能，不仅可以对模拟电子线路进行不同输入状态的时间响应、频率响应、噪声和其他性能的分析，以使设计电路达到最优的性能指标，还可以分析数字电路和模数混合电路。结合 PSpice 与典型电子线路教学实际，给出了利用仿真软件 PSpice 进行电子线路课程关于"二极管单向导电性组成的限幅电路、三极管共射极放大电路静态工作点"等实例分析与仿真操作。它的核心价值在于真实地展示了二极管限幅特性、放大电路中三极管静态工作特性。通过以下任务仿真实验结果（波形、数值），表明该软件可以快速、方便、精确、直观地反映该电路的各项参数。这与以往使用课件展示说明进行教学有本质的区别，学生既要动手更要动脑，理论与实践还能对比分析，提升知识层次，同时也为后续学习打好专业基础。

任务一　二极管限幅电路仿真

做中学

基于 PSpice 8.X 软件仿真环境完成典型二极管限幅仿真电路设计，操作步骤如下。

（1）打开电路图编辑器 Schematics，打开界面如图 1-2-1 所示。

（2）添加二极管器件，更改模型属性。选择"Draw"→"Get New Part"菜单命令，在弹出的"Part Browser Advanced"对话框中的"Part Name"中输入二极管的型号"D1N4002"，如图 1-2-2 所示。单击"Place &Close"两次，并将二极管的名称设置为 D1、D2。

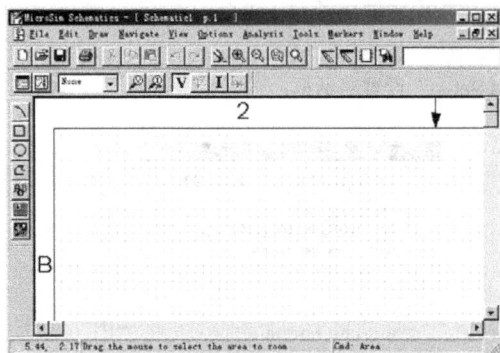

图 1-2-1　电路图编辑器 Schematics 界面　　　　图 1-2-2　输入二极管型号

（3）同理选取添加电阻元件，并修改其参数属性。依据电路共添加 2 个电阻，依次命名为 R1、R3，分别双击进行编辑，将其阻值设置为 1kΩ、5kΩ。同理选取添加并放置直流电压源（VDC）、连接器（BUBBLE）、地（EGND），并设置其参数属性，注意命名的一致性。调整各个元器件位置，通过选择"Draw"→"Wire"菜单命令，使用导线将电路正确连接，最终设计完成的二极管限幅电路如图 1-2-3 所示。

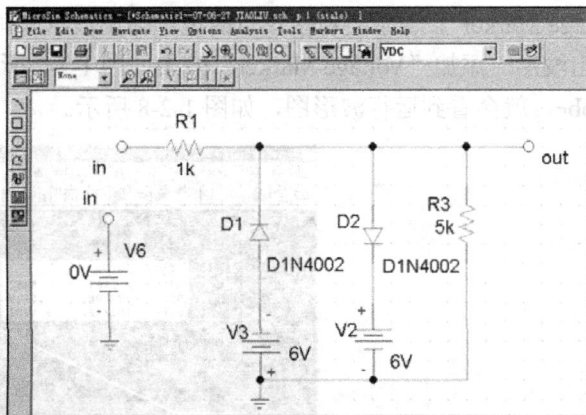

图 1-2-3　二极管组成的简单限幅电路

（4）设置直流扫描分析类型。单击选择"Analysis"→"Setup"菜单命令，弹出"Anglgsis Setup"对话框，如图 1-2-4 所示。选择"DC Sweep"、"Bias Point Detail"选项，单击"DC Sweep"

命令，设置相关选项，如图 1-2-5 所示，然后单击 "OK" 按钮。

（5）利用 Probe 来观察结果。单击 "Analgsis" → "Setup" 菜单命令，弹出 "Probe Setup Options" 对话框，如图 1-2-6 所示。在 "Probe Startup" 选项卡中，分别选中 "Automatically run Probe after sim" 和 "Show all markers"；在 "Data Collection" 选项卡中选中 "All"；在 "Checkpoint" 中选中 "A Separate Window For All Schematics"，然后单击 "确定" 按钮。这样在每次执行完仿真之后，便会自动调用输出绘图程序 Probe。

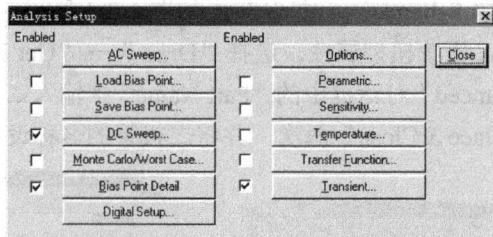

图 1-2-4 "Analgsis Setup" 设置对话框

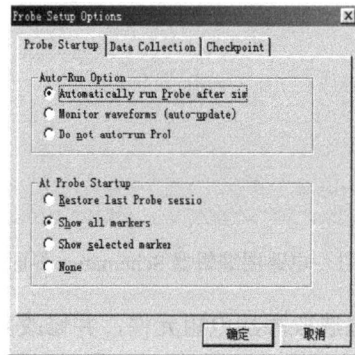

图 1-2-5 "DC Sweep" 设置对话框   图 1-2-6 "Probe Setup Options" 设置对话框

（6）接下来，单击 "Analysis" → "Simulate" 菜单命令，进行电路仿真运行操作。

（7）单击 "Markers" → "Mark Voltage Level" 菜单命令，然后分别在电路图中 Probe 显示波形的点上加 "Voltage Marker"，表示要观察该点的电压输出波形。同理，"Marker Current into Pin" 表示电流输出波形。添加 "Voltage Marker" 效果如图 1-2-7 所示。

（8）此时激活 Probe，就会看到运行波形图，如图 1-2-8 所示。

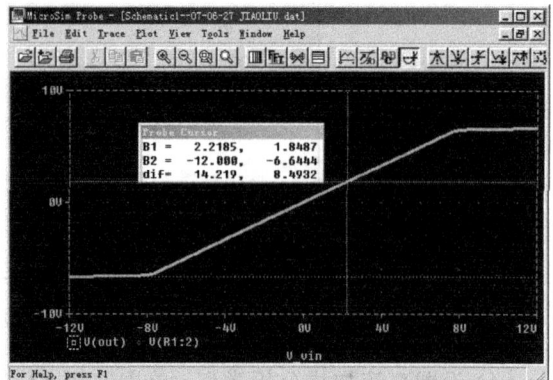

图 1-2-7 添加 "Voltage Marker" 效果   图 1-2-8 电路运行的 Probe 界面

😊 **特别注释**

通过波形、数据、可以清楚地看到，利用二极管单向导电性组成的限幅电路，输出的幅度被限制在"-0.66V～+6.7V"之间，说明该电路可以达到限幅的目的。

下面再对该电路进行瞬态分析。重新设置分析类型，瞬态分析是在时域空间内观察分析仿真运行结果，具有直观、明显、便于理解等特点。

（9）更改电压源，进行瞬态分析必须使用瞬态电源。选择"Draw"→"Get New part"菜单命令，在如图 1-2-2 所示的对话框中的"Part Name"中输入"vsin"，然后单击"Place & Close"按钮。双击它的名称，在弹出的对话框中输入"vsin"，双击正弦电压源的图形，弹出参数属性对话框，将 VOFF 设置为 0V，VAMPL 设置为 12V，FREQ 设置为 1kHz。

（10）重新设置分析类型。在如图 1-2-4 所示的对话框中，取消勾选"DC Sweep"，然后单击"Transient"选项，弹出的对话框如图 1-2-9 所示。

（11）对电路图进行仿真，步骤同于直流扫描分析过程。根据结果分析电路，激活 Probe，观察输入/输出曲线的对比，如图 1-2-10 所示。

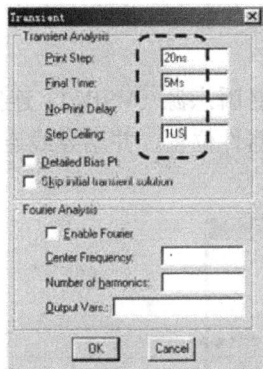

图 1-2-9　"Transient"设置对话框　　　　图 1-2-10　瞬态分析的输入/输出曲线

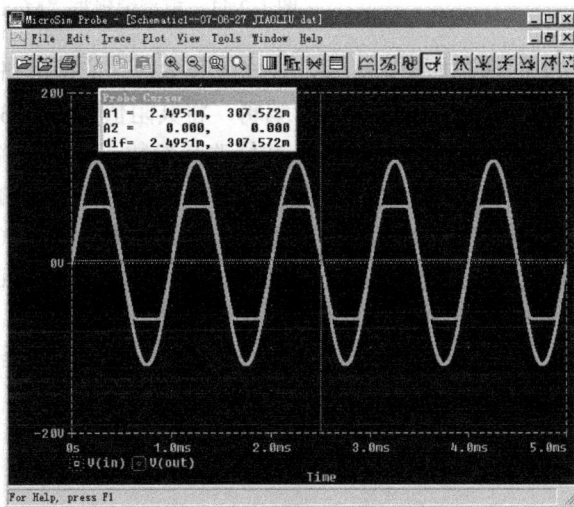

从图中曲线可以更明显地看出该电路二极管的限幅作用。当输入电压幅度过高时，高出的那部分明显被截平，使信号的电压被限制在一定的幅度范围内。在电路设计中，二极管应用的这种限幅电路起着很重要的作用，可以防止输入信号过大而使内部电路出现错误，甚至烧毁。

任务二　分压式共射极放大电路仿真

做中学

下面以典型电子线路中分压式共射极放大电路仿真设计为例，进行静态工作点分析。

（1）首先，新建分压式共射极放大电路三极管放大电路原理图。启动 PSpice，打开编辑器 Schematics。

（2）添加晶体三极管器件，更改模型属性。选取"Draw"→"Get New Part"菜单命令，在弹出的"Part Btowser Advanced"对话框中的"Part Name"输入晶体管的型号 Q2N3904，单击"Place & Close"按钮，将晶体管的名称设置为 Q1，操作过程同任务一。

（3）这里注意修改 Q1 的放大倍数 B_f，将其设置为 50。单击 Q1 后，选择"Edit"→"Model"菜单命令，弹出模拟编辑框"Edit Model"，再单击上面的"Edit Instance Model（Text）"按钮，弹出模型编辑框"Model Editor"，如图 1-2-11 所示。

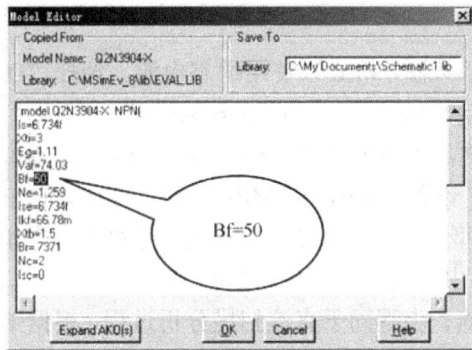

图 1-2-11　模型编辑框"Model Editor"

（4）同理添加电阻元件，并修改其参数。依据电路共添加了 4 个电阻，依次命名为 Rb1、Rb2、Rc、Re；依次双击进行编辑，将其阻值设置为 30kΩ、10kΩ、2kΩ、1kΩ。

（5）同理添加电容元件，并修改其参数。依据电路共添加了 3 个电容，依次命名为 C1、C2、C3；依次双击编辑，并将其依次设置为 10μF、10μF、50μF。

（6）添加其他的元器件及电源等。如直流电压源（VCC）、正弦瞬态源（VSIN）、连接器（BUBBLE）、地（EGND），并设置其参数属性。最后调整各个元器件位置，并用导线连接。电路编辑器最后编辑的电路图如图 1-2-12 所示。

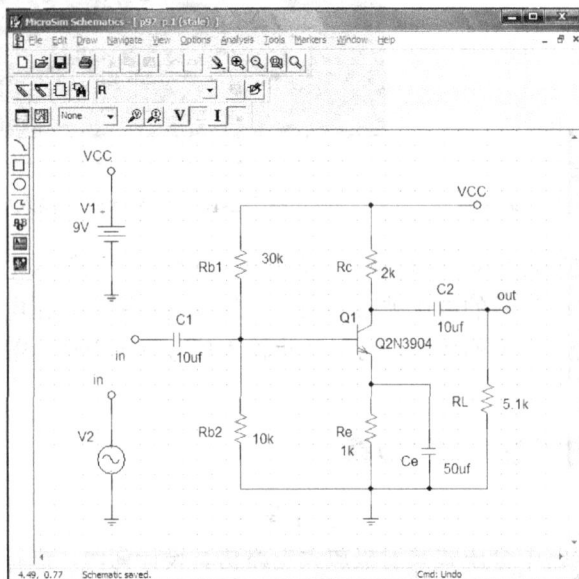

图 1-2-12　电路编辑器最后编辑的电路图

（7）静态工作点的设置与直观分析。单击选择"Analysis"→"Setup"菜单命令，弹出"Analysis Setup"对话框，如图 1-2-4 所示。单击确定"Bias Point Detail"静态工作点分析项，然后单击"Close"按钮。

（8）设置完成后，单击"Analysis"→"Simulate"菜单命令，在 PSpice A/D 计算完成后，就可以看电路的静态工作点了。单击"Analysis"→"Display Results on Schematics"→"Enable"菜单命令，然后可以通过单击"Analysis"→"Display Results on Schematics"中的"Enable Voltage Display"和"Enable Current Display"命令，在电路图中就可以明显地看到电路的静态工作电压和电流，如图 1-2-13 所示。

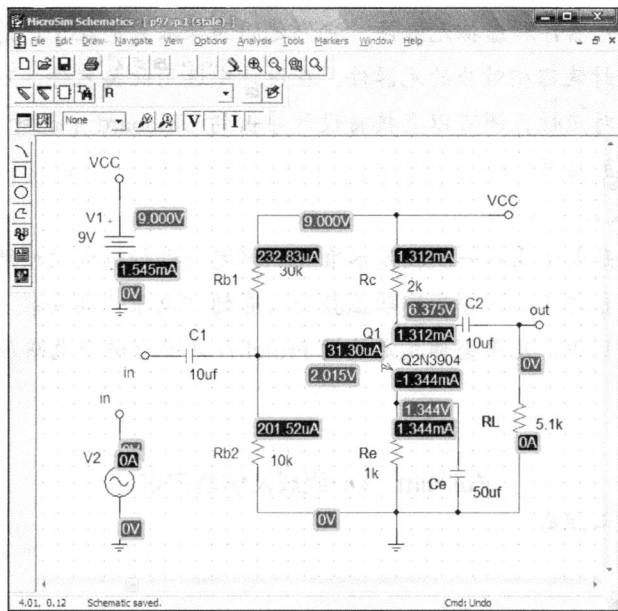

图 1-2-13　电路的静态工作电压和电流

（9）从如图 1-2-13 所示的电路运行中可以非常直观地获取结果，可以明显地得到 I_B=10.21μA，I_C=1.488mA，V_{CE}=4.525V。

😊 **特别注释**

利用 PSpice 瞬态电路仿真可以观察到放大电路工作点在放大区、截止区、饱和区的输出波形，利用交流扫描分析可以获得输入、输出电阻随频率变化的曲线波形、放大电路电压增益随频率变化的曲线波形等。由于这里篇幅所限，更多仿真分析请读者自行完成。

项目三　Multisim 典型电路仿真

⭕ **学习目标**

（1）熟悉 Multisim 10 软件的一般操作方法。

（2）掌握数码显示计数器的组成，能够放置常见元件对象并进行仿真操作。

（3）理解低频功率放大器的工作原理图，掌握功率放大器的电路指标测试方法。

（4）熟悉并掌握仿真电路常用的虚拟电子仪器仪表。

⬤ 问题导读

典型电子线路设计如何选用具体设计软件？

（1）模拟/数字电路的精确仿真使用 Multisim。

Multisim 有很强的模拟/数字电路板的设计功能。它包含了电路原理图的图形输入、电路硬件描述语言输入，具有丰富的仿真分析能力。高版本可以进行单片机等 MCU 的仿真。

Multisim 有实际元器件和虚拟元器件，它们之间的根本差别在于：前者是与实际元器件的型号、参数值以及封装相对应的元器件，在设计中选用此类器件，不仅可以使设计仿真与实际情况有良好的对应性，还可以直接将设计导出到 Ultiboard 中进行 PCB 的设计；虚拟元器件只能用于电路的仿真。

（2）普通 PCB 设计使用 Protel。

Altium Designer 是电子业界一款较高水准且能够完整进行板级设计解决方案的软件平台。近几年，各个省市乃至全国中高职职业技能大赛的"电子产品安装与调试""单片机设计与调试"等比赛项目中，几乎全部指定使用 Protel 设计平台进行电路原理图及 PCB 设计。

⬤ 知识拓展

Multisim 核心组成及仿真内容

（1）软件仿真核心组成。

① 建仿真电路。

② 仿真电路环境。

③ Multi MCU（单片机仿真）。

④ FPGA、PLD、CPLD 等仿真。

⑤ 通信系统分析与设计的模块。

⑥ PCB 设计模块。

⑦ 自动布线模块。

（2）软件仿真的主要内容。

① 元器件建模及仿真。

② 电路的构建及仿真。

③ 系统的组成及仿真。

④ 仪表仪器原理及制造仿真。

⬤ 知识链接

Multisim 常见的电子线路设计的元件库

Multisim 元件库简表见表 1-3-1。

表 1-3-1　Multisim 元件库简表

Source 库	电源、信号电压/电流源、可控电压/电流源等
Basic 库	基础元件，如电阻、电容、电感、二极管、三极管、开关等
Diodes 库	二极管库，包含普通/齐纳二极管、发光二极管等
Transisitor 库	三极管库，包含 NPN、PNP、达林顿管、场效应管、可控硅等
Analog 库	模拟器件库，包括运放、滤波器、比较器、模拟开关等模拟器件
TTL 库	TTL 型数字电路，如 7400 、7404 等门 BJT 电路
CMOS 库	CMOS 型数字电路，如 74HC00 、74HC04 等 MOS 管电路
MCU Model 库	MCU 模型
Mixed 库	混合库，包含定时器、AC/DA 转换芯片、模拟开关、振荡器等
Indicators 库	指示器库，包含电压表、电流表、探针、蜂鸣器等
Power 库	电源库，包含保险丝、稳压器、电压抑制、隔离电源等
Misc 库	混合库，包含晶振、滤波器、MOS 驱动和其他一些器件等
RF 库	包含一些 RF 器件，如高频电容电感、高频三极管等

013

任务一　计数数码显示电路仿真

做中学

设计计数数码显示电路原理图，其具体仿真元器件清单列表（Multisim 软件 Reports 菜单下 Cross Reference Report 子菜单项生成）见表 1-3-2。其功能是对输入脉冲的个数（0～9）进行递增计数，并通过译码显示电路将所计的脉冲显示出来。操作开关 J1 将 74LS00D 的引脚每接地一次，即对 74LS161D 输入一个计数脉冲，74LS161D（能记录输入脉冲个数，故将其称为计数器）的输出就递增 1，最后由 74LS48D 译码芯片连接数码管显示输出。

表 1-3-2　计数数码显示电路电子元器件清单

RefDes	Description	Family	Package	Page
0	GROUND	POWER_SOURCES	-	
J1	SPDT	SWITCH	SPDT	计数显示
R_1	1kΩ	RESISTOR	-	计数显示
R_2	1kΩ	RESISTOR	-	计数显示
R_3	1Ω	RESISTOR	-	计数显示
U_{1A}	74LS00D	74LS	DO14	计数显示
U_{1B}	74LS00D	74LS	DO14	计数显示
U_{1C}	74LS00D	74LS	DO14	计数显示
U_2	74LS161D	74LS	DO16	计数显示
U_3	74LS48D	74LS	DO16	计数显示
U_4	SEVEN_SEG_COM_K	HEX_DISPLAY	-	计数显示
V_{CC}	VCC	POWER_SOURCES	-	

（1）启动 Multisim 10 软件，如图 1-3-1 所示，系统会自动建立名为"Circuit1"的仿真电路原理图，也可以单击菜单栏中的"File"→"New"命令新建一个电路原理图文件。

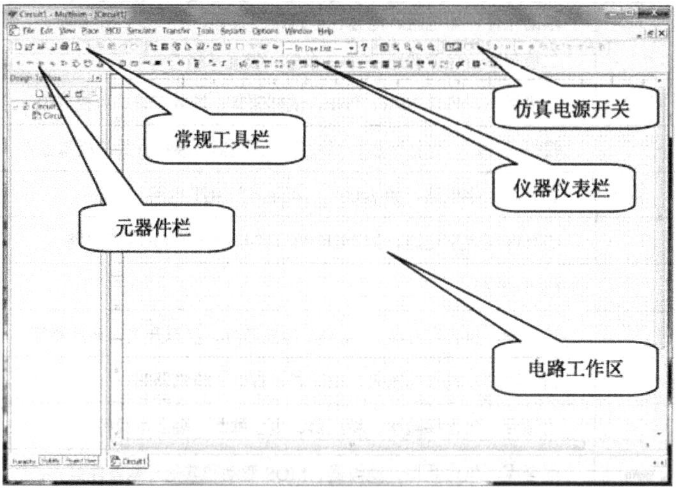

图 1-3-1　Multisim 启动窗口

（2）单击"Place"→"Component"菜单命令，弹出"Select a Component"对话框，如 1-3-2 所示。

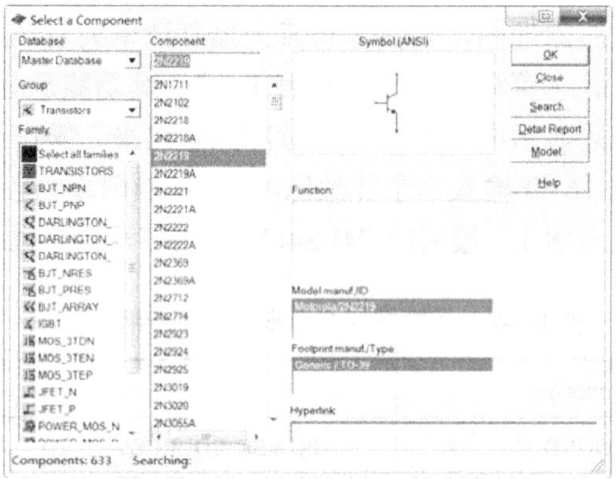

图 1-3-2　"Select a Component"对话框

☺ **特别注释**

放置电子元器件的另外三种方法：

➤ 方法一：在原理图编辑空白区右击，在弹出的快捷菜单中选择"Place a Component"命令，放置元器件。

➤ 方法二：直接利用"Ctrl+W"组合键放置电子元器件。

➤ 方法三：通过电子元器件工具栏放置，如图 1-3-3 所示。

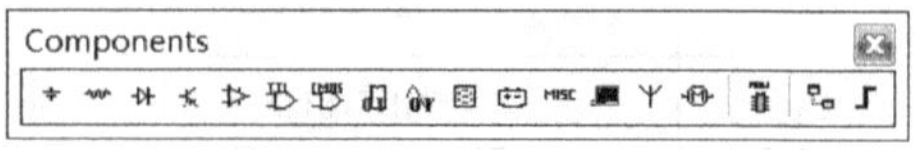

图 1-3-3　电子元器件工具栏

（3）添加电阻操作。单击"Select a Component"对话框中"Group"组的下拉按钮，选择"Basic"基本库，然后单击"Family"组下的"RESISTOR"命令，选择"RESISTOR"对话框，如图 1-3-4 所示。

（4）在图 1-3-4 所示的对话框中，选中"Component"（元件）列表中 1.5kΩ 电阻，单击"OK"按钮。此时该电阻随鼠标一起移动，在工作区适当位置单击，操作结果如图 1-3-5 所示。

（5）放置完成，系统返回如图 1-3-4 所示的对话框状态。

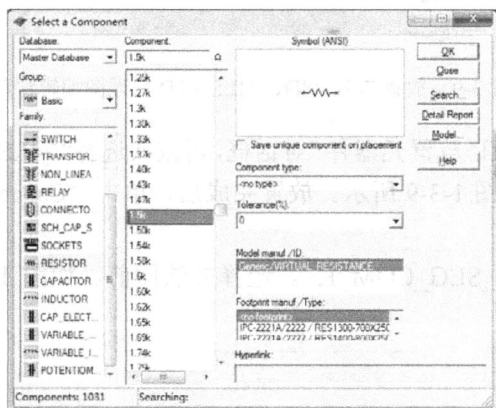

图 1-3-4　选择"RESISTOR"对话框　　　　图 1-3-5　放置 1.5kΩ 电阻效果

（6）继续在原理图中放置 74LS00D、74LS48D、74LS161D 等芯片。在如图 1-3-4 所示的元器件工具栏中，单击选择 按钮。打开如图 1-3-4 所示的对话框，在"Database"组下选择"Master Database"，在"Group"组下选择"TTL"芯片库项，然后在"Family"组下单击选择"74LS"，最后在右侧"Component"列表框中分别选择"74LS00D"（74LS48D、74LS161D等芯片），如图 1-3-6 所示。

（7）单击如图 1-3-6 所示窗口中的"OK"按钮。结果在原理图编辑窗口中显示如图 1-3-7所示放置"74LS00D"的"New"工作按钮。

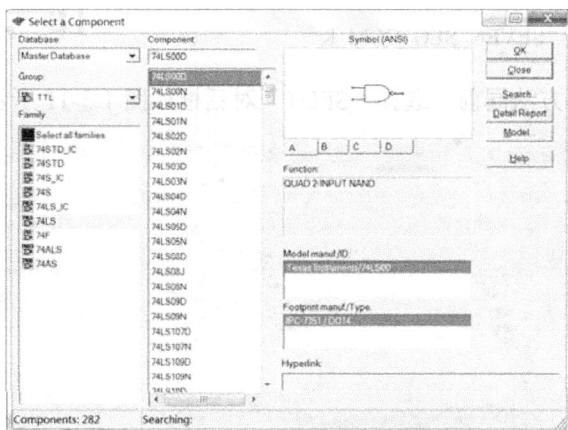

图 1-3-6　选择"74LS00D"芯片窗口　　　　图 1-3-7　放置"74LS00D"的"New"工作按钮

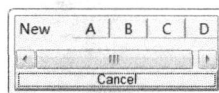

（8）根据计数数码显示电路 74LS00D 芯片符号的原理图工作电路，单击 A、B、C 三个按钮。放置结果如图 1-3-8 所示。

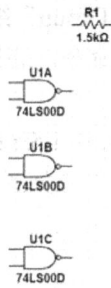

图 1-3-8　放置 74LS00D　　　　图 1-3-9　放置 74LS48D、74LS161D 原理图编辑窗口

（9）放置完成后，单击"Cancel"按钮，返回"放置元器件"对话框，再依次选择"74LS48D" "74LS161D"芯片，分别完成放置，结果如图 1-3-9 所示。放置完成后，单击"Cancel"与 "Close"按钮。

（10）放置七段共阴极数码管"SEVEN_SEG_COM_K"。选择方法同前，如图 1-3-10 所示，完成添加。

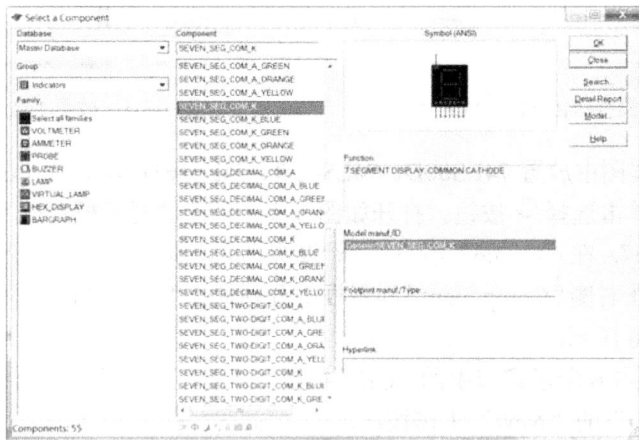

图 1-3-10　选择"SEVEN_SEG_COM_K"

（11）放置单刀双掷开关 SPDT。选择方法同前，选择"SPDT"对话框如图 1-3-11 所示。

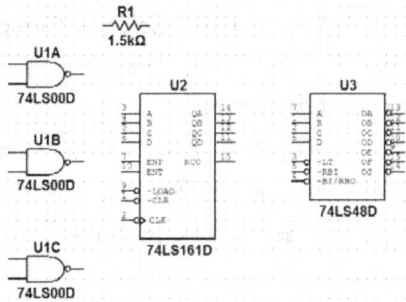

图 1-3-11　选择"SPDT"

（12）依次放置电源端 VCC 和接地端 GROUND，选择方法同前，如图 1-3-12 所示，分别完成添加。

图 1-3-12　选择"VCC"

（13）按照表 1-3-2 计数数码显示电路电子元器件所列，完成各个电子元器件选择与位置放置，最后单击"Close"按钮。

（14）单击"File"→"Save"菜单命令，保存文件名为"计数显示"，此时计数数码显示电路电子元器件准备完成，如图 1-3-13 所示。

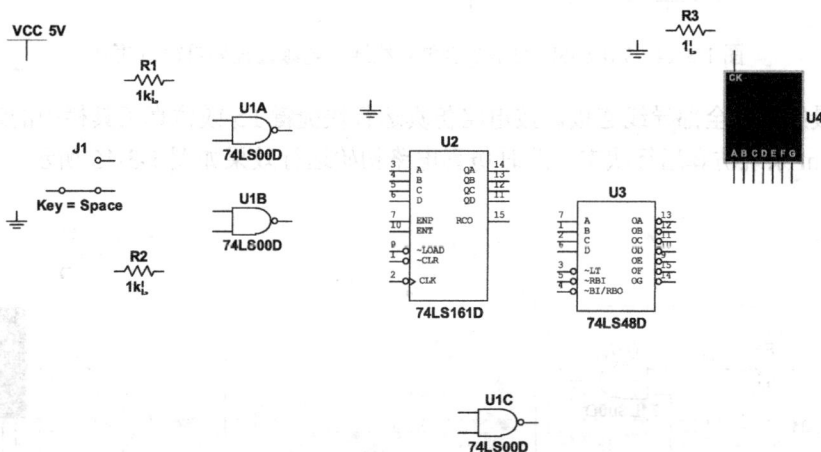

图 1-3-13　计数数码显示电路电子元器件准备

😊 **特别注释**

1. 元器件基本方向操作

常用的元器件摆放方向有：90 Clockwise——顺时针旋转 90°、90 Counter CW——逆时针旋转 90°、Flip Horizontal——水平翻转、Flip Vertical——垂直翻转、Component Properties——元件属性等。这些操作可以通过选择菜单栏"Edit"子菜单下的命令完成，也可以使用快捷键操作。

2. 元器件参数

双击元器件，在弹出的元器件对话框中，可以设置或编辑元器件的各种参数。元器件不同，每个选项下将对应不同的参数。例如：NPN 三极管的选项为：

Label——标识；Display——显示；Value——数值；Pins——引脚。

（15）完成导线连接。Multisim 中导线连接非常便捷，将鼠标指针移近所要连接电子元器件引脚一端，鼠标自动变为集中小十字黑点，单击并拖动指针到另一元器件引脚处，当再次出现小十字黑点时单击，系统自动连接两个引脚之间的线路。将 74LS48D 的第 3 引脚导线连接电源过程编辑窗口效果图如图 1-3-14 所示。

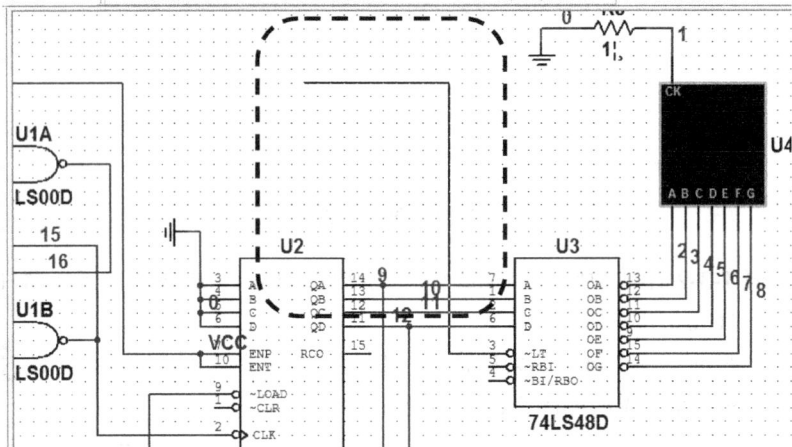

图 1-3-14　74LS48D 的第 3 引脚导线连接电源过程编辑窗口效果

（16）最终完成全部导线连接。按电路仿真运行快捷键 F5 或仿真工具栏中的运行开关，进入 Multisim 系统仿真运行状态。此时仿真电路初始运行效果如图 1-3-15 所示。

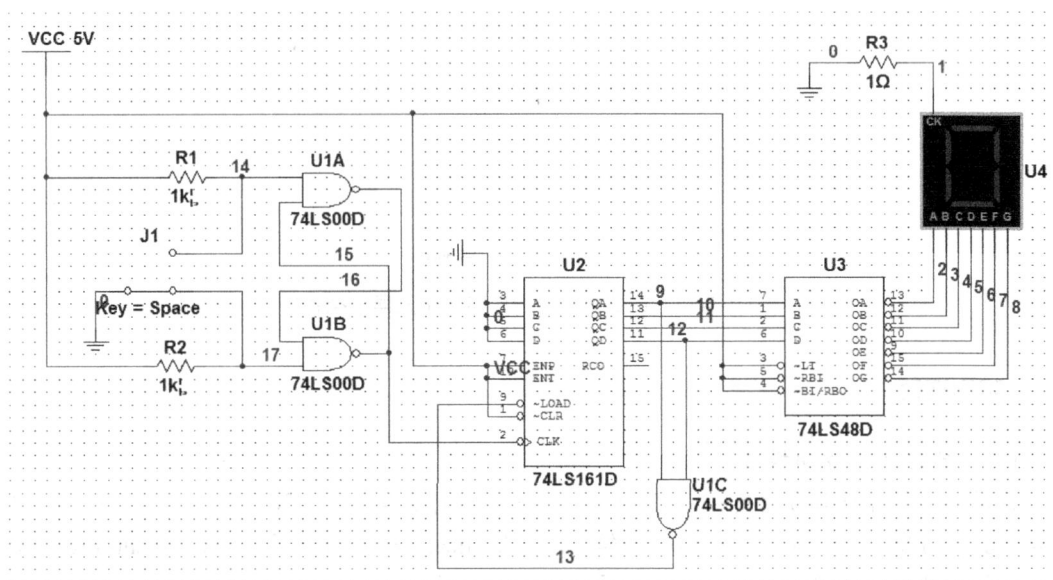

图 1-3-15　电路仿真初始运行效果

（17）按【Enter】键，其仿真电路运行结果如图 1-3-16 所示。

图 1-3-16 电路仿真运行结果

（18）电路添加仿真示波器。先单击仿真运行工具栏中的仿真停止按钮。然后通过虚拟仪器工具栏添加示波器。添加仿真示波器的电路原理图如图 1-3-17 所示。

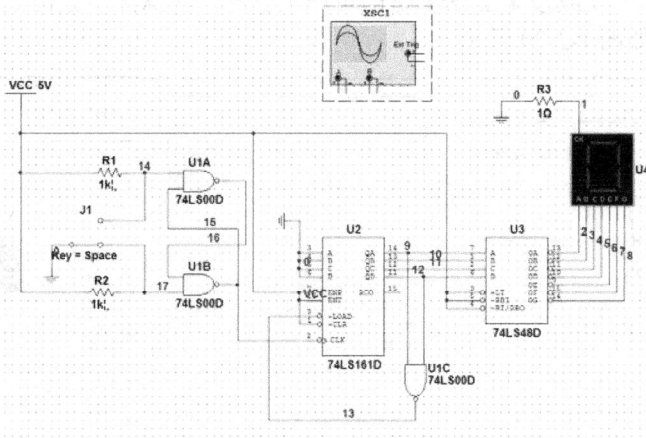

图 1-3-17 添加仿真示波器的电路原理图

（19）示波器的导线连接与电子元器件导线连接方法相同，此处将 XSC1 的 A 通道接 74LS00D（U1B）输出引脚，B 通道接地。仿真示波器导线连接的电路原理图如图 1-3-18 所示。

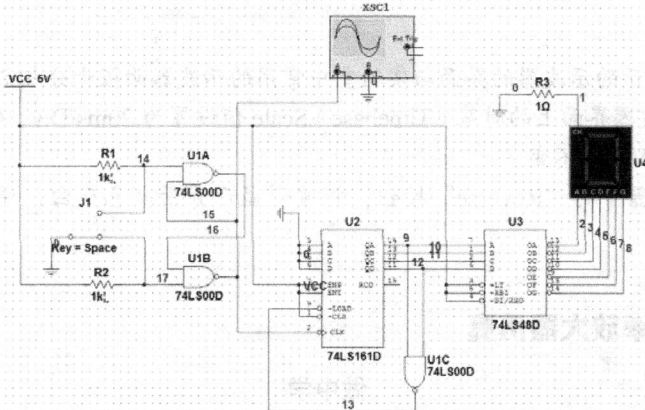

图 1-3-18 将仿真示波器导线连接的电路原理图

（20）再次运行仿真电路，双击"示波器"按钮，初始状态如图 1-3-19 所示。

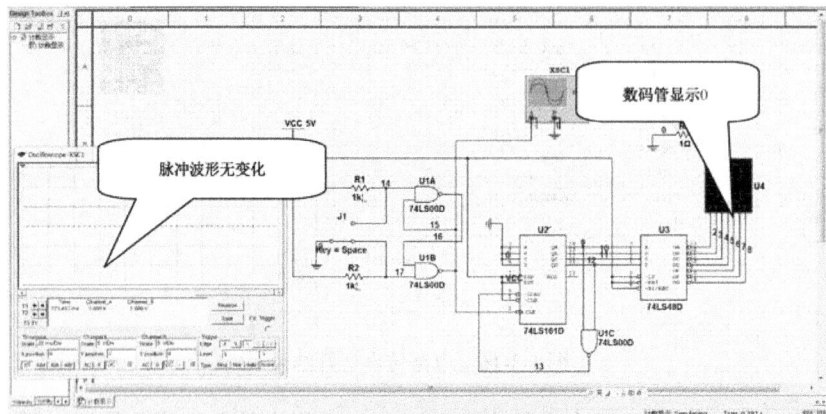

图 1-3-19　仿真示波器初始状态效果图

（21）单击开关三次或按【Enter】键即可产生脉冲，其脉冲个数由数码管来显示。观察示波器波形，结果如图 1-3-20 所示。

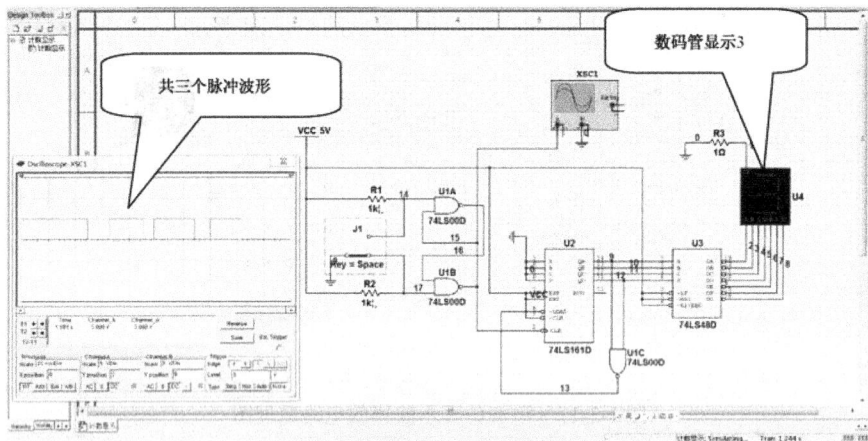

图 1-3-20　仿真示波器运行状态效果图

😊 **特别注释**

如图 1-3-20 所示的示波器的界面与实验室中常用的示波器面板十分相似，其基本操作方法也相近。这里将示波器界面上的时基（Timebase）Scale 值设置为 20ms/Div，A 通道（Channel A）中的 Scale 值保持 5V/Div 不变。

单击仿真示波器中的"Reverse"按钮，将波形显示背景颜色反白，便于观察。

任务二　低频功率放大器仿真

做中学

低频功率放大器是一种以输出较大功率、很小失真为目的的放大器。其在《电子技术基础与技能》等教材中有典型的电路应用。下面以三极管为核心组成的典型 OTL 低频功率放大电路为例，其原理图设计参考本教材第三单元课后习题实训三中的 OTL 功率放大器设计，其仿真电路设计如下。

（1）启动 Multisim 仿真软件，系统默认文件名是"Circuit1"，通过选择"File"→"Save"命令，另存为"低频功率放大器"仿真原理图文件。

（2）添加典型 OTL 低频功率放大电路的电阻、电源等操作过程参考任务一。

（3）添加三极管操作。首先按"Ctrl+W"组合键，打开"Select a Component"对话框，单击"Group"组的下拉按钮，选择"Transistors"库，然后单击"Family"组下的"BJT_NPN"命令，继续在"Component"组下单击选择"2N3904"，如图 1-3-21 所示，最后单击"OK"按钮。

（4）同步骤（2）和（3）操作，在"Component"组下单击选择"2N3906"命令，即可完成"BJT_PNP"的添加。

（5）同步骤（2）和（3）操作，完成滑动变阻器的添加，其对话框如图 1-3-22 所示。

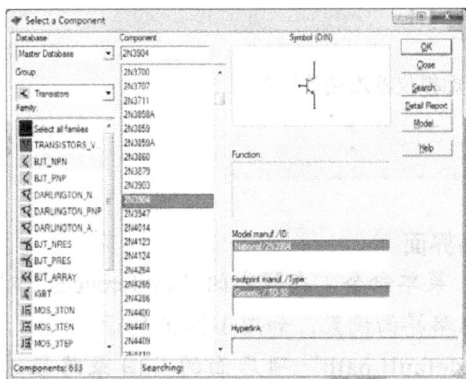

图 1-3-21　添加 2N3904　　　　　　　图 1-3-22　添加滑动变阻器

（6）同步骤（2）和（3）操作，完成电解电容的添加，其对话框如图 1-3-23 所示。

（7）同步骤（2）和（3）操作，完成交流信号源的添加，其对话框如图 1-3-24 所示。

（8）单击虚拟仪器仪表工具栏中的数字万用表按键，在仿真电路图中单击两次，即添加两台测试仪器。

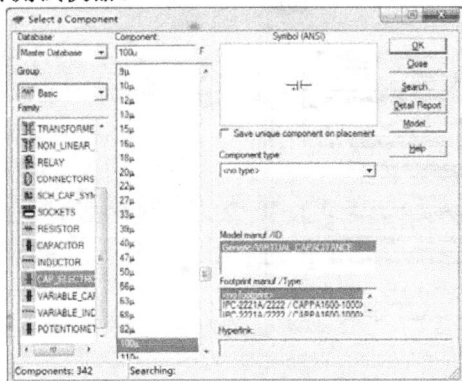

图 1-3-23　添加电解电容　　　　　　　图 1-3-24　添加交流信号源

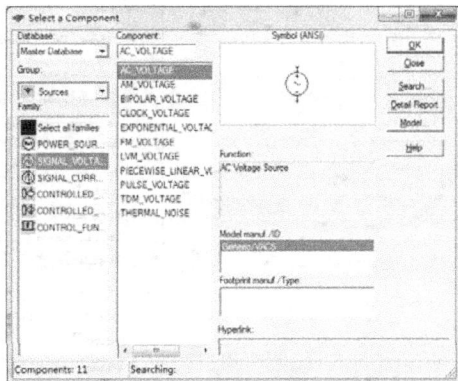

（9）单击示波器仪器按钮，在仿真电路图中单击 1 次，添加 1 台示波器。

（10）将以上准备好的低频功率放大器电子元器件和虚拟仪表符号进行布局，个别元器件进行数值编辑，最终完成导线连接如图 1-3-25 所示。

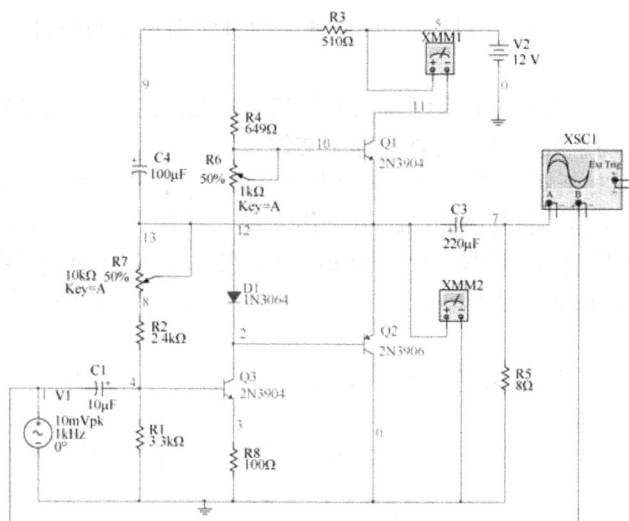

图 1-3-25　低频功率放大器及虚拟仪器连接效果图

☺　**特别注释**

设置个性电路界面

（1）单击"Options"→"Global Preferences"菜单命令，在弹出的"Preferences"对话框中可以对 4 个选项卡标签进行具有特色的个人电路界面设置，如图 1-3-26 所示。

（2）单击"Paths"选项卡，单击"Circuit default path"项后面的 ⋯ 目录路径选择按钮，可以进行用户个人电路保存默认目录的设置，结果如图 1-3-26 所示，这里设置为"D:\multisim 软件设计文件"。

（3）单击"Parts"选项卡，单击"Symbol Standard"元器件符号标准区的"DIN"符号模式，即设定欧洲标准元器件符号。系统默认为"ANSI"，即美国标准元器件符号。

图 1-3-26　"Preferences"对话框

（11）直流工作点分析（DC Operating Point Analysis）。主要用来计算电路的静态工作点，进行直流工作点分析时，Multisim 系统会自动将电路分析条件设为电感短路、电容开路、交流电压源短路。单击"Simulate"→"Analysis"→"DC Operating Point"菜单命令，弹出如图 1-3-27 所示的"直流工作点分析"对话框。

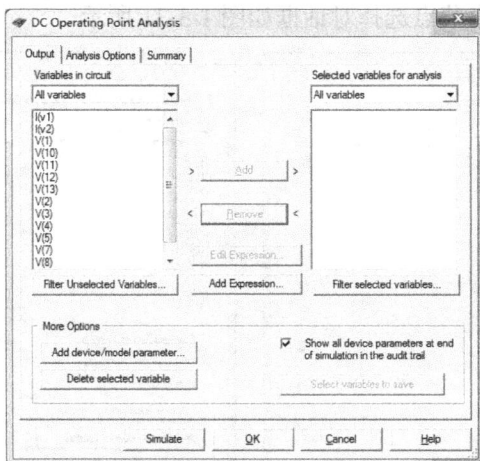

图 1-3-27　"直流工作点分析"对话框

☺　**特别注释**

在如图 1-3-27 所示的对话框中，有"Output""Analysis Options"和"Summary"三个选项卡。

（1）Output 标签：主要作用是选择所要分析的节点或变量。左边栏用于列出电路中可供分析的节点、流过电压源的电流或变量；右边栏用于确定需要分析的节点和变量。

（2）Analysis Options 标签：与仿真分析有关的分析选项设置页。通常采用默认设置。

（3）Summary 标签：对分析设置时进行汇总确认。

（12）在"Output"标签左侧选择部分节点，依次单击"Add"按钮，其余采用默认设置，直流工作点输出节点选择对话框如图 1-3-28 所示。

（13）单击"Simulate"按钮，其直流工作点分析结果如图 1-3-29 所示。

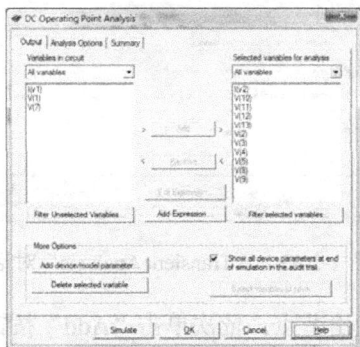

图 1-3-28　直流工作点输出节点选择对话框

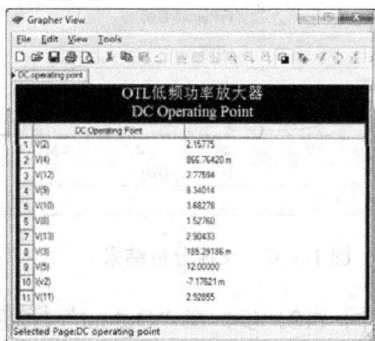

图 1-3-29　直流工作点分析结果

（14）交流分析（AC Analysis）。可以对模拟电路进行交流频率响应分析，即获得幅度频率响应和相位频率响应。单击"Simulate"→"Analysis"→"AC Analysis"菜单命令，弹出如图 1-3-30 所示的"AC Analysis"对话框。

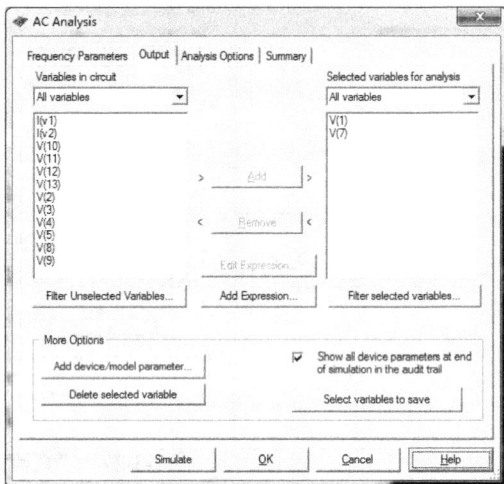

（15）同（12）步，在 Output 标签左侧选择输出节点，依次单击"Add"按钮，其余采用默认设置，交流分析输出节点选择对话框如图 1-3-31 所示。

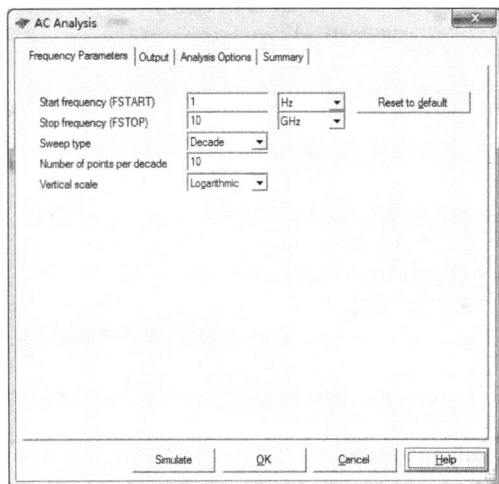

图 1-3-30　"AC Analysis"对话框　　　　图 1-3-31　交流分析输出节点选择对话框

（16）单击"Simulate"按钮，其交流分析结果在"Grapher View"中显示，如图 1-3-32 所示。

（17）瞬态分析（Transient Analysis）。它是一种非线性时域分析方法，可以分析在激励信号作用下电路的时域响应。通常以分析输出节点电压波形作为瞬态分析的结果。单击"Simulate"→"Analysis"→"Transient Analysis"菜单项，弹出如图 1-3-33 所示的对话框。在"End time"（终止时间）框中修改数值为 0.01。

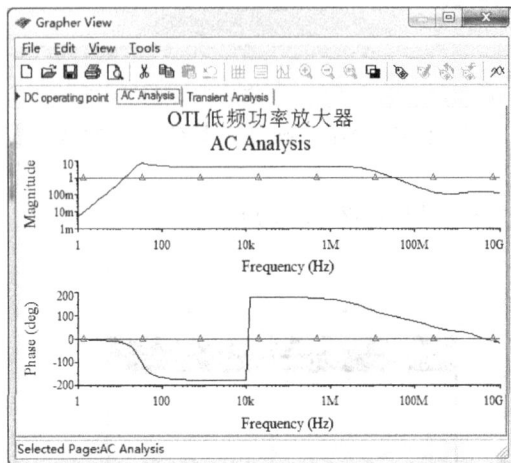

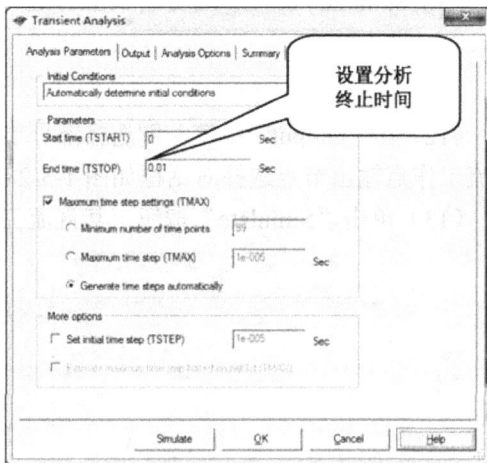

图 1-3-32　交流分析结果　　　　　　图 1-3-33　"Transient Analysis"对话框

（18）同（12）步，在"Output"标签左侧选择输出节点，依次单击"Add"按钮，其余采用默认设置，瞬态分析输出节点选择对话框如图 1-3-34 所示。

（19）单击"Simulate"按钮，其瞬态运行分析结果如图1-3-35所示。

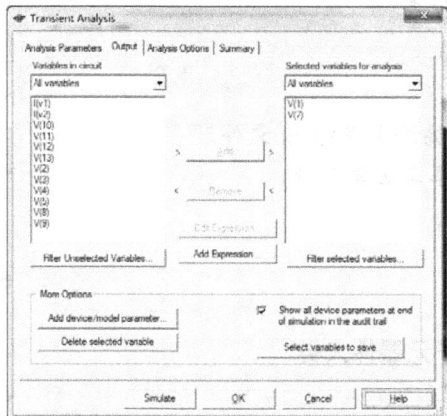

图1-3-34　瞬态分析输出节点选择对话框　　　　图1-3-35　瞬态运行分析结果

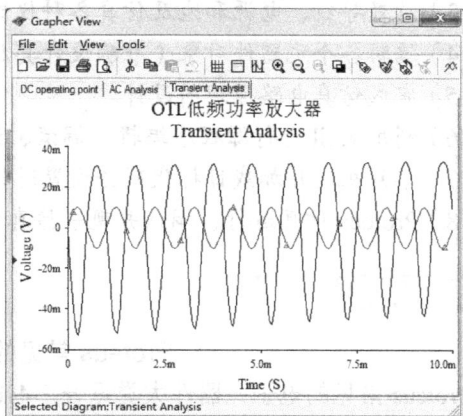

（20）单击仿真运行开关，分别双击数字万用表和示波器。OTL 低频功率放大器仿真运行的整个窗口如图1-3-36所示。

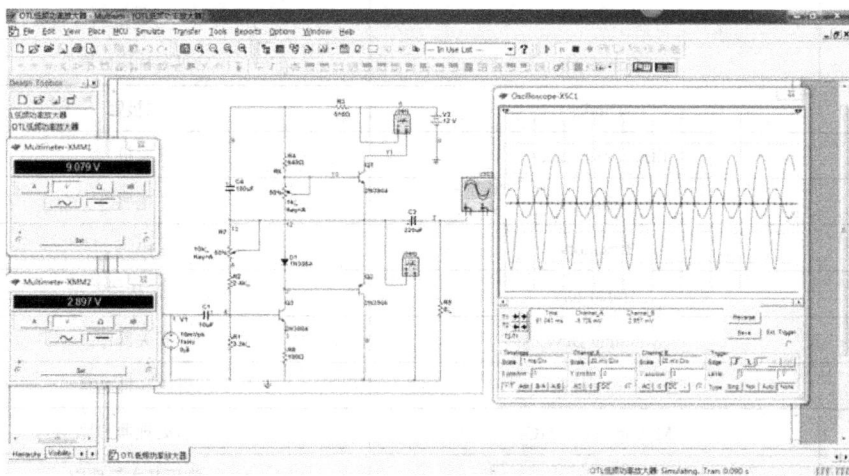

图1-3-36　OTL 低频功率放大器仿真运行的整个窗口

项目四　Proteus 电路设计仿真

○ 学习目标

（1）初步认识 Proteus 软件编辑环境，了解其常规编辑操作方法。
（2）熟知利用 Keil 软件建立工程文件及程序编辑、编译等操作的过程与方法。
（3）熟悉并掌握基本单片机电路的原理图编辑及仿真运行操作。

○ 问题导读

Proteus 单片机仿真电路设计一般流程是什么？

（1）新建仿真电路设计原理图文件。

（2）添加电子元器件库和元器件。

（3）放置导线、电源和地及仿真各种仪器、仪表。

（4）编辑各个元器件对象（准确设计其属性）。

（5）完成仿真电路原理图设计。

（6）利用 Keil 进行源程序编辑、调试、最终编译生成*.hex 文件。

（7）单片机芯片加载目标代码并设置时钟频率等必要参数。

（8）Proteus 仿真运行、调试并观察仿真结果。

知识拓展

Proteus 常见的电子元器件大类

Proteus 常见的电子元器件大类见表 1-4-1。

表 1-4-1　Proteus 常见的电子元器件大类

序　号	英　　文	中　　文
1	Analog ICs	模拟集成器件
2	Capacitors	电容
3	Connectors	常见各种接口器件
4	Diodes	二极管
5	Electromechanical	电机
6	Inductors	电感
7	Resistors	电阻
8	Transistors	晶体管
9	Switching Devices	开关器件
10	Switches and Relays	开关和继电器
11	Microprocessor ICs	微处理器芯片
12	Miscellaneous	常用基本元件库
13	TTL 74LS Series	低功耗肖特基 TTL 系列
14	Optoelectronics	光电器件
15	Operational Amplifiers	运算放大器
16	Memory ICs	存储器芯片
17	Speakers ＆ Sounders	扬声器和音响

知识链接

Proteus 电路仿真窗口主要组成

Proteus 仿真软件启动后界面如图 1-4-1 所示。

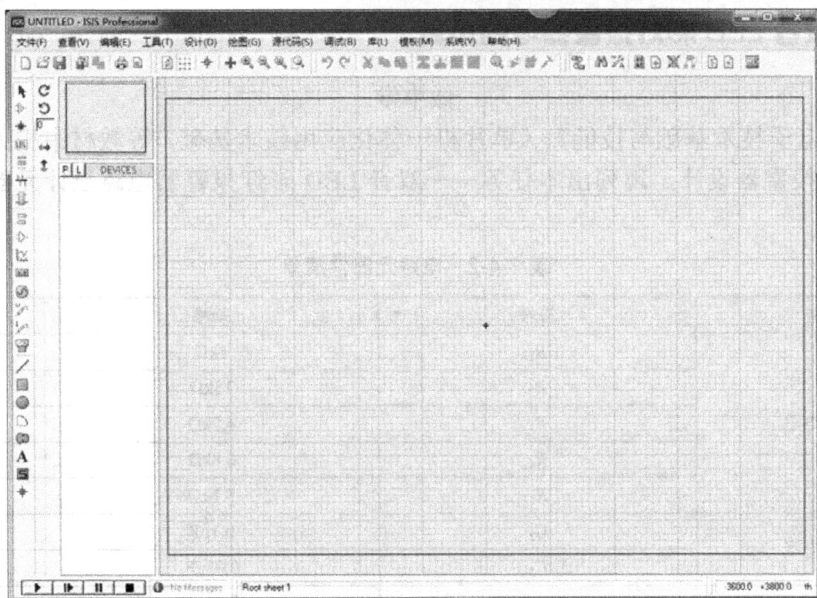

图 1-4-1　Proteus 软件启动后界面

整个工作环境窗口主要由以下几个重点部分组成：

（1）仿真电路原理图编辑窗口（The Editing Window）

它是用来绘制、编辑仿真电路原理图的区域。如图 1-4-1 所示的窗口中最大网格面积的区域，元件要放到它里面。与其他应用软件不同，这个窗口是没有滚动条的，可以用左上角的预览窗口来改变原理图的可视范围，用鼠标滚轮缩放视图。

（2）预览窗口（The Overview Window）

在如图 1-4-1 所示的窗口中靠左上角的小方框部分。

（3）模型选择工具栏（Mode Selector Toolbar）

① 主要模型（Main Modes）从左到右图标依次是：元器件选择模式、元件模式、节点模式、连续标号模式、文字脚本模式、总线绘制模式、子电路放置模式。

② 配件（Gadgets）从左到右图标依次是：终端模式、器件引脚模式、仿真图表模式、录音机模式、信号发生器模式、电压探针模式、电流探针模式、虚拟仪器模式。

③ 2D 图形（2D Graphics）从左到右图标依次是：2D 图形直线模式、框体模式、圆形模式、弧线模式、闭合路径模式、文本模式、符号模式、标记模式。

（4）元件列表区域（The Object Selector）

用于挑选元件（Components）、终端接口（Terminals）、信号发生器（ Generators ）、仿真图表（Graph）等。

（5）方向工具栏（Orientation Toolbar）

旋转：旋转角度只能是 90 的整数倍。翻转：完成水平翻转和垂直翻转。使用方法：先右击元件，再单击相应的旋转图标。

（6）仿真工具栏

其仿真控制按钮从左到右图标依次是：运行、单步运行、暂停、停止。

任务一 双音 LED 彩灯报警器电路仿真

做中学

参考《电子技术基础与技能》、《单片机一体化应用技术基础》等教材中相关 555 芯片设计的双音报警器设计，现列出本任务——双音 LED 彩灯报警器电路设计元器件清单见表 1-4-2。

表 1-4-2　电路元器件清单

名称	符号	规格	数量
普通电阻	R_1	1kΩ	1
	R_2	15kΩ	1
	R_3	4.7kΩ	1
	R_4	6.8kΩ	1
	R_5	5.1kΩ	1
瓷片电容	C_2	0.1μF	1
	C_3	0.01μF	1
电解电容	C_1	47μF/16V	1
	C_4	10μF/25V	1
555 芯片	U_1, U_2	DIP8	2
插座	8 脚	DIP8	2
LED	D_1	RED（红色）	1
扬声器	L_{S1}	16Ω/0.5W	1
直流稳压电源	V_{CC}	5V	1

具体仿真设计操作过程如下。

（1）双击桌面"Proteus ISIS"图标，启动 Proteus 7.8 Professional 软件平台，运行软件，如图 1-4-1 所示。

（2）单击左侧预览窗口下方的 P （即挑选元件）按钮，显示如图 1-4-2 所示的全部大类库窗口。

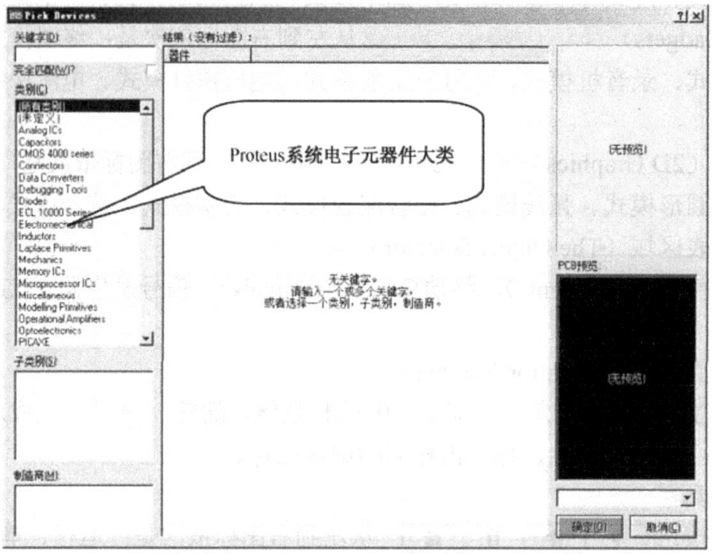

图 1-4-2　Proteus 元件库显示窗口

（3）查找电子元器件及添加到编辑环境的操作。首先添加本任务核心 555 芯片，在如图 1-4-2 所示的对话框中，在关键字交互框中输入"555"，系统自动显示查找的相关结果，如图 1-4-3 所示。

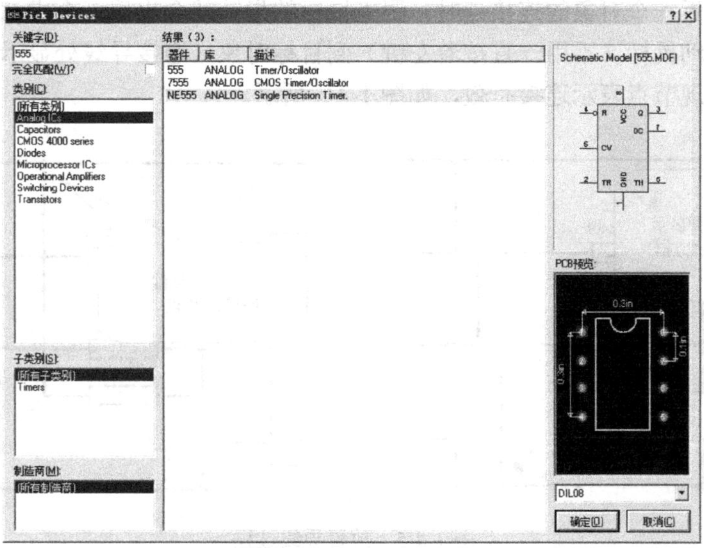

图 1-4-3　555 芯片查找结果

（4）单击"确定"按钮，返回仿真原理图编辑环境，移动鼠标到图纸的合适位置，单击鼠标左键，将 555 芯片放置在图纸上，同时在元件列表框中出现了 555，结果如图 1-4-4 所示。

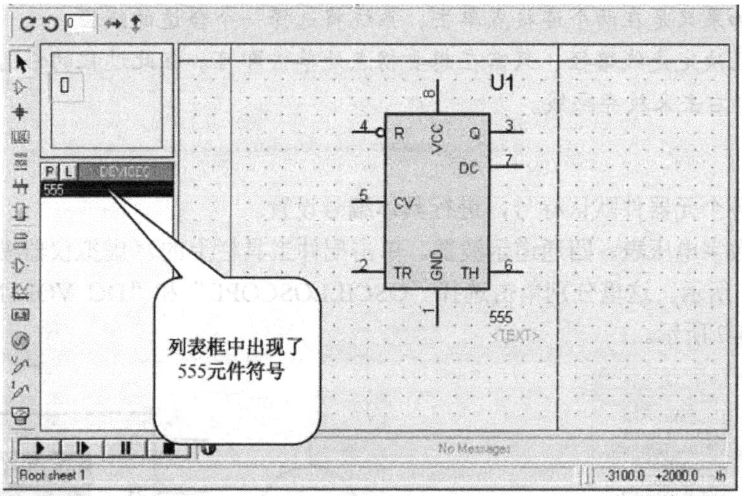

图 1-4-4　添加 555 到仿真编辑环境

😊 **特别注释**

其他电子元器件查找及添加到编辑环境的操作方法和如图 1-4-4 所示的添加 555 芯片操作方法完全相同，但要特别注意具体的电子元件如电阻、电容、电感、二极管、三极管等的型号和参数值等，否则会影响仿真设计的最终运行结果。

（5）依次放置 V_{CC} 电源、接地端、电阻、电容等元器件至图形编辑窗口，完成双音 LED 彩灯报警器电路电子元器件准备。

（6）导线连接各个电子元器件。Proteus 的智能化可以在你想要画线的时候进行自动检测。当鼠标的指针靠近一个对象的连接点时，跟着鼠标的指针就会出现一个虚红色框。单击元器件的连接点，移动鼠标（不用一直按着左键）到目标对象（连接导线处显示虚红线）处单击即可，目标处出现节点表示连接有效，如图 1-4-5 所示。

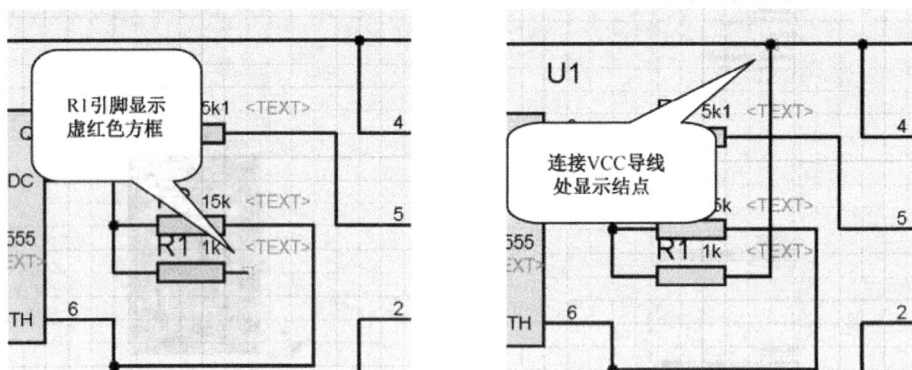

图 1-4-5　放置导线过程

😀 **特别提示**

如果想让软件自动定出线路径，只需单击另一个连接点即可，这就是 Proteus 的线路自动路径功能。如果只是在两个连接点单击，系统将选择一个合适的线径。

如果想自己决定走线路径，只需在想要拐点处单击即可。在此过程的任何时刻，都可以按【ESC】或者右击来放弃画线。

（7）双击各个元器件默认标号，进行具体编号设置。

（8）添加数字电压表、四通道示波器。单击配件工具栏上的 📟 虚拟仪器模式，元件列表区域如图 1-4-6 所示。这里分别单击选择 "OSCILLOSCOPE" 和 "DC VOLTMETER" 虚拟仪表，如图 1-4-7 所示。

图 1-4-6　打开虚拟仪器模式

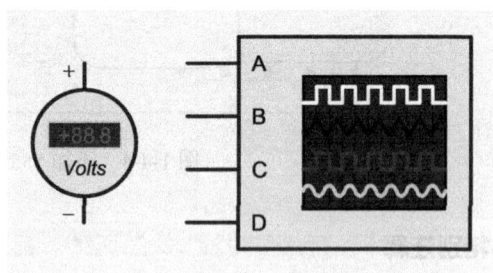

图 1-4-7　数字电压表和四通道示波器

（9）示波器导线连接。将 C_4 输出端与 A 信道相连，B 通道连接 U_2 的 2 引脚端。数字电压表正极性端连接 A 通道，负极性端连接 B 通道，完成仪器仪表连接。最终完成双音 LED

彩灯报警器仿真电路原理图设计，如图 1-4-8 所示。

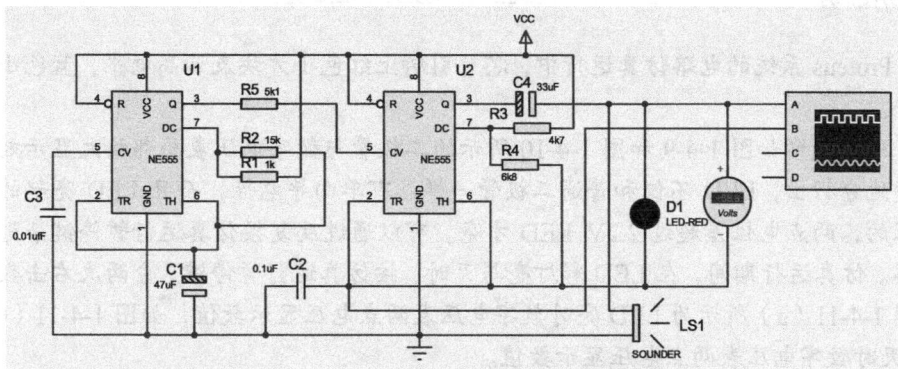

图 1-4-8 双音 LED 彩灯报警器仿真电路原理图

（10）单击图形编辑窗口左下角的 ▶ 仿真运行按钮，计算机扬声器发出有节奏的"嗒嗒"的报警器声，LED 彩灯配合着闪亮，双音 LED 彩灯报警器运行效果如图 1-4-9 所示，瞬间 LED 彩灯又灭了，如图 1-4-10 所示。单击 ■ 按钮停止电路仿真运行。

图 1-4-9 双音 LED 彩灯报警器仿真运行 LED 灯亮效果

图 1-4-10 双音 LED 彩灯报警器仿真运行 LED 灯灭效果

😊 **特别说明**

（1）Proteus 系统的电路仿真运行中，芯片引脚上红色小方块表示高电平，蓝色小方块表示低电平。

（2）通过观察如图 1-4-9 和图 1-4-10 所示的二极管与数字电压表局部放大显示效果图，可以清楚地分析出，LED 不仅和普通二极管一样具有单向导电性，而且 LED 亮起的电压值是有要求的，两点电位差超过 2.2V LED 才亮。可以通过反复按仿真运行暂停键来进行电压数值观察。仿真运行期间，在 LED 彩灯亮与灭时，按仿真运行暂停键，分两次右击数字电压表，如图 1-4-11（a）所示为 LED 亮时数字电压表两点电压显示数值，如图 1-4-11（b）所示为 LED 灭时数字电压表两点电压显示数值。

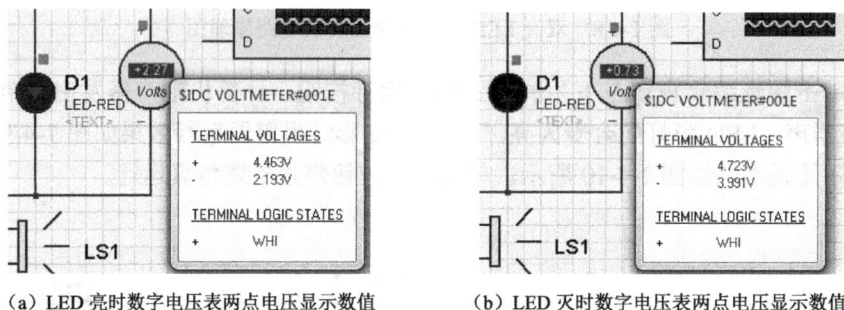

（a）LED 亮时数字电压表两点电压显示数值　　（b）LED 灭时数字电压表两点电压显示数值

图 1-4-11　数字电压表两点电压显示数值

（3）四通道示波器上的各种调节旋钮完全等同于常用主流示波器。由于篇幅所限，这里不再细述。A、B 通道各旋钮调节数值如图 1-4-12 所示，这里没有将 A 和 B 通道显示波形叠加。

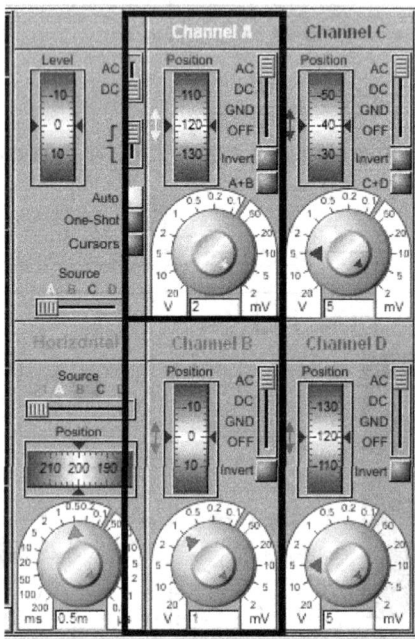

图 1-4-12　A、B 通道各旋钮调节结果

（11）单击"文件"→"另存为"菜单命令，将仿真电路保存在指定的"Proteus"文件夹中，命名为"NE555 双音 LED 彩灯报警器"，结果如图 1-4-13 所示。

图 1-4-13　"NE555 双音 LED 彩灯报警器"保存对话框

😊 **特别说明**

Proteus 系统文件保存很人性化，单击"系统"→"设置路径"菜单命令，弹出设置路径对话框，如图 1-4-14 所示。在这里仅改变 Proteus 设计默认文件夹，即单击"默认为最后设计使用的文件夹"选项。

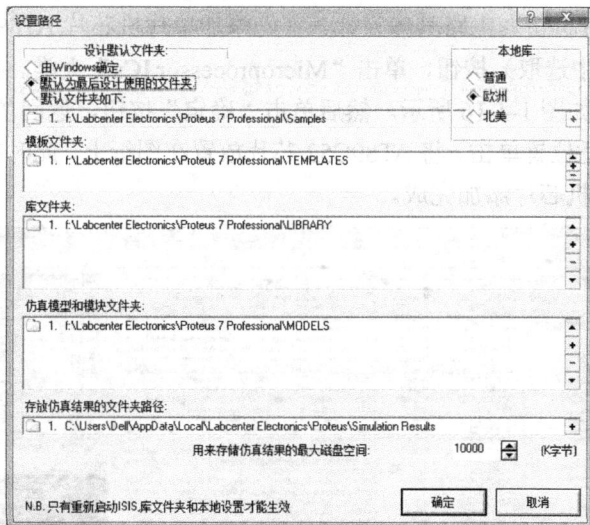

图 1-4-14　"设置路径"对话框

任务二　节日 LED 彩灯单片机电路仿真

做中学

通过任务一的基本操作，熟悉了 Proteus ISIS 软件仿真平台的元器件库操作，接下来完成节日 LED 彩灯单片机电路仿真设计。

（1）新建节日 LED 彩灯单片机电路设计文件。单击"Proteus"→"文件"→"新建设计"菜单命令，出现选择设计模板窗口，选中模板"DEFAULT"，单击"确定"按钮。

（2）单击工具栏上的"保存"按钮，弹出保存 ISIS 设计文件对话框，将文件名保存为"节日 LED 彩灯设计.DSN"。

图 1-4-15　"设定图纸大小"对话框

（3）图纸大小的设定。当前的用户图纸大小为默认的 A4：长*宽为 10in*7in。若要改变图纸的大小，单击"系统（Y）"→"设置图纸尺寸（S）"菜单命令，弹出如图 1-4-15 所示的"设定图纸大小"对话框，可以进行图纸尺寸的选择，也可以进行自定义，选中"User"右边的复选框，再按照需要改变右边的长、宽数据即可。

😊 **特别说明**

Proteus 中的线宽采用的单位是 th。th 为 thou 的简写，thou 是英制单位，称为毫英寸，也就是千分之一英寸（inch），1th = 25.4×10^{-3}mm。其实 th 就是 mil，Protel 系统中单位就是用 mil（英制）和 mm（公制）。

（4）栅格操作。可以通过"查看"菜单中的"Snap"命令设置或直接使用快捷键 F4、F3、F2、Ctrl+F1 来进行操作。若按快捷键 F2，你会发现鼠标在图形编辑窗口内移动时，坐标值是以固定的步长 50th 移动变化的，这就是捕捉（Snap）。

（5）节日彩灯单片机仿真电路具体设计。首先添加单片机芯片 AT89C52，单击左侧预览窗口下方的 [P]（从库中选取）按钮，单击"Microprocessor ICs"大类。在结果列表中单击选择"AT89C52"，结果如图 1-4-16 所示。然后单击"确定"按钮，返回仿真原理图编辑环境，移动鼠标到图纸的合适位置单击，将 AT89C52 芯片放置在图纸上，此时在元件列表框中出现了"AT89C52"，单片机芯片添加完成。

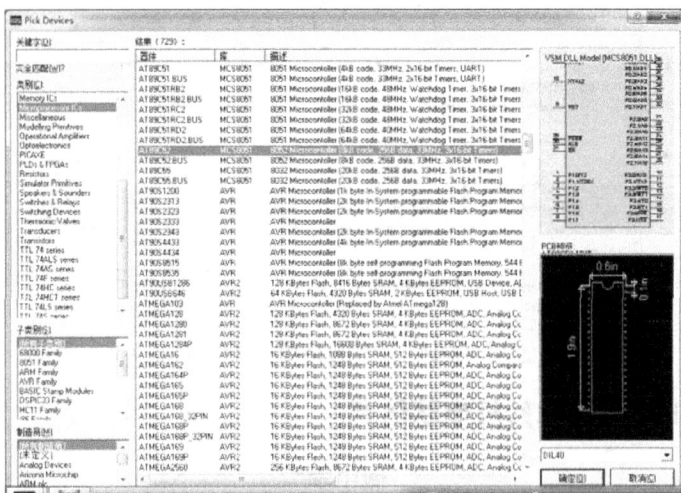

图 1-4-16　添加单片机 AT89C52 芯片

（6）添加"CRYSTAL"晶振。单击左侧预览窗口下方的 P 按钮，单击"Miscellaneous"常用基本元件库大类，就可以在右侧列表区看到"CRYSTAL"晶振仿真元件。单击，结果如图 1-4-17 所示，然后单击"确定"按钮，返回仿真原理图编辑环境，移动鼠标到图纸的合适位置单击，将晶振放置在图纸上，此时在元件列表框中出现了"CRYSTAL"，晶振添加完成。

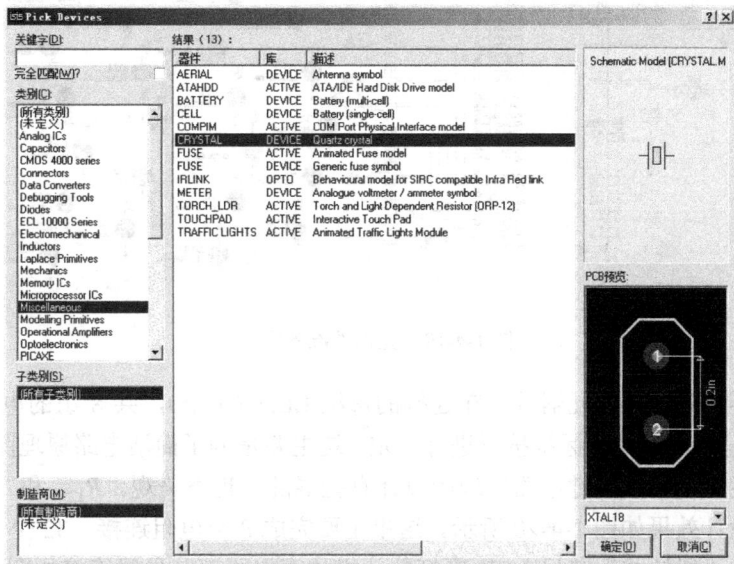

图 1-4-17　选择晶振

☺　**特别说明**

双击晶振，可以打开其属性对话框，如图 1-4-18 所示，可以在"Frequency"中编辑修改其晶振频率，频率设置为：11.0592MHz。

图 1-4-18　修改晶振频率

（7）依次放置 V_{CC} 电源、接地端、电阻、瓷片电容、电解电容等元器件至原理图形编辑窗口，操作方法同上，不再赘述。完成节日 LED 彩灯单片机电路的电子元器件准备，并完成基本元器件标号的设置和位置的合理摆放，如图 1-4-19 所示。

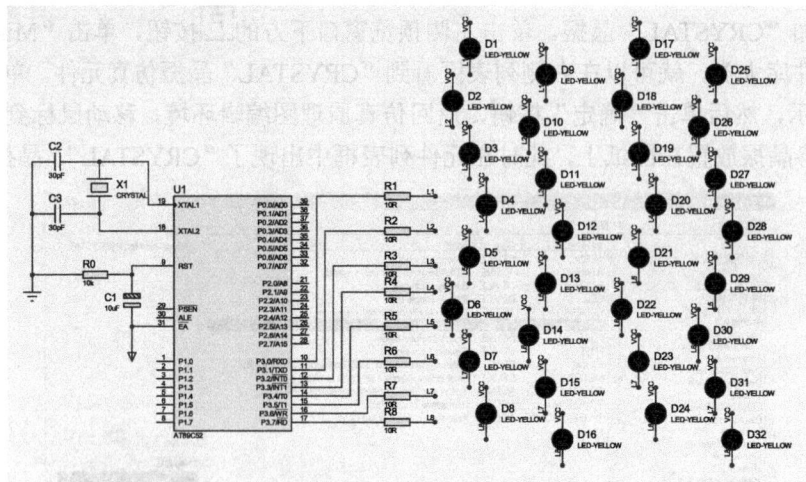

图 1-4-19　元器件准备完成

（8）导线连接各个电子元器件。在连接的每组 LED（4 个），共 8 组的电路中串联 8 个限流电阻，并将其一端用 LBL 标签按钮进行设定，这主要是为了简洁电路原理图，过多的导线尤其是交叉导线，会让人感觉电路原理图设计有些混乱，也不美观。$R_{1\sim8}$ 和二极管 $D_{1\sim32}$ 对应的 8 个标签设计效果如图 1-4-20 所示。这里主要完成 8 个电阻连接、32 个 LED 彩灯共阳极连接，完成的"树挂式"节日 LED 彩灯单片机仿真电路部分导线连接如图 1-4-20（a）和图 1-4-20（b）所示。

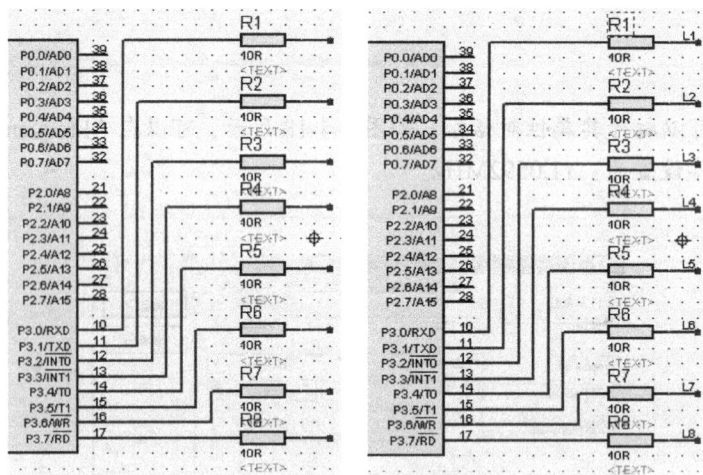

（a）8 个电阻导线及标号设置效果图

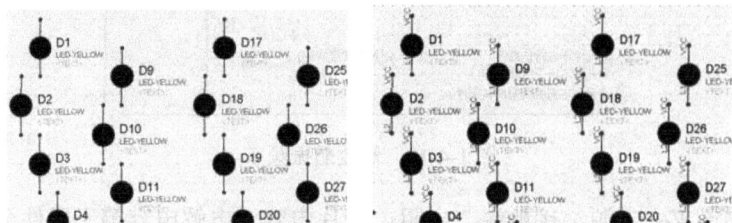

（b）部分 LED 设计效果图

图 1-4-20　8 个电阻、部分 LED 导线连接效果图

😊 特别说明

（1）注意不要将电源和 LED 引脚直接连接，电源与 LED 之间必须要用短导线连接。

（2）如图 1-4-20 所示，采用标号的方法连接各个 LED 的引脚。电阻标签一端的导线操作技巧：利用 Proteus 自动实施捕捉功能，将鼠标移动到 R1 电阻右端获取连接点并单击，移动一小段直线距离，双击即可完成一小段导线的绘制。再右击可取消此画线功能。接下来，只要依次对 R2～R8 的右端在获取连接点上双击，即可完成和 R1 一样长的导线。LED 两端短导线及标号同操作处理。

（3）连接每个限流电阻一端的标号和每四个横向的一组 LED 一端的标号要严格按照顺序和标号名称进行准确设置，另一端全部连接 VCC。否则，程序设计的端口信号输出去控制 LED 彩灯将会发生错误，为后期检查调试减少不必要的麻烦。

（9）建立"树挂式"节日 LED 彩灯单片机仿真目标程序。

① 启动 Keil μVision3 软件。直接双击桌面上的 Keil μVision3 的图标，启动 Keil μVision3 软件。

② 建立项目工程文件。

a．单击"Project"→"New Project"菜单命令，弹出"Create New Project"对话框，在"文件名"框中输入："32led tree"文件名，不需要扩展名，操作窗口如图 1-4-21 所示。

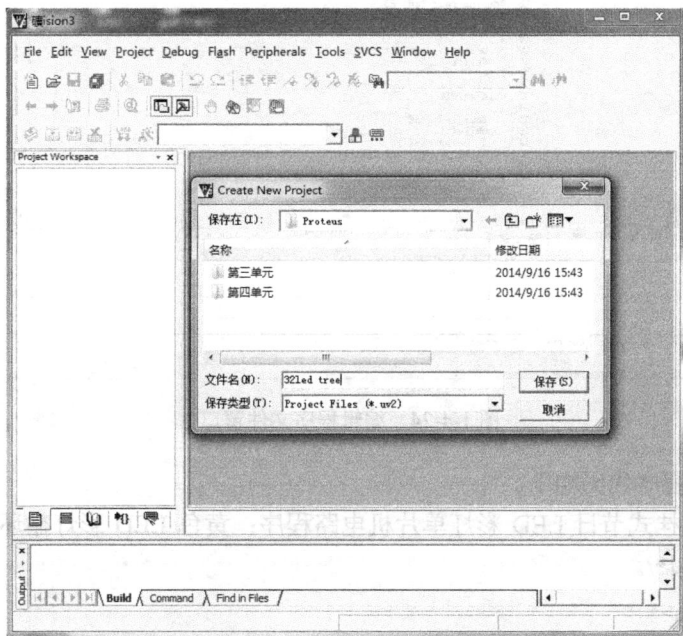

图 1-4-21　新建"32led tree.DSN"工程项目

b．单击"保存"按钮。Keil 系统会自动弹出选择 CPU 芯片的对话框，这里选用 Atmel 公司下的"AT89C52"芯片，结果如图 1-4-22 所示。

c．单击"确定"按钮，弹出"复制基本 8051 代码到工程项目文件夹？"提示对话框，如图 1-4-23 所示。单击"否"按钮，返回工程项目编辑窗口。

图 1-4-22　选择芯片

图 1-4-23　提示对话框

③ 建立控制 LED 彩灯显示的 Keil C 源程序文件。

a. 单击"File"→"New"菜单命令，此时会出现"Target1" 的新文件窗口，编辑程序文件窗口如图 1-4-24 所示。

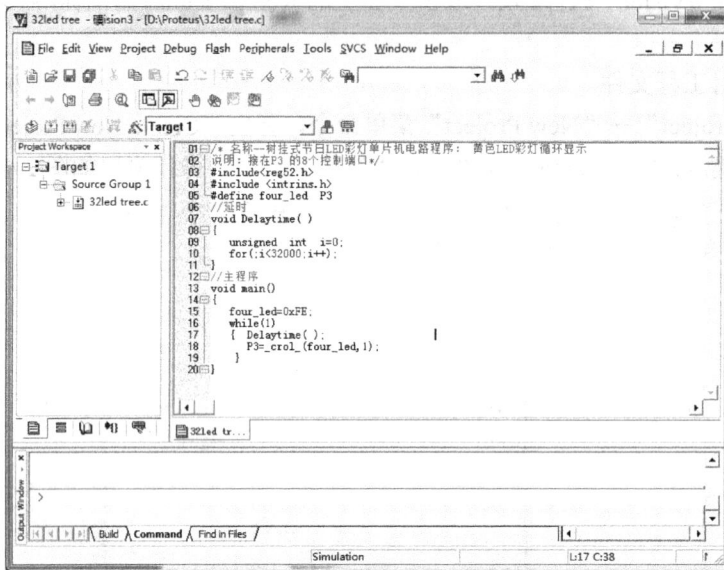

图 1-4-24　编辑程序文件窗口

b. 编辑输入程序代码如下。

/*名称——树挂式节日 LED 彩灯单片机电路程序；黄色 LED 彩灯循环显示说明；接在 P3 的 8 个控制端口*/。

```
#include<reg52.h>
#include <intrins.h>
#define   four_led   P3
//延时
void Delaytime( )
{  unsigned   int   i=0;
   for(;i<32000;i++);
```

```
}
//主程序
void main()
{   four_led=0xFE;
    while（1）
    {   Delaytime( );
        P3=_crol_(four_led,1);
    }
}
```

c. 单击"File"→"Save"菜单命令，此时出现"Save As"对话框，在文件名栏输入"32led tree.c"，结果如图 1-4-25 所示。

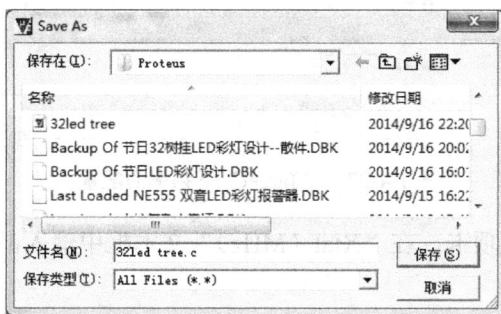

图 1-4-25　保存为 Keil C 语言源程序文件名

d. 单击"File"→"save"菜单命令。

④ 把"32led tree.c"源程序文件添加至工程文件中。

a. 在工程窗口中，右击"Project Workspace"项目组下的"Source Group1"命令，在弹出的快捷菜单中选择"Add Files to Group 'Source Group1'向工程中添加程序文件"命令，弹出"Add Files to Group 'Source Group1'"对话框，如图 1-4-26 所示。

图 1-4-26　添加"32led tree.c"源程序文件

b. 单击"Add"按钮，再单击"Close"按钮，完成源程序文件的添加，如图 1-4-24 所示。

c. 此时单击"Source Group 1"前面的加号，会发现"32led tree.c"程序文件已在其中，证明源程序添加成功。

⑤ 工程具体设置。

a. 单击"Project"→"Options for Target 'Target 1'"菜单命令或右击工程名"Target 1"，在弹出的快捷菜单中选择"Options for Target 'Target 1'"后出现工程的配置窗口，如图 1-4-27 所示。

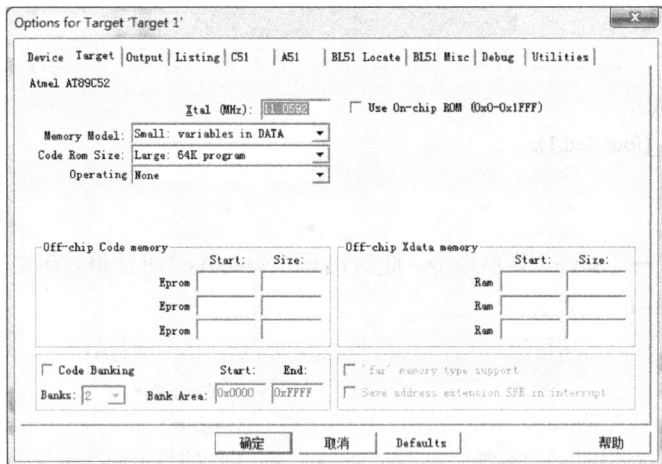

图 1-4-27　　"Target"下频率的配置

b. 单击"Target"选项卡，在"Xtal（MHz）"文本框中输入晶振的频率：11.0592。其他选项选择默认即可。

c. 单击"Output"选项卡，这里重点单击"Create HEX File"复选框，这一点是初学者易疏忽的，在此特别提醒注意。用于生成".HEX"格式文件，设置如图 1-4-28 所示。其他选项选择默认即可。

图 1-4-28　单击"Create HEX File"复选框

d. 单击"确定"按钮，返回项目工作环境。其他选项卡选择默认即可。

⑥ 编译程序。

a. 单击 ⌨ 按钮或按 F7 快捷键，或选择"Project"→"Build target"菜单命令，可对工程项目进行编译。

b. 稍后，编译的相关信息将在"Output Window"窗口中显示，正确编译后，结果如

图 1-4-29 所示。编译成功表示程序已经编译通过。

图 1-4-29 编译成功"Output Window"

⑦ 单击"File"→"Save all"菜单命令，对整个工程项目再确定保存。

（10）对"树挂式"节日 LED 彩灯单片机仿真电路运行程序。

① 再次打开节日 LED 彩灯单片机电路原理图，整个电路原理图如图 1-4-30 所示。

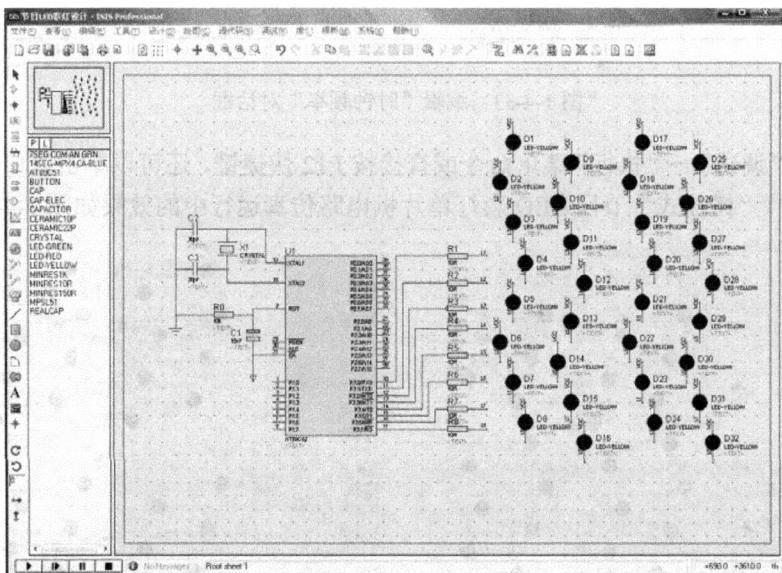

图 1-4-30 打开"节日 LED 彩灯设计.DSN"文件整个电路原理图

② 右击 AT89S52 芯片，在弹出的快捷菜单中选择"编辑属性"，或直接按"Ctrl+E"组

合键，如图 1-4-31 所示。

③ 单击"Program File"项目后的文件打开图标按钮，添加上编译成功的"32led tree.hex"目标文件，窗口如图 1-4-32 所示。

图 1-4-31　编辑芯片属性　　　　　图 1-4-32　添加"32led tree.hex"文件

④ 在进一步弹出的"编辑元件"对话框中，单击"Clock Frequency"（时钟频率）项目后的文件框，输入频率：11.0592MHz，如图 1-4-33 所示。

图 1-4-33　编辑"时钟频率"对话框

⑤ 单击"调试"→"执行"菜单命令或直接按 F12 快捷键，还可以单击窗口左下角 ◀ ▶ ▶ 开始运行按钮。"树挂式"节日 LED 彩灯单片机电路仿真运行中的效果如图 1-4-34 所示。

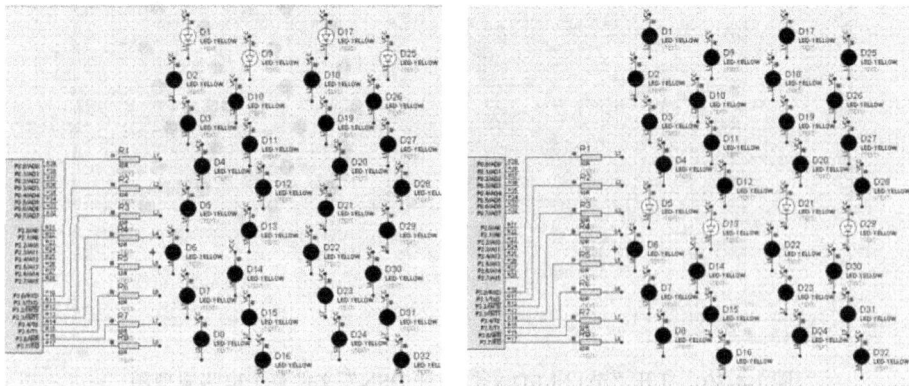

图 1-4-34　节日 LED 彩灯单片机电路仿真运行中的效果图

⑥ 仿真电路运行中，单击 ▯▯ 按钮可暂停，单击 ▮ 按钮可停止仿真，对仿真运行不满意，进一步调试，直到运行"树挂"式 LED 显示效果满意为主。

（11）单击 "文件" → "保存设计" 菜单命令，对仿真设计项目确定保存。

技能重点考核内容小结

（1）掌握 PSpice、Multisim、Proteus 等仿真软件电路建立及仿真运行操作方法。

（2）重点掌握一种仿真软件的典型电子线路原理图建立与编辑方法。

（3）掌握三极管构成低频功率放大器、单极放大器等仿真操作。

（4）初步掌握常见数字万用表、示波器等虚拟仪器的使用与数据分析。

（5）熟知利用 Keil 软件建立工程文件及程序编辑、编译等操作过程与方法。

（6）初步理解 EDA 技术的内涵及相关专业技能领域的实际价值。

习题与实训

一、填空题

1. EDA 是 Electronic Design Automation 的缩写，其含义是_____。

2. 电子设计技术的发展历程，可将 EDA 技术分为_____、_____、_____三个阶段。

3. 相对于其他 EDA 软件，它具有更加形象直观的人机交互界面，特别是其仪器仪表库中的各仪器仪表与真实实验中的实际仪器仪表完全相同的仿真软件是_____。

4. 目前在我国用得最多的 PCB 设计软件是_____。

5. _____现正成为高速 PCB 设计中应用最广泛的软件代表之一，其目前最新版本是16.5。

6. 它是英国 Lab Center Electronics 公司出版的 EDA 工具软件，是世界上著名单片机电路仿真软件，它是_____。

二、选择题

1. 计算机辅助工程的英文缩写是 _____。

A. CAD   B. CAE   C. CAM   D. CAI

2. 系统启动后默认文件名是 "Circuit1" 的仿真软件是 _____。

A. PSpice   B. Multisim   C. Protel   D. Proteus

3. _____是一种非线性时域分析方法，可以分析在激励信号作用下电路的时域响应。

A. 直流分析   B. 交流分析   C. 瞬态分析   D. 失真分析

4. Proteus 系统常见的电子元器件大类中表示微处理器芯片库的是_____。

A. Electromechanical   B. Microprocessor ICs

C. Analog ICs   D. Diodes

三、判断题

1．Multisim 中导线连接非常方便，将鼠标指针移近所要连接电子元器件引脚一端，鼠标自动变为集中小十字黑点，单击并拖动指针到另一元器件引脚处直接连接即可。　　（　　）

2．Altium Designer 是电子业界一款较高水准且能够完整进行板级设计解决方案的软件平台。　　　　　　　　　　　　　　　　　　　　　　　　　　　　　　　　　　（　　）

3．PSpice 可以对电路进行各种分析。支持可分析的电路特性一共有 14 种。　（　　）

4．Proteus 软件中仿真电路原理图编辑窗口是没有滚动条的。　　　　　　　（　　）

四、简答题

1．试简述什么是 EDA 技术？

2．简述 Multisim、Proteus 两款仿真软件的不同。

五、实训操作

实训一　单级分压式负反馈放大电路

1．实训任务

（1）熟悉 Multisim（10 或更高版本）软件的常规操作方法。

（2）掌握典型单级分压式负反馈放大电路原理图的绘制。

（3）熟悉典型单级分压式负反馈放大电路静态工作点的仿真运行及分析方法。

2．任务目标

（1）熟悉典型单级分压式负反馈放大电路静态工作点的仿真运行操作方法。

（2）进一步熟悉典型单级分压式负反馈放大电路动态参数仿真运行操作方法。

3．虚拟实训仪器仪表资金积累

双踪示波器、信号发生器、交流毫伏表、数字万用表。

4．实训原理图

启动 Multisim，添加：电阻、电容、滑动变阻器、三极管、信号源、直流电源等电子元器件，连接线路。最终完成单级分压式负反馈放大电路仿真原理图，如图 1-1 所示。（以下各图仅供参考，请读者根据当地相关教材，自行设计此实训电路原理图）。

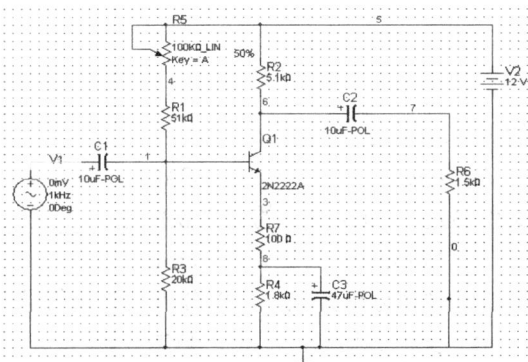

图 1-1　单级分压式负反馈放大电路仿真原理图

5．实训操作

（1）首先完成单级分压式负反馈放大电路仿真原理图，如图 1-1 所示。

（2）添加虚拟仪表并仿真运行。参考各个运行电路图。

① 单击仪表工具栏中的第一个按钮即数字万用表，放置在如图 1-2 所示的位置上。

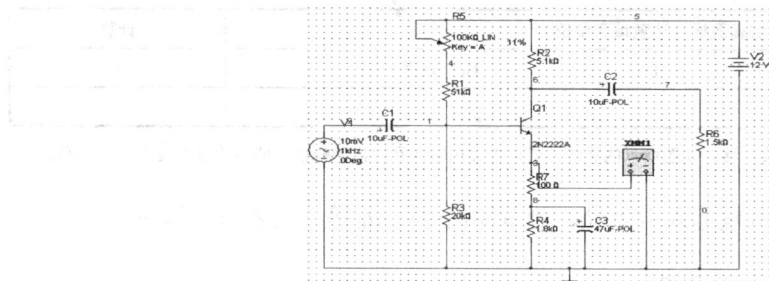

图 1-2　添加数字万用表电路原理图

② 单击工具栏中 ⚡ 运行按钮，进行数据仿真。双击 图标，就可以观察三极管 e 端对地的直流电压，如图 1-3 所示。

图 1-3　数字万用表显示　　　　图 1-4　电路静态工作各节点数据

③ 单击滑动变阻器，会出现一个虚框。之后，按键盘上的 "A" 键，就可以增加滑动变阻器的阻值，按 "Shift+A" 组合键，便可以降低其阻值。调节滑动变阻器的阻值，结果使数字万用表的数据为 2.2V 左右。数字万用表显示如图 1-3 所示。

④ 仿真获得静态数据，如图 1-4 所示。填写静态数据表 1-1。

表 1-1　静态数据

仿真数据（对地数据）单位：V			计算数据　单位：V		
基　级	集电极	发射级	V_{be}	V_{ce}	R_p

⑤ 动态仿真，修改后的动态仿真电路及示波器连接效果图如图 1-5 所示。

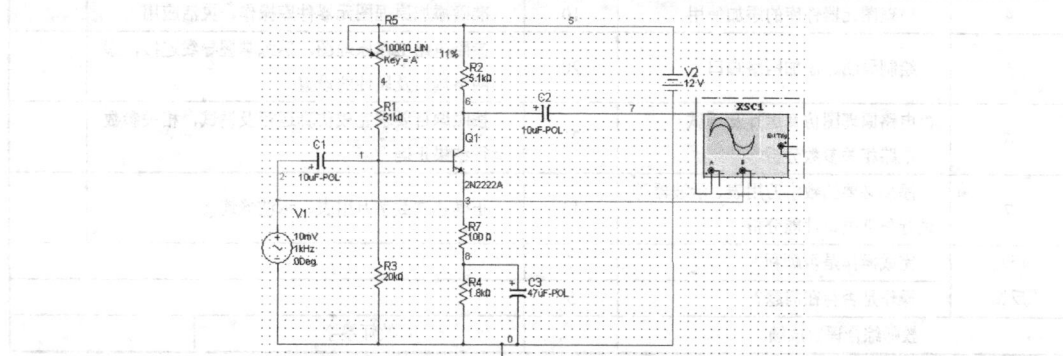

图 1-5　动态仿真电路及示波器连接效果图

⑥ 运行仿真，观察仿真波形。记录数据，填写表 1-2。

表 1-2　动态数据

仿真数据（注意填写单位）		计算
V_i 有效值	V_0 有效值	A_v

注意：可以单击 T1 和 T2 的箭头，移动如图所示的竖线，就可以读出输入和输出的峰值。峰值除以 $2\sqrt{2}$ 变为有效值。

⑦ 其他动态仿真，如测量输入电阻 R_i、测量输出电阻 R_0 等请读者自行练习。

六、实训 Proteus 设计仿真电路

试完成如图 1-8 所示的两路 LED 广告彩灯仿真电路原理图设计，程序由读者自行完成。

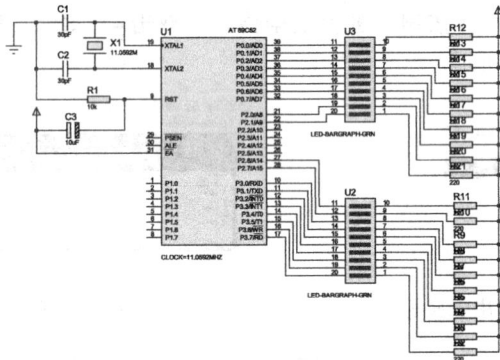

图 1-8　两路 LED 广告彩灯仿真电路原理图设计

第一单元实训综合评价表

班级		姓名		PC 号	学生自评成绩	
考核内容			配分	重点评分内容		扣分
1	正确创建仿真电路原理图文件 如课后实训五、六题		5	文件建立正确		
2	原理图图纸参数设置 如：指定用 B5 图纸		5	图纸参数设置正确		
3	元器件常规编辑操作		10	完全掌握复制、粘贴、删除、移动等		
4	原理图元器件库的添加使用		10	准确添加原理图元器件库操作，灵活应用		
5	绘制导线、添加网络端口		20	参照电路工作原理图，熟练掌握导线连接，添加网络端口及属性的设置		
6	电路原理图仿真运行及调试 电路相关参数分析		25	按照题目要求完成仿真运行及调试，相关参数运行结果正确		
7	添加必要的数字万用表、示波器等进行仿真电路性能分析		15	正确建立数字万用表、示波器连接		
反思 反馈	完成操作是否顺利？		5			
	操作是否存在问题？		5			
教师综合评定成绩				教师签字		

注：参考本单元几款 EDA 软件，任选其一参考本单元课后实训，能独立完成课后实训涉及的电路原理图及仿真分析。

第二单元

工程项目操作基础

本单元综合教学目标

进一步熟悉 Protel DXP 2004（本书以下简称：Protel）的特点，掌握 Protel 多种启动和退出方法。熟悉工作窗口的自动隐藏、浮动及锁定控制。通过学习 Protel 电路原理图编辑器及原理图库文件的建立方法，重点掌握电路原理图、原理图元器件库、印制电路板（PCB）、PCB元器件库、电路仿真文件的建立方法及各常用工具栏的应用含义。掌握工程项目文件常规操作，会进行 Protel 软件系统的自定义设置，掌握文件操作的工作路径，激发学习兴趣，培养个性化保存文件的设计习惯。

岗位技能综合职业素质要求

1. 掌握 Protel 多种启动和退出方法。
2. 掌握电路原理图编辑器及原理图元器件库建立的方法。
3. 掌握 PCB 文件及 PCB 元器件库建立的方法。
4. 熟悉电路仿真操作的一般设计过程。
5. 能按照个人需求进行系统环境的自定义。

项目一 常用编辑器

学习目标

（1）掌握 Protel 多种启动和退出方法，对主窗口的组成形成初步认识，激发学习兴趣。

（2）通过 Protel 电路原理图编辑器及原理图库文件的建立，对比学习 PCB 编辑器和元器件库编辑器以及电路仿真编辑器，学会建立基本元器件符号库文件的操作方法。

（3）重点熟悉电路原理图、PCB 编辑器等常用工具按钮及其含义。

问题导读

原理图编辑器

Protel 的原理图编辑器提供了高效、智能的原理图编辑工作环境，而且能够提供高质量的原理图打印输出。它的元器件符号库非常的丰富，最大限度地覆盖了市场上众多主流电子元器件生产厂家的繁杂的各种元器件类型。Protel 作为 EDA 软件的一员，它的原理图设计系统有以下优点：

✧ 强大的元器件及元器件库的组织功能
✧ 方便易用的连线工具
✧ 恰当的视图缩放功能
✧ 强大的编辑与设计检验功能
✧ 高质量的各种打印输出能力

原理图库编辑器

电路原理图编辑器主要功能是设计电路原理图，能完成对实际工作电路电气连接的正确设计。原理图库编辑器是用来设计并建立自己的元器件符号库，并允许设计者自由地调用它们。前者是原理图设计基础平台，后者是服务于这个平台的资料库，以保证原理图设计的顺利完成；原理图库编辑是在电路设计过程中根据自己设计需求才被激活的。

知识链接

Protel 集成的电子元器件库

Protel 自带了一系列世界各大电子制造商相关名字命名的电子元器件库，存储在安装盘"\Altium\library"文件夹中，如原理图库、PCB 封装模型库等，如图 2-1-1 所示为库组成图。用于电路仿真的 SPICE 模型位于"\Altium\library"文件夹中的集成库内，信号完整性分析模型在"\Altium\library\SignalIntegrity"文件夹中。

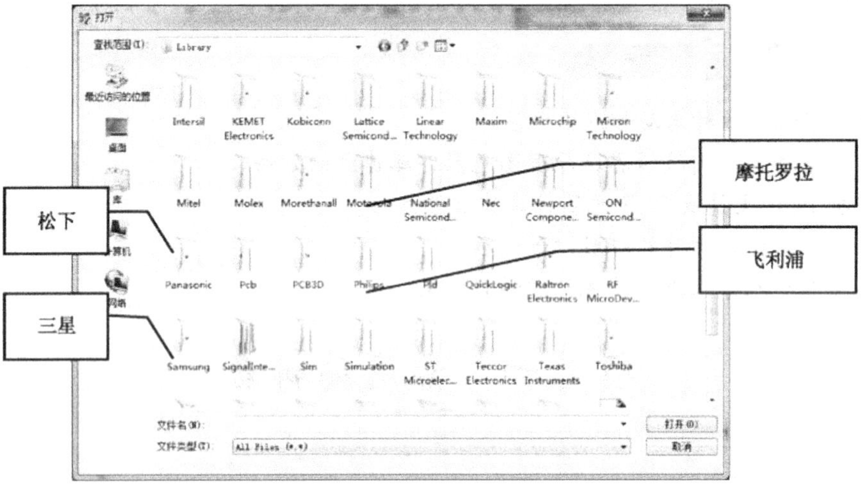

图 2-1-1　Library 库组成图

Protel 两大基本元器件库

① Miscellaneous Devices.INTLIB。这个库主要集成了大量的常见基础电子元器件，详见附录 A。

② Miscellaneous Connectors.INTLIB。这个库主要集成了大量的电路设计中的接口部分，如耳机接口、电源接口、针脚接口等。

知识拓展

电子元器件库的添加

如果在上述的两个元器件库中找不到你设计所需要的元器件，就要在系统库中查找电子元器件所在"仓库",即元器件库的添加,以便找到需要的电子元器件。例如,要使用 NE555 芯片原理图符号,即单击"Protel 原理图"工作窗口右下角的"System"标签,选中"Libraries"菜单项,再单击库面板中"Libraries"按钮,在添加库对话框中单击"Install"选项卡、"Install"按钮,选择如图 2-1-1 所示的对话框中的"ST Microelectronics"文件夹下的"ST Analog Timer Circuit.INTLIB"元器件库添加进来,选择它并打开,再单击"Close"按钮,即可完成该库的添加。进而可以对 NE555 芯片符号进行操作了。

任务一 Protel DXP 2004 启动与退出

做中学

Protel 的启动常用以下几种方法。

方法一:双击桌面上的"DXP 2004"图标,即可启动 Protel 软件,结果如图 2-1-2 所示。

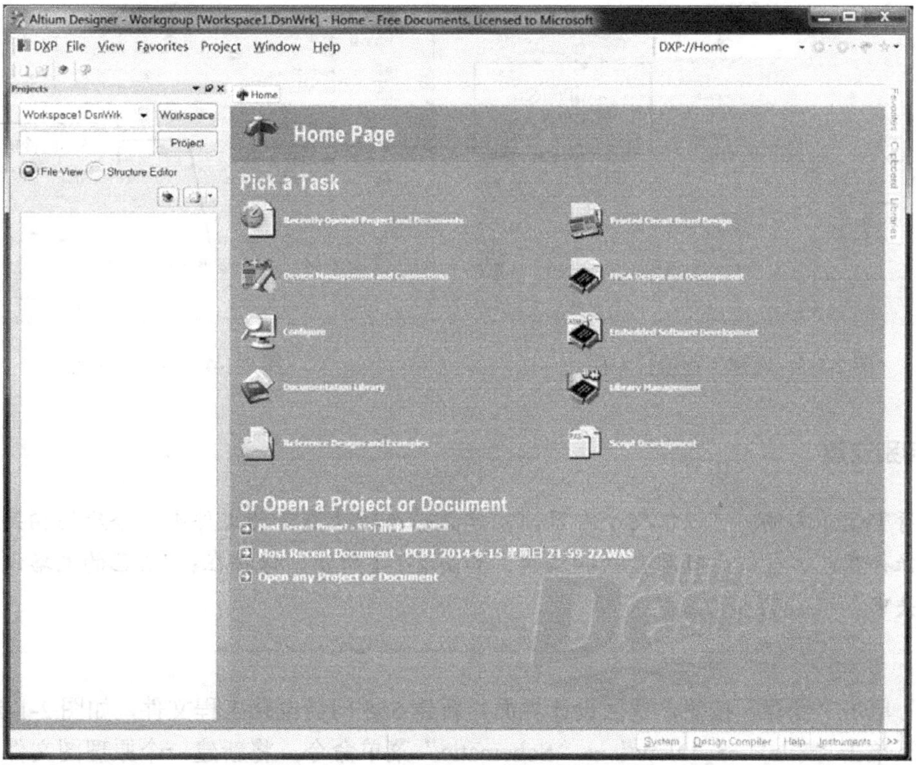

图 2-1-2 Protel DXP 2004 软件界面

方法二:单击"开始"按钮,指向"所有程序",在"Altium"项目的子菜单中单击 DXP 2004 命令,即可启动 Protel。

方法三:通过桌面的"我的计算机"或"计算机"图标,打开硬盘、光盘、移动硬盘或 U 盘上已经建立好的工程文件(或原理图文件、PCB 文件等),就可以直接打开它。

Protel 的退出常用以下几种方法。

方法一:单击 Protel 工作窗口右上角的"关闭"按钮。

方法二:单击"File"→"Exit"菜单命令。

方法三:单击"Protel"标题栏,按"Alt+F4"组合键。

方法四:双击 Protel 工作窗口左上角的"Protel 系统"图标。

任务二　原理图编辑器与库编辑器

做中学

电路原理图编辑器是 Protel 电路板设计过程中第一阶段的操作核心，部分常用工具栏是电路原理图绘制的基础工具栏。如绘制较复杂电路原理图，就要进行原理图库编辑设计的操作。下面以 555 门铃电路为例，说明主要操作步骤。

（1）启动 Protel，单击"File"→"New"→"Project"→"PCB Project"菜单命令，将新建一个设计工程项目文件。新建工程项目文件菜单如图 2-1-3 所示。

（2）单击"File"→"Save Project"菜单命令，进行项目保存。在弹出的对话框中，输入文件名"555 门铃电路"，如图 2-1-4 所示。

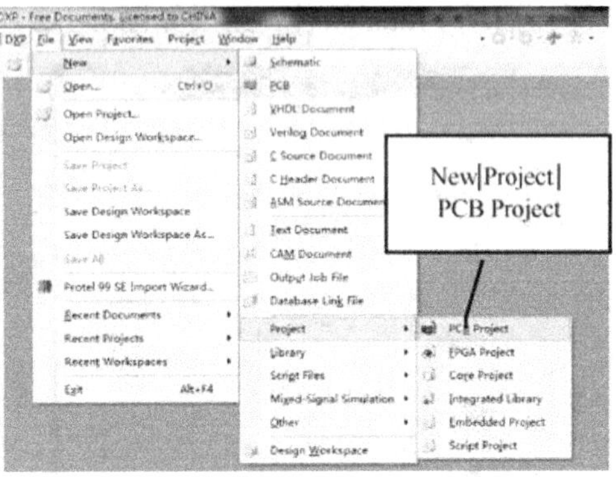

图 2-1-3　新建工程项目文件

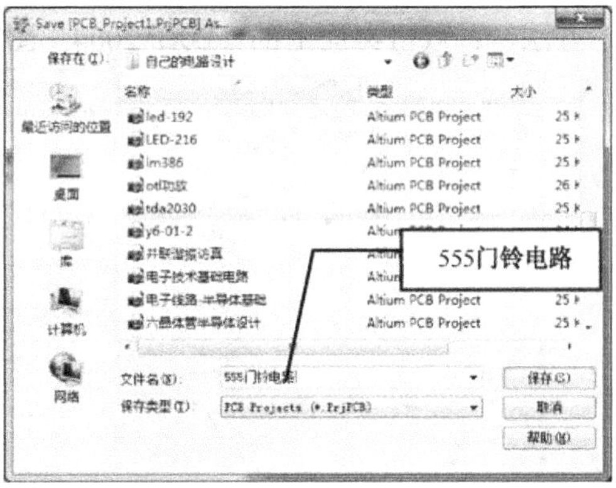

图 2-1-4　输入文件名

特别注意

保存 Protel 文件，可以根据个人习惯，建立一个较为固定的文件夹，今后的相关设计文件全部保存在此，也便于日后查找和编辑，如图 2-1-1 所示，保存在："自己的电路设计"目标文件夹中。

（3）单击"保存"按钮，返回设计界面。新建 555 门铃电路工程文件，如图 2-1-5 所示。

（4）单击"File"→"New"→"Schematic"菜单命令，将新建一个原理图文件，默认文件名为"Sheet1.SCHDOC"，如图 2-1-6 所示。

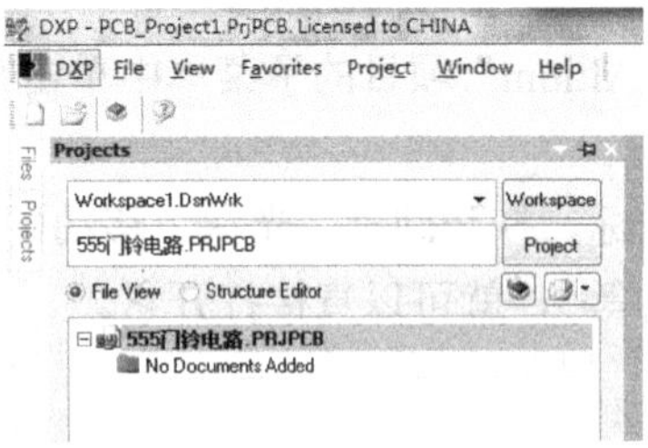

图 2-1-5　新建 555 门铃电路工程文件

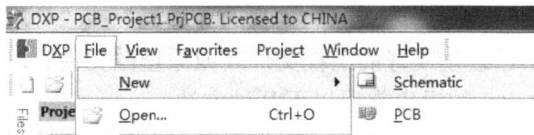

图 2-1-6　新建原理图

（5）此时，进入电路原理图设计工作窗口，整个原理图编辑器工作界面如图 2-1-7 所示。

图 2-1-7　原理图编辑器工作界面

☺　**特别注释**

　　注意如图 2-1-7 所示的标注，"555 门铃电路.PRJPCB"文件名后面多了一个"*"号，它说明这个工程文件有更新，但还没最终保存。

（6）熟悉原理图编辑环境工具栏。

①　"Schematic Standard"（原理图标准）工具栏：如图 2-1-8 所示，该栏提供了文件的常用操作、视图操作和编辑等常见工具按钮。其使用可参看第三单元项目一中的相关操作。

图 2-1-8　"原理图标准"工具栏

②　"Wiring"（接线）工具栏：如图 2-1-9 所示，该栏列出了建立原理图连接常用的导线、总线、电源连接端口等工具按钮。其使用可参看第三单元项目二中的相关操作。

③　"Utilities"（公用项目）工具栏：如图 2-1-10 所示，该栏列出了原理图中常用绘图、文字工具，接电源和接地的各种电源符号，常用电阻、电容、信号源等工具按钮。其使用可参看第三单元项目三中的相关操作。

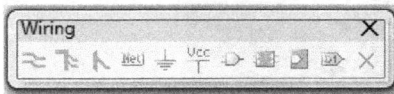

图 2-1-9　"接线"工具栏

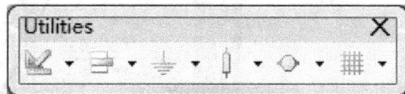

图 2-1-10　"公用项目"工具栏

（7）单击"File"→"New"→"Library"→"Schematic Library"菜单命令，将新建一个原理图库文件，默认库文件名为"Schlib1.SCHLIB"。新建原理图库编辑窗口及放大的库建立常用工具栏，如图 2-1-11 所示。其使用可参看第三单元项目二中的相关操作。

图 2-1-11　新建原理图库编辑窗口

☺ **特别注释**

通过主菜单"View"→"Toolbars"菜单的子菜单项，可以进行各个工具栏开关项的控制设置操作。

任务三　PCB 编辑器与库编辑器

第二个核心设计阶段即电路板设计，此时必须进入 PCB 编辑器工作环境，电路板的制作主要包括电路板环境参数设计、外形规划、元器件布局、与电路原理图双向更新、电路板布线、敷铜等相关设计。

当个别电子元器件的封装在系统库中找不到时（或是一时没找到），解决的办法就是自己根据元器件封装（引脚尺寸、距离等参数），设计出符合要求的元器件封装库。

做中学

下面仍以"555 门铃电路"为 PCB 文件名，说明主要操作步骤。

（1）启动 Protel，打开已建立的"555 门铃电路.PRJPCB"，或单击"File"→"Recent Documents"→"1 D：自己的电路设计\555 门铃电路.PRJPCB"菜单命令。打开 555 门铃电路工程项目文件菜单如图 2-1-12 所示。

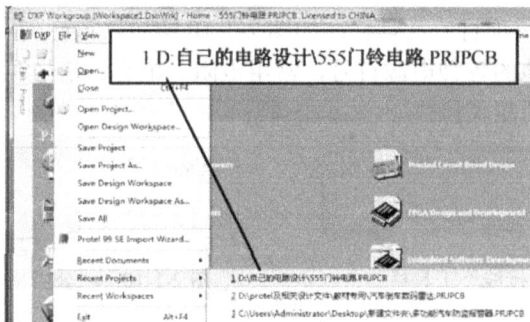

图 2-1-12　打开 555 门铃电路工程项目文件菜单

（2）单击"File"→"New"→"PCB"菜单命令，将新建一个 PCB 文件，默认文件名为"Pcb1.PCHDOC"。此时系统将自动打开 PCB 编辑器，整个工作界面如图 2-1-13 所示。

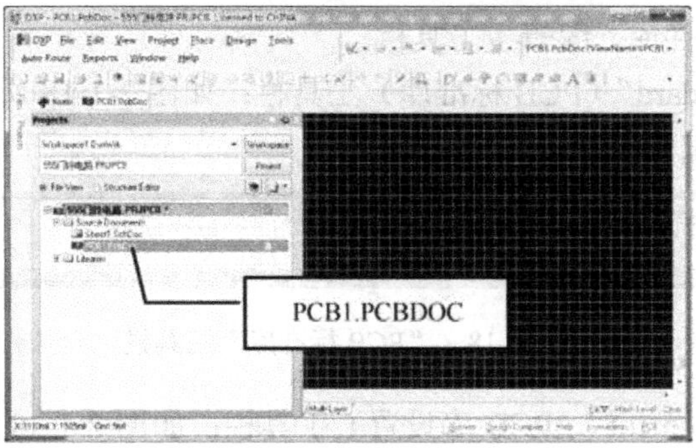

图 2-1-13　新建原理图菜单

（3）熟悉 PCB 编辑环境工具栏。

① "PCB Standard"（PCB 标准）工具栏：如图 2-1-14 所示，该栏提供了文件的常用操作、视图操作和编辑功能等常见工具按钮。

图 2-1-14　"PCB 标准"工具栏

② "Wiring"（接线）工具栏：如图 2-1-15 所示，该栏列出了建立 PCB 电路板导线、焊盘、过孔等工具按钮。

③ "Utilities"（公用项目）工具栏：如图 2-1-16 所示，该栏列出了 PCB 中画线、元器件布局等工具按钮。

图 2-1-15　"接线"工具栏　　　　　　　　图 2-1-16　"公用项目"工具栏

④ 单击 "File" → "New" → "Library" → "PCB Library" 菜单命令，将新建一个 PCB库文件，默认库文件名为 "PCBLib1.PCBLIB"。新建的 PCB 库编辑器窗口如图 2-1-17 所示。

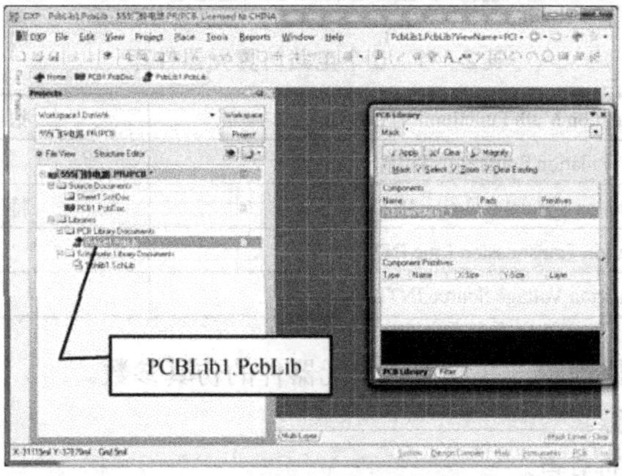

图 2-1-17　新建的 PCB 库编辑器窗口

（5）熟悉 PCB 元器件库，编辑主工具栏。

① "PCB Lib Standard"（PCB 标准库）工具栏：如图 2-1-18 所示，该栏提供了文件的常规操作、视图操作和编辑功能等工具按钮。

图 2-1-18　"PCB 标准库"工具栏

② "PCB Lib Placement"（PCB 库设置）工具栏：如图 2-1-19 所示，该栏列出了建立 PCB 库所用到的导线、过孔、焊盘、文字、圆弧、文件说明等常用工具按钮。

图 2-1-19　"PCB 库安置"工具栏

任务四　电路仿真编辑器

电路原理图仿真是 Protel 电子线路 CAD 系统的重要组成之一。利用 Protel 原理图电路仿真编辑器功能进行电路仿真，进一步对仿真运行结果进行估算、测试和校验，以检验电路的正确性，并验证电路设计的工作指标是否达到了预期标准。

做中学

电路仿真主要操作步骤如下。

（1）建立仿真电路原理图文件，方法同任务二中建立一个电路原理图文件的操作。

（2）加载具有 Simulation（仿真）属性的电子元器件库。

😀 **特别注释**

Protel 系统自带 "\Library\Simulation" 目录下的 5 个电路仿真元器件库，见表 2-1-1。另外，Miscellaneous devices.INTLIB 元器件库中的元器件也具有电路仿真属性，详见附录 A 仿真属性说明。

表 2-1-1　5 个电路仿真元器件库

1	Simulation Math Function.INTLIB	数学函数模块元件库
2	Simulation Sources.INTLIB	激励源元件库
3	Simulation Special Function.INTLIB	特殊功能模块元件库
4	Simulation Transmission Line.INTLIB	传输线元件库
5	Simulation Voltage Source.INTLIB	电压源元件库

（3）绘制仿真电路原理图，并设置电子元器件的仿真参数。

（4）放置仿真激励源。

（5）设置仿真电路的节点。

（6）启动仿真器，选择仿真方式，设置具体仿真参数。仿真工具栏如图 2-1-20 所示。

图 2-1-20　仿真工具栏

（7）仿真运行，获得仿真结果，进一步分析工作电路，调整和改进电路。

（8）再运行仿真，直到结果满意，结束仿真调试。

项目二　工程文件相关操作

学习目标

（1）熟悉工作窗口的自动隐藏、浮动及锁定控制，会进行工作窗口中面板及窗口操作。

（2）掌握工程项目文件常规操作，培养严谨的保存文件的设计习惯。

问题导读

一个完整的工程项目文件中一般包含哪些文件？

利用 Protel 进行电路板设计整个过程中，一个完整的工程项目文件中会包含很多各种类型的设计文件，如原理图文件、原理图库文件、网络报表文件、PCB 文件、PCB 库文件、仿真波形文件等。这些设计文件一起构成了文件系统，完成了电路板或电路仿真的设计。

知识拓展

常见的 Protel 文件系统

常见的 Protel 文件系统见表 2-2-1。

表 2-2-1　常见的 Protel 文件系统

文 件 类 型	文件扩展名	文 件 类 型	文件扩展名
工程组文件	.DSNWRK	错误规则检查文件	.ERC
设计工程项目文件	.PRJPCB	电路板设计规则校验文件	.DRC
电路原理图文件	.SCHDOC	集成库文件	.INTLIB
印制电路板文件	.PCBDOC	仿真生成报表文件	.NSX
文本文件	.TXT	仿真波形文件	.SDF
原理图库文件	.SCHDOC	可编程逻辑器件描述文件	.PLD
印制电路板库文件	.PCHLIB	仿真模型文件	.MDL
原理图网络表文件	.NET	支电路仿真文件	.CKT

知识链接

Protel 设计窗口组成

1．标题栏

Protel 电子线路 CAD 设计软件，均是以窗口的形式出现，在窗口上方是该窗口的相关标题栏，显示当前文件存储位置及文件名。

2．菜单栏

系统初始默认菜单有七个：DXP、File、View、Favorites、Project、Window 和 Help。

3．工具栏

工具栏中的每个按钮都对应了一个相关的操作功能。可以将鼠标指针指到按钮上，停放几秒钟，屏幕上就会显示当前按钮的功能。

4．工作区面板标签

在编辑窗口的左右两边可以设定几个小标签。如果单击某一个标签，其相应的标签工作面板就会弹出来。

任务一　工作区面板窗口控制

做中学

在 Protel 电路设计中，其各种编辑环境下工作区面板使用频繁，要熟练操控它。工作区面板的 3 种显示方式及其操作方法，见表 2-2-2。

表 2-2-2　工作区面板的 3 种显示方式

自动隐藏方式（默认方式）	最初进入各种编辑环境时，工作区面板都处于这种方式。欲显示某一工作区面板时，可以将鼠标指针指向相应的标签或者单击该标签，工作窗口就会自动弹出，单击标题栏可以锁定面板
锁定显示方式	处于这种方式下的工作区面板，无法用鼠标将其拖动
浮动显示方式	将处于锁定方式下的工作区面板拉出到窗口中间，就处于浮动显示方式

例如，当鼠标指针离开 Projects 工作面板一段时间后，该面板就会自动隐藏，显示与隐藏对比如图 2-2-1 所示。窗口左边 Projects 锁定工作面板如图 2-2-2 所示。

窗口左边 Projects 显示工作面板　　　　　　Projects 工作面板隐藏

图 2-2-1　显示与隐藏对比图

图 2-2-2　窗口左边 Projects 锁定工作面板

特别注释

工作区面板可分为两大类：

（1）各种编辑环境下的通用面板，例如，元器件库面板和 Projects 面板；

（2）特定的编辑环境下适用的专用面板，例如，PCB 编辑环境中的 Navigator 面板。

任务二　关闭工程项目文件

做中学

下面仍以 555 门铃电路工程文件为例，说明关闭打开的工程项目文件的常用方法。

（1）启动 Protel 软件，打开已建立的"555 门铃电路.PRJPCB"。

（2）右击 Projects 工作面板中"555 门铃电路.PRJPCB"文件，在弹出的快捷菜单中单击"Close Project"命令，即可关闭该工程项目文件，如图 2-2-3 所示。

图 2-2-3　关闭 555 门铃电路工程项目文件

特别注释

若原理图、PCB 等文件有设计变化，会弹出确认修改对话框，如图 2-2-4 所示。

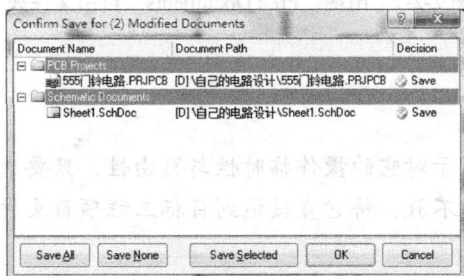

图 2-2-4　确认修改对话框

任务三　临时自由文件操作

做中学

在 Protel 中单独建立的原理图文件、PCB 文件及库文件或单独打开这些文件，或在当前项目文件中删除某些文件，这些文件将成为临时自由文件，他们通常存储在唯一的"Free Documents"文件夹中。

例如，删除"555 门铃电路.PRJPCB"工程文件中"PCB1.PCBDOC"，操作步骤如下：

（1）右击"PCB1.PCBDOC"文件，在弹出的快捷菜单中单击"Remove from Project…"，如图 2-2-5 所示。

（2）出现"Do you wish to remove PCB1.PCBDOC？"（你希望删除 PCB1.PCBDOC 文件吗？）提示对话框，如图 2-2-6 所示。

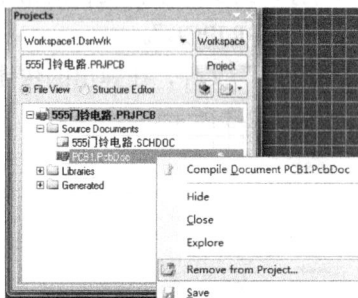

图 2-2-5　单击"Remove from Project…"　　　　图 2-2-6　提示对话框

（3）单击"Yes"按钮，在如图 2-2-7 所示的"Projects"工作面板上会自动出现"Free Documents"自由文件夹。

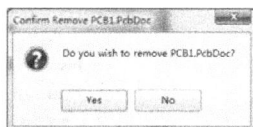

图 2-2-7　出现"Free Documents"自由文件夹

😊 **特别注释**

临时自由文件的应用在于对它的操作临时性与自由性，只要选中想要的临时自由文件，单击选中它并按住鼠标左键不放，将它直接拖到目标工程项目文件中即可完成添加。

项目三 个性化设置

学习目标

（1）真正理解文件操作的工作路径，会按要求进行自定义设置。

（2）可以根据设计者的不同习惯，进行个性化相关设置。

问题导读

什么是个性化设置？

使用 Protel 软件进行电路设计时，可以根据自己设计保存文件的习惯，进行个性化设置操作，通常包括修改系统参数或文件自动备份、工具栏和快捷键等，以便更高效地工作。

知识拓展

Protel 系统参数的设置

单击 DXP 系统菜单图标，选择其中的"Preferences"（系统参数）命令，则弹出"Preferences"（系统参数）设置对话框。对话框包含九个目录项，如图 2-3-1 所示。例如，在"DXP System"子目录中可以分别设置"General"（常规参数）、"View"（视图参数）、"Transparency"（透明度参数）、"Navigation"（导航）、"Backup"（备份）、"Projects Panel"（项目选项）等系统设置选项。

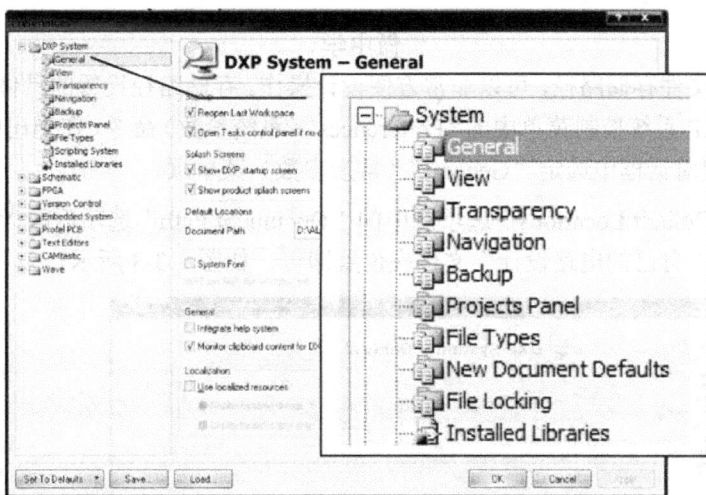

图 2-3-1　系统参数设置对话框

知识链接

常规参数设置

常规参数主要用来设置系统或编辑器的一些特性，通常进行以下几个选项的设置：

（1）"Startup"选项区。本选项组内包括一个"Reopen last project group"复选框，用以选择在 Protel 系统启动时是否自动打开上次打开的工程组。

（2）"Splash Screens"选项区。本选项组内包含"Show DXP startup screen"和"Show product splash screens"两个复选框，分别用来设置系统和各编辑器启动时是否显示启动画面。

（3）"Localization" 选项区。单击复选框"Use Localized resources"（使用本地汉化资源），下一次重新启动，即可显示中文菜单的 Protel。如图 2-3-2 所示为显示中文菜单的 Protel 系统。

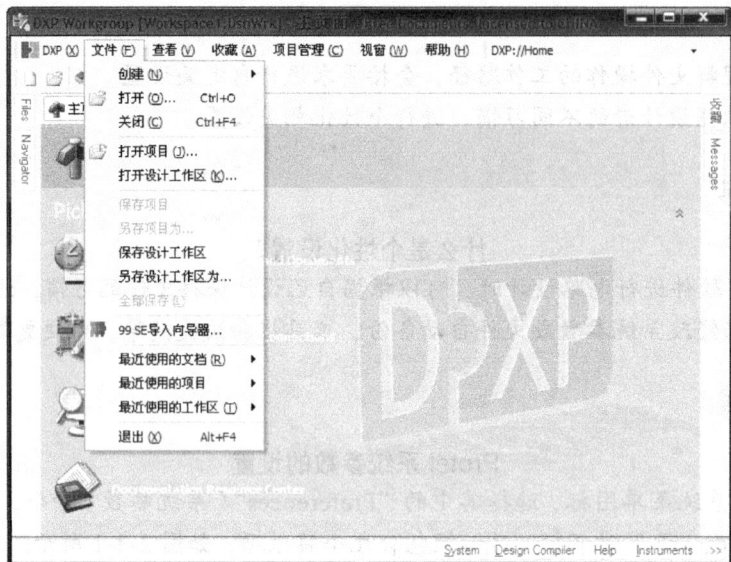

图 2-3-2　显示中文菜单的 Protel 系统

任务一　存储路径设置操作

做中学

设置自己的文件存储路径，可以非常方便设计操作。存储路径设置的具体操作步骤如下。

（1）单击 DXP 系统控制菜单中的"Preferences"（系统参数）命令，在弹出的"Preferences"（系统参数）设置对话框中选定"General"（常规参数）菜单项。

（2）单击"Default Locations"选项区中的"Document Path"选项后的 按钮，将文件存储路径设置到"自己的电路设计"文件夹位置即可，如图 2-3-3 所示。

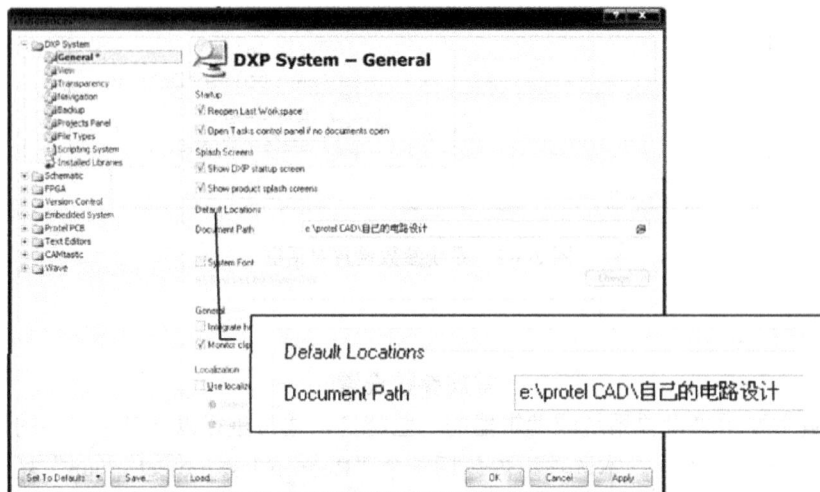

图 2-3-3　存储路径设置操作

任务二　文件自动备份操作

做中学

作为经常要进行文件编辑的操作人员而言，文件的及时备份是十分重要和必要的。Protel 在这方面完全支持设计文件的自动备份功能，并指定文件的存储路径。

激活文件自动备份功能的具体操作步骤如下：

（1）单击 DXP 系统控制菜单中的"Preferences"（系统参数）命令，在弹出的 Preferences（系统参数）设置对话框中选定 Backup 选项，进入文件备份参数设置对话框。

（2）选中"Auto Save"（自动保存）选项区中的"Auto save every"复选框，激活文件的自动备份功能。系统备份默认的时间是 30min；备份文件数目是 5 个；默认路径是:\Documents and Settings\Administrator\Application Data\Altium2004_SP2\Recovery，如图 2-3-4 所示。

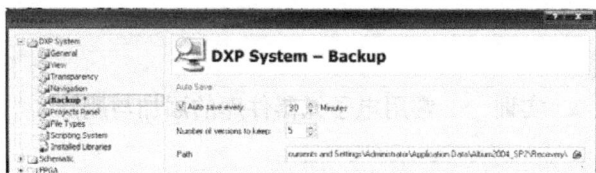

图 2-3-4　文件自动备份操作

技能重点考核内容小结

（1）掌握 Protel 多种启动和退出方法。

（2）掌握电路原理图编辑器及原理图元器件库建立的方法。

（3）掌握 PCB 文件及 PCB 元器件库建立的方法。

（4）掌握工程项目文件常规操作，会进行文件相关的自定义设置。

习题与实训

一、填空题

1. Protel 自带了一系列以世界各大电子制造商相对应的名字命名的电子元器件库，存储在安装盘的\Altium_____目录下。

2. 在 Protel 软件工作环境下，新建一个原理图文件，默认文件名为_____。

3. 在 Protel 软件工作环境下，新建一个原理图库文件，默认文件名为_____。

二、选择题

1. 当某个工程文件名后面多了一个"_____"号时，说明这个工程文件有改动，还没有更新保存过。

A. &　　　　　　　B. #　　　　　　　C. *　　　　　　　D. @

2. 单击"File"→"New"→"Library"→"Schematic Library"菜单命令，将新建一个原理图库文件，默认库文件名为_____.SchLib。

A．Schlib   B．Schlbi   C．Schlib1   D．Schlbi1

三、判断题

1．数学函数模块元器件库是"Simulation Special Function.INTLIB"。　　　（　　）

2．当特殊电子元器件的封装在系统库中不能找到时，可以自己设计元器件封装来解决。
　　　（　　）

3．双击 DXP 系统菜单图标，选择其中的"Preferences"命令，则弹出"Preferences"对话框。　　　（　　）

四、简答题

简述 Protel 两大基本元器件库的组成。

五、实训操作

实训一　常用电子元器件库的添加与删除

1．实训任务

（1）常见集成电路 NE555 所在元器件库的添加（参考教材中的库引用）。

（2）进一步掌握元器件库的删除。

2．任务目标

（1）理解并掌握添加元器件库的步骤。

（2）熟悉多余元器件库的删除方法。

（3）培养学生独立思考问题，解决实际操作问题的能力。

3．原理图设计准备

可以自行设计，也可以参考《电子技术基础与技能》《模拟电路》《数字电路》等教材中涉及的最基本的电路图。例如，NE555 门铃电路原理图，如图 2-1 所示。

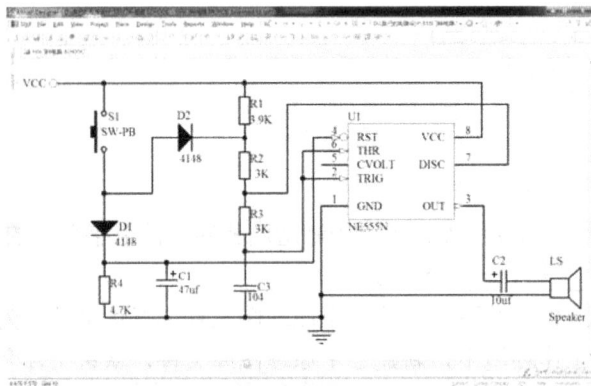

图 2-1　NE555 门铃电路原理图

4．实训操作

（1）添加库：主要步骤为单击"System"标签中的"Libraries"菜单项，通过"Install"进行加载安装。通过库目录，打开集成电路 NE555（DIP8—双列直插式封装）所在的元器件库。

☺ **特别注释**

如何确定原理图电路设计中所用的集成电路芯片，将在下一单元中做详细介绍。
如图 2-2～图 2-5 所示为主要操作核心对话框或窗口。

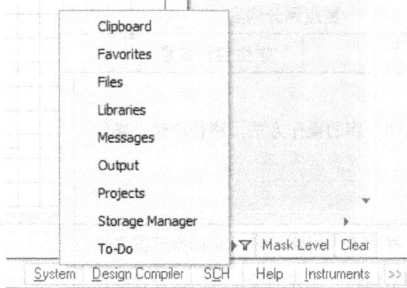

图 2-2　标签"System"中的各菜单项　　　　　图 2-3　打开目标库目录

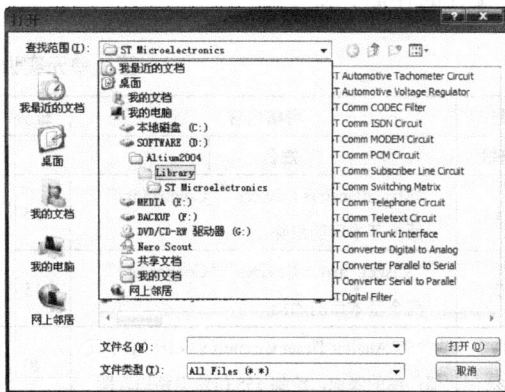

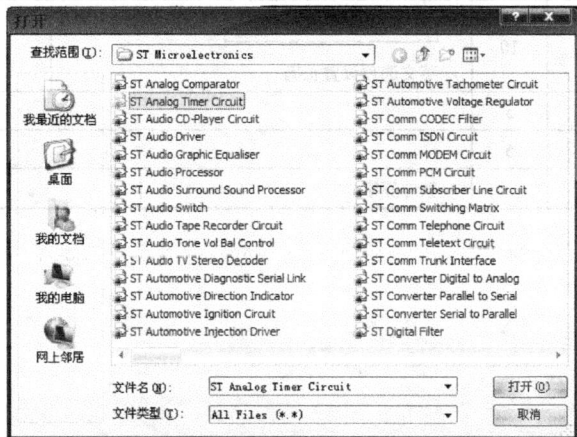

图 2-4　单击"ST Analog Timer Circuit.INTLIB"　　图 2-5　集成电路 NE555 预览效果图

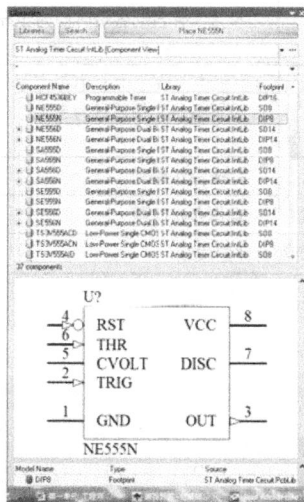

（2）删除库：正好是添加库的相反操作过程。打开"Libraries"，通过单击已经存在的
各个元器件库，单击"Remove"按钮即可进行删除操作。

实训二　保存路径的指定设置

1. 实训任务

（1）以学生的学号为指定存储文件夹名（统一定逻辑驱动器为 E:）。

（2）进一步熟悉关于此项操作用的专业英文单词或词组。

2. 任务目标

（1）理解并掌握文件夹存放设置步骤。

（2）熟悉此项设置过程中用到的英文单词。

（3）培养学生努力学习，克服困难（学习英文）的意识。

3."学号"文件夹设计准备

例如：把"E:\10010020"作为文件存储路径的位置。

4.实训操作

可以安排在第一次上机，熟悉 Protel 环境时进行这个实训操作，统一设置，也方便以后设计文件的存储。

第二单元实训综合评价表

操作	考核内容		配分	重点评分内容		扣分
班级	姓名			PC 号	学生自评成绩	
1	"Miscellaneous Devices" "Connectors" 两个基本库的删除		15	打开这两个库的操作方法，路径清楚，操作准确		
2	"Miscellaneous Devices" "Connectors" 两个基本库的添加		15			
3	"ST Analog Timer Circuit.INTLIB"电子元器件库的添加，绘制 555 门铃电路原理图		20	根据教材学习，思路清晰，掌握原理图文件建立、基本编辑、保存的操作方法、设计到位		
4	设置 "E:\10010020" 文件存储路径		15	具体内容输入正确，操作窗口设置正确		
5	设置文件自动备份时间为 20min		15	☑ Auto save every: 20 ⬍ Minutes 英文选项设置正确		
6	设置备份文件数目为 5		10	Number of versions to keep: 5 ⬍ 英文选项设置正确		
反思	完成操作顺利		5			
反馈	操作存在问题		5			
教师综合评定成绩				教师签字		

第三单元

工程项目原理图操作基础

本单元综合教学目标

学会 Protel 原理图图纸及其工作环境参数的设置。掌握红外热释电报警器电路原理图的绘制，完成绘制电路元器件符号库的操作。熟练掌握电路元器件的添加、搜索、放置、电气连线等操作，理解并掌握电路元器件集群编辑操作，并能对绘制成的电路原理图进行检查、修正，并生成网络报表。

岗位技能综合职业素质要求

1. 掌握原理图图纸及工作环境参数设置。
2. 熟练进行原理图库添加、关闭等操作。
3. 掌握原理图库文件中绘制新的库元器件操作与方法。
4. 掌握电路元器件搜索、元器件属性的修改等操作。
5. 掌握对电路原理图的检查规则和修正方法。
6. 能进行电路原理图文档及相关报表的打印输出。

项目一 红外热释电报警器绘制准备

学习目标

（1）熟悉电路原理图设计的准备工作，会设置图纸尺寸、方向等。
（2）熟悉图纸两种模式、栅格具体参数等设置。
（3）熟悉并掌握搜索、添加电子元器件及原理图图库的操作过程。

问题导读

如何绘制出一张理想的电路原理图？

真正绘制出一张理想的电路原理图，要具备多方面的知识：不仅要熟悉电路及其原理、元器件的参数、电路符号及选用，还要尽可能多地熟悉各元器件厂商的电子元器件外形及引脚封装等。如图 3-1-1 所示为：（a）报警器电子元器件散件实物图，（b）报警器部分元器件电路符号图。更多内容详见附录 A 和附录 C。

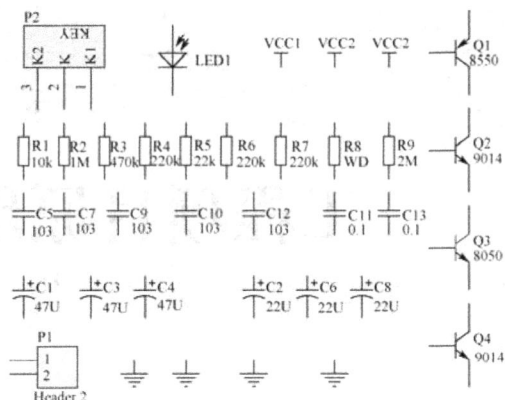

（a）红外热释电报警器电子元器件散件实物图　　　　（b）红外热释电报警器部分元器件电路符号

图 3-1-1　电子元器件实物图与 Protel 电路符号

⬤ 知识拓展

设计原理图的常规流程

设计原理图的常规流程如图 3-1-2 所示。

打开 Protel 软件，通常新建一个设计项目后再设计原理图，当然并不是一定要建立项目文件后才可以建立电路原理图文件；我们完全可以直接绘制电路原理图，建立一个自由的原理图文件，此文件属于任何项目。这样操作，在只想画出一张原理图备用或练习时，显得比较灵活方便。

⬤ 知识链接

电路原理图编辑就是使用电子元器件的电气图形符号及绘制所需的导线、端口等绘图工具来描述电路系统中各元器件之间的连接关系，所使用的是一种符号化、图形化的语言。

例如，如图 3-1-3 所示的是 Protel 绘制完成的单管分压式偏置负反馈放大电路原理图。

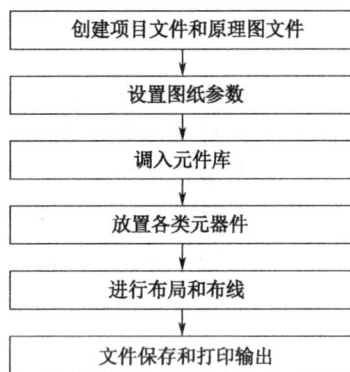

图 3-1-2　设计原理图的常规流程图

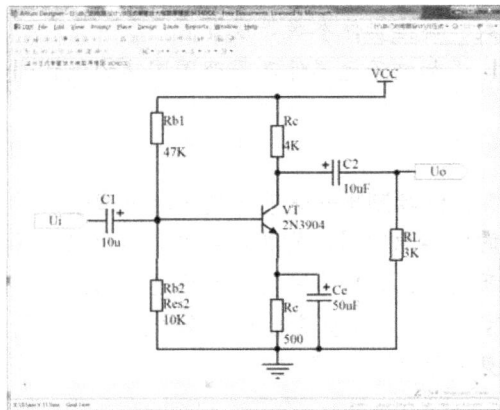

图 3-1-3　单管分压式偏置负反馈放大电路原理图

任务一　原理图图纸设置

做中学

（1）单击"File"→"New"→"Project"→"PCB Project"菜单命令，建立本设计项目工程文件并保存在"自己的电路设计"文件夹下，如命名为"红外热释电报警器"，如图 3-1-4 所示。

（2）单击"File"→"New"→"Schematic"菜单命令，项目窗口中出现了"Sheet1.SCHDOC"的文件名，同时在右边打开了"Sheet1.SchDoc"原理图文件。

（3）继续执行"File"→"Save"菜单命令，弹出保存原理图文件的对话框，并将该原理图命名为"红外热释电报警器.SchDoc"，单击"保存"按钮，如图 3-1-5 所示。

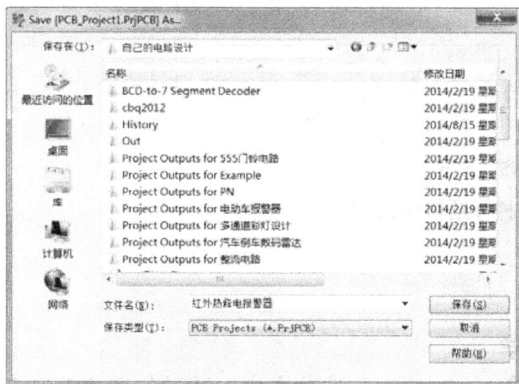

图 3-1-4　红外热释电报警器项目文件保存对话框　　图 3-1-5　红外热释电报警器原理图保存对话框

（4）图纸设置内容均可在"Document Options"对话框中设置。单击"Design"→"Document Options"菜单命令，即可打开其对话框，如图 3-1-6 所示。

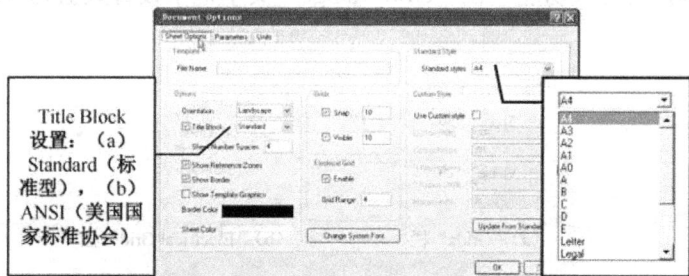

图 3-1-6　"Document Options"对话框

（5）在如图 3-1-6 所示的对话框中选择"Sheet Options"选项卡设置图纸型号，单击"Standard Styles"（标准类型）后面的下拉按钮，将出现 Protel 所支持的图纸类型，拖动滚条可以显示下面的图纸类型，单击"A4"即可。

（6）在"Options"栏中：单击"Orientation"（方向）后面的下拉按钮，可以对图纸的方向进行设置。其中："Landscape"（横向），"Portrait"（纵向），如图 3-1-6 所示。

（7）图纸标题栏：对于公司或企业设计更加规范的电路原理图图纸，标题栏是图纸说明的重要组成部分。它包括：（a）"Standard"（标准型）；（b）"ANSI"（美国国家标准协会）两种模式，两种标题栏模式如图 3-1-7 所示。

Title				D
Size A4	Number		Revision	
Date:	2014/8/15 星期五	Sheet of		
File:	D:\自己的电路设计\红外热释电报警器.SchDocBy:			

（a）"Standard" 模式

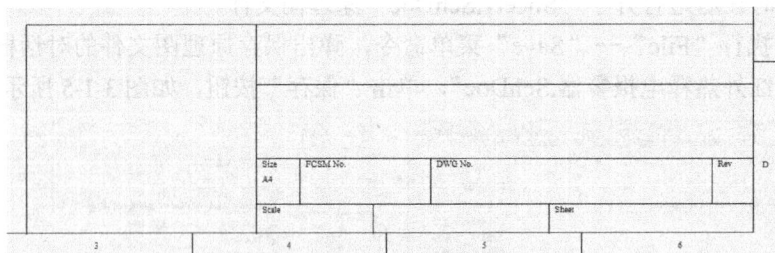

		Size A4	FCSM No.	DWG No.	Rev	D
		Scale		Sheet		
3		4		5		6

（b）"ANSI" 模式

图 3-1-7　两种标题栏模式

任务二　修改栅格设置

做中学

（1）在"Document Options"对话框中的"Sheet Options"选项卡中，通过勾选"Grids"栏中的"Snap"（捕获栅格）和"Visible"（可视栅格）复选框，可以进行图纸的捕获栅格和可视栅格的精确数值设置。这里设置为"Snap"值 10，"Visible"值 20，如图 3-1-8（a）所示。

（2）在"Electrical Grid"（电气格点）栏中进行图纸上快速定位电气节点的设置，选中"Enable"复选框，启动该功能，在"Grid Range"文本框中设置数值为 5，如图 3-1-8（b）所示。

Grids
☑ Snap 10
☑ Visible 20

Electrical Grid
☑ Enable
Grid Range 5

（a）"Grids"栏　　　　　　　（b）"Electrical Grid"栏

图 3-1-8　栅格数值和电气节点设置

😊 特别注释

① "Snap"（捕获栅格）：可以使得设计者快速而又准确地捕捉元件；

② "Visible"（可视栅格）：可以使设计者对原理图的尺寸有一个整体的把握；

③ "Electrical Grid"（电气格点）：电气特性意义最大，设置该项后系统在绘制导线时会以栏中的设定值为半径，以鼠标指针当前位置为圆心，向周围搜索电气节点。如果有，就近将鼠标指针移动到该节点上，并显示出一个小圆黑点。实质上就是方便各种有关电气特性的操作。

（3）设置可视栅格为点型。单击"Tools"→"Schematic Preferences"菜单命令，打开"Preferences"系统设置对话框，单击"Schematic"目录下的"Grids"选项卡，在"Visible Grid"栏中选择"Dot Grid"（点型），并将"Grid Color"格点设置数值为3，设置"可视栅格"对话框如图3-1-9所示。

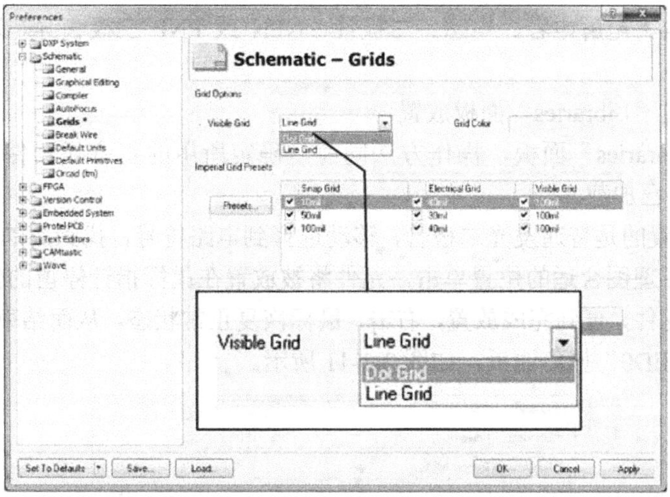

图3-1-9 设置"可视栅格"对话框

（4）单击"OK"按钮，各项设置完成，部分环境参数设置完成的原理窗口如图 3-1-10所示。

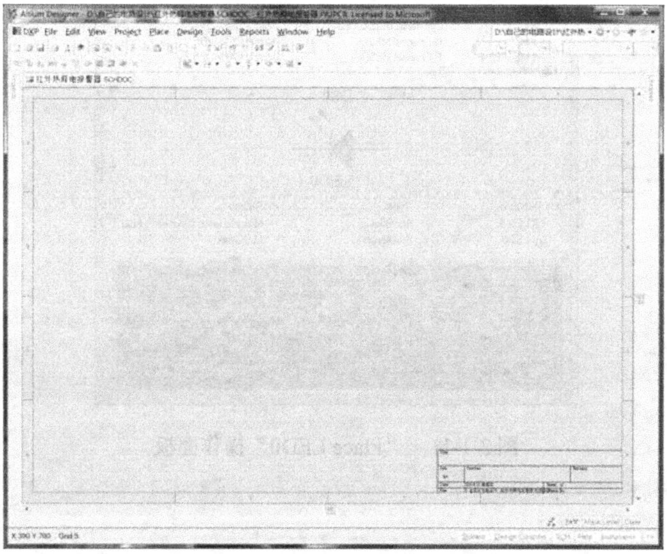

图3-1-10 部分环境参数设置完成的原理图窗口

（5）单击常用工具栏上的"保存"按钮，将设置的部分环境参数及时保存到文件中。

任务三 搜索添加电子元器件及库操作

做中学

（1）在设计电路原理图开始之前，需要先找到元器件所在的库位置，即原理图库。我们必须注意两个基本原理图库，一个是常用分立元器件库"Miscellaneous Devices.INTLIB"，包含了一般常用的基本电子元器件符号；另外一个是接插件库"Miscellaneous Connectors.INTLIB"，包含了一般常用的接插件符号。

（2）红外热释电报警器中绝大部分电子元器件均为基本元器件，从基本库中分别添加放置电阻、瓷片电容、电解电容、电感、二极管、NPN 或 PNP 三极管等。通常有如下两种放置方法：

方法一：通过"Libraries"面板放置

① 打开"Libraries"面板，操作方法同前，确定所用的基本元器件库"Miscellaneous Devices.INTLIB"已加载。

② 例如，放置的是普通发光二极管，移动选择到电路符号，找到后单击"Place LED0"，将鼠标指针移到原理图合适的位置单击，元件将被放置在鼠标指针停留的位置，此时鼠标还可以继续放置该元件，直到完成放置，右击，鼠标恢复正常状态，从而结束这个元件的放置。库中定位选取"LED0"操作面板，如图 3-1-11 所示。

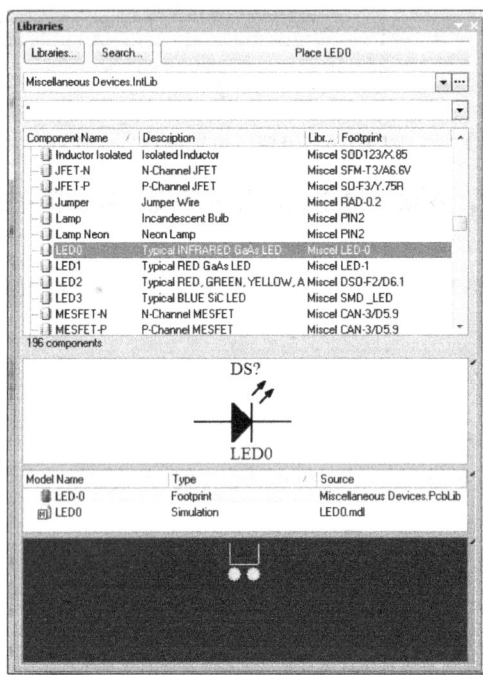

图 3-1-11　"Place LED0"操作面板

☺ **特别注释**

在键盘上按 Esc 键可以退出元器件放置的状态。

在将鼠标移动到原理图目标位置之时，按 Tab 键可以进行相关选项参数快捷设置。如图 3-1-12 所示为按 Tab 打开"LED0"的"Component Properties"（元件属性）对话框，我们要把"Properties"栏下的"Designator"（序号）→ "DS?"修改为"DS1"，如重复再放置 LED，其编号自动添加，这将提高编辑效率。

图 3-1-12　打开"LED0"的"Component Properties"对话框

③ 同理，放置电阻、电解电容、瓷片电容、PNP 和 NPN 三极管等元器件时，双击电子元器件修改完原理图符号相关参数或在元器件处于悬浮状态时按 Tab 键，均可以打开"Component Properties"（元器件属性）对话框，如图 3-1-13 所示为"电阻属性"对话框。

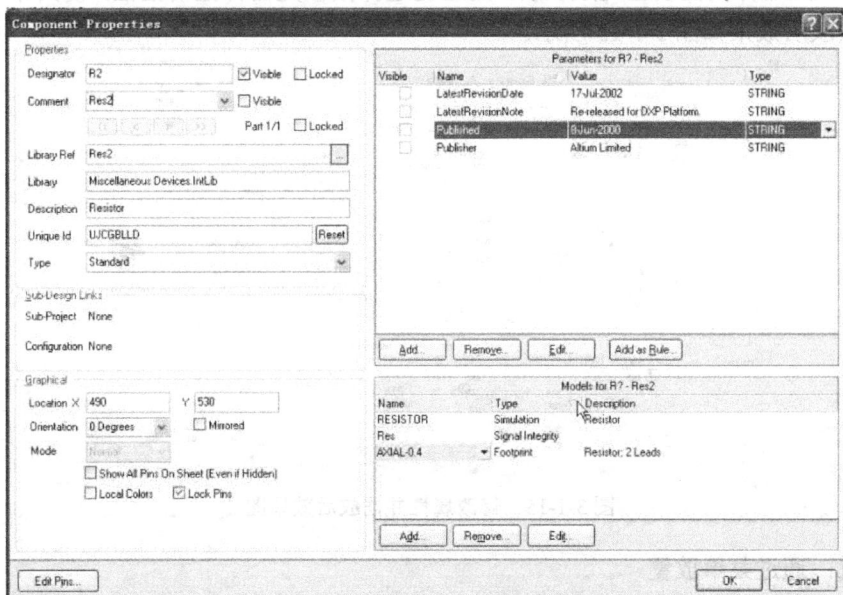

图 3-1-13　"Component Properties"对话框

④ 在"Designator"（标号）后面的编辑框中输入"R1"，并选中"Visible"复选框，则此项就可以在原理图中显示出来。"Comment"栏是对这个电阻的说明，后面的复选框不选中，则表示元器件的说明在原理图中不会显示出来，在元器件的"Parameters list for R?—Res2"（扩展属性）单击　Edit...　按钮，就可以弹出"Parameter Properties"（参数属性）对话框，在"Name"下面的编辑框中输入"Value"，在 Value 下面的编辑框中将原来的"1k"阻值改为"10k"，并选中"Value"编辑框下面的"Visible"复选框，如图 3-1-14 所示。

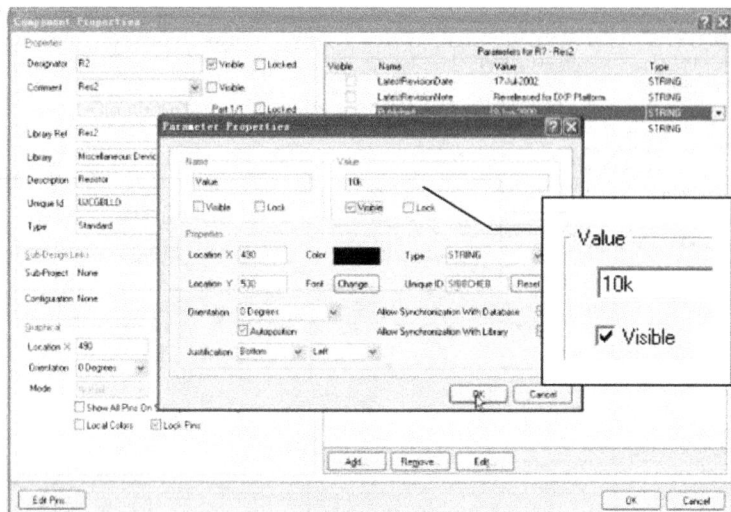

图 3-1-14　电阻 Value 设置框

⑤ 两次单击 OK 按钮就可以完成电阻阻值的设置。

⑥ 其他元器件如瓷片电容、电解电容、二极管、三极管等属性的设置和电阻元件属性的设置一样。元器件属性设置完成以后，用左键选择按住元器件拖动摆位，使其布局较完美，其原理图摆放后效果如图 3-1-15 所示。

图 3-1-15　修改属性并摆放后效果图

方法二：通过菜单放置

① 执行"Place"→"Part"菜单命令或者利用快捷键"P"→"P"，弹出如图 3-1-16 所示的"Place Part"（放置元器件）对话框。同理，将"Designator（序号）R?"修改为"R1"。

② 单击"OK"按钮，将光标移至图纸上，能看到"R1"的虚影随着光标移动，单击，就可以将"R1"放置在当前位置，再次单击可以放置"R2"，且序号自动递增。

③ 右击，即可完成当前电阻的放置，并且重回到图 3-1-16 所示"Place Part"对话框。

④ 单击"Cancel"按钮，取消电阻放置操作。

图 3-1-16　"Place Part"对话框

特别注释

（1）Comment：元器件上的注释文字，可以省略。

（2）Footprint：元器件封装类型，RES 系统默认"AXIAL-0.4"。相关封装技术详见后续单元内容介绍及附录 C 元器件封装汇总。

⑤ 同理放置其他元器件（一定是当前库内所含有的元器件）。

（3）下面以搜索集成电路 NE555 芯片为例，并将其添加到库文件列表中，以完成门铃电路（第二单元课后习题）的设计，具体操作步骤如下。

① 打开"Libraries"库面板，单击库面板上的 Search... 按钮，如图 3-1-17 所示，即可进入如图 3-1-18 所示的"Libraries Search"（搜索元器件及库）对话框。

图 3-1-17 单击库面板上的"Search..."按钮

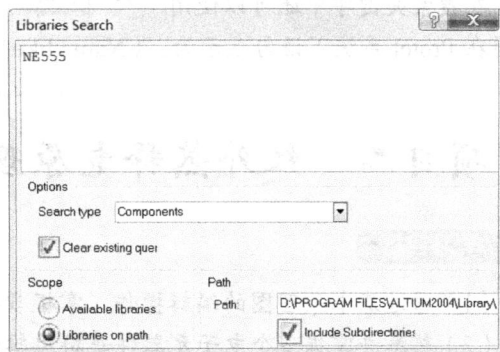

图 3-1-18 "搜索元器件及库"对话框

② 在对话框上方的编辑区中输入关键词"NE555"，并选中"Libraries On Path"前面的单选框，然后单击 Search 按钮即可开始搜索，同时从该对话框自动切换到"Libraries"面板，搜索结果如图 3-1-19 所示。

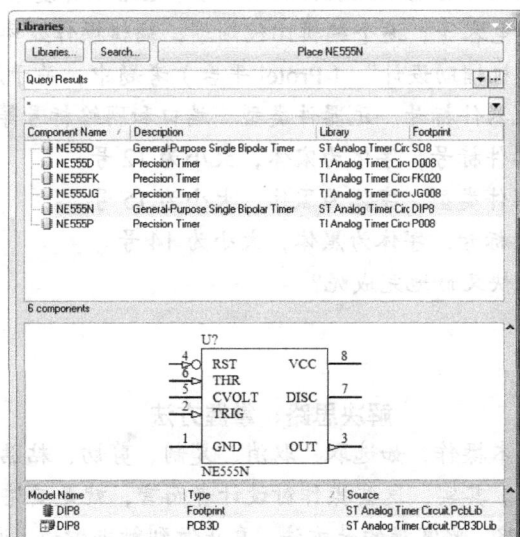

图 3-1-19 "NE555"搜索结果

③ 在如图 3-1-17 所示的面板上，从搜索到的"NE555"列表中找到双列直插封装的"NE555N"所对应的库文件"ST Analog Timer Circuit.INTLIB"。单击"Place NE555N"按钮，即弹出如图 3-1-20 所示的添加该库文件提示对话框，单击"Yes"按钮即可。

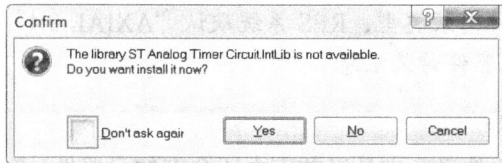

图 3-1-20　添加"ST Analog Timer Circuit.INTLIB"库文件提示对话框

☺ **特别注释**

在搜索关键字中还可以使用"*"和"？"这两个通配符，这样可以使搜索更加快捷，等同在 Protel 系统下语句表示为："（Name like '*NE555*'）or（Description like '*NE555*'）"。

项目二　红外热释电原理图元器件及库编辑操作

◯ **学习目标**

（1）通过基本原理图的编辑操作，掌握多个元器件对齐排列布局操作。
（2）熟悉并掌握多个电子元器件集群编辑的操作方法。
（3）掌握原理图元件库设计操作方法。

◯ **问题导读**

原理图编辑如何提速？

本例中的红外热释电报警器电路元器件相对不多，电路不算复杂，而且类同元器件很多，如电阻、瓷片电容、电解电容等，逐个编辑比较烦琐，编辑操作效率低。又如在全国计算机信息高新技术考试"计算机辅助设计"（Protel 平台）考题中，关于原理图编辑操作有如下要求——按照××图编辑元器件标号、元器件类型、端口和网络标号等。

◇ 重新设置所有元器件标号，字体为宋体，大小为 12 号。
◇ 重新设置所有元器件类型，字体为黑体，大小为 15 号。
◇ 重新设置所有网络标号，字体为黑体，大小为 14 号。
这些要求如何才能又快又好地完成呢？

◯ **知识拓展**

解决思路、掌握方法

关于元器件的一些基本操作，如选取、取消、复制、剪切、粘贴、旋转、删除等，直到这里本书也没有详细介绍。其实，这些操作对设计者而言，就是要培养相关知识拓展应用能力的训练。要解决的是思路，要掌握的是方法，真正做到触类旁通。通常有 Windows、Office（WPS）软件操作基础就够了。

第一，操作要有对象，即选取很重要。单击目标对象即可，当然也可以再单击其他空白处取消选取。也可以拖动鼠标选取多个对象。

第二，接下来要做什么？移动——直接拖动，复制——Ctrl+C，剪切——Ctrl+X，删除——Del。

第三，粘贴——Ctrl+V。此时元器件跟随鼠标一起移动，在目标位置单击即可完成放置。

第四，旋转元器件方向。通常是元器件跟随鼠标一起移动时，每按空格键一次即可使元器件递时针旋转90°。特别注意：此时的操作要先关闭中文输入法。

◯ 知识链接

编辑升级

（1）将鼠标与"Shift"键配合使用，可以选取多个对象。

（2）单击"Edit"→"Select"→"Inside Area"菜单命令，可以框选元器件。还可以通过单击"Edit"→"Move"菜单命令来将它们一起移动。

（3）同理，单击"Edit"→"Deselect"→"Inside Area"菜单命令，可以框选要取消的对象，再次单击，取消元器件的选中。

（4）旋转元器件方向：元器件跟随鼠标一起移动时，每按空格键一次，可以将对象递时针旋转90°；按 X 键可以将对象进行水平翻转；按 Y 键可以将对象垂直翻转。

（5）剪切"E+T"组合键或单击"Edit"→"Cut"菜单命令。

（6）复制"E+C"组合键或单击"Edit"→"Copy"菜单命令。

（7）粘贴"E+P"组合键或单击"Edit"→"Paste"菜单命令。注意序号、网络标号要修改。

（8）阵列粘贴：单击"Edit"→"Paste Array"菜单命令，如图 3-2-1 所示，就可以实现一次粘贴多个对象，而且在粘贴过程中，序号和粘贴的次数可以按指定的设置自动递增。

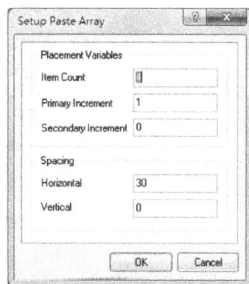

图 3-2-1　Setup Paste Array 对话框

☺ 特别注释

在如图 3-2-1 所示的"Setup Paste Array"对话框中，"Placement Variables"（放置变量）选项组中有三个选项。

其一，"Item Count"（对象计数），可以设置阵列粘贴时复制对象的个数。

其二，"Primary Increment"（主增量），元件序号自动增加 1。

其三，"Secondary Increment"（次增量）。

"Spacing"（间距）选项组中有两个选项。

其一，"Horizontal"（水平），可以设置阵列粘贴对象之间的水平距离。

其二，"Verical"（垂直），可以设置阵列粘贴对象之间的垂直距离。

下图是 R1，选取复制后，阵列粘贴设置：Item Count=4，Primary Increment=1，Secondary Increment=0；Horizontal=30，Verical=0，进行两次阵列粘贴，结果如图 3-2-2 所示。

进行阵列粘贴时，如按"E+F+Y"组合键或单击图形工具栏中的 按钮，则相当于单击"Edit"→"Paste Array"菜单命令。

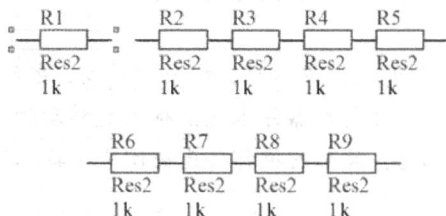

图 3-2-2　两次阵列粘贴的效果

任务一　元器件对齐排列布局操作

做中学

为了进一步规范和美化电路原理图元器件的摆放，Protel 提供了一系列用于元器件排列和对齐的命令。

（1）通过选择"Edit"→"Align"菜单项中的子菜单命令来完成，如图 3-2-3 所示。

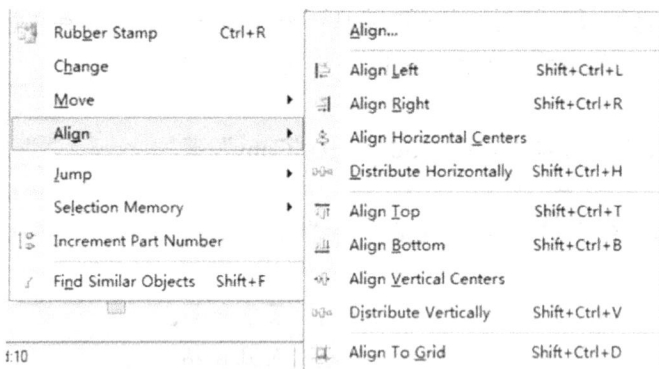

图 3-2-3　元器件对齐的菜单命令

😊 特别注释

元器件排列对齐相关各项的含义

Align Left：左对齐

Align Right：右对齐

Align Horizontal Centers：水平方向居中对齐

Distribute Horizontally：水平均匀分布

Align Top：顶端对齐

Align Bottom：底端对齐

Align Vertical Centers：垂直方向居中对齐

Distribute Vertically：垂直均匀分布

单击"Align"→"Align..."菜单命令，则弹出如图 3-2-4 所示的"Align Objects"对话框。

其中"Options"选项卡包含两个区域。

其一，"Horizontal Alignment"（水平对齐）栏目中的各个选项依次如下：

No Change：在水平方向不改变元件的位置

Left：在水平方向上左对齐

Centre：在水平方向上居中对齐

Right：在水平方向上右对齐

Distribute equally：在水平方向上均匀分布

其二，"Vertical Alignment"（垂直对齐）栏目中的各个选项依次如下：

No change：在垂直方向不改变元件的位置

Top：在垂直方向上顶端对齐

Center：在垂直方向上居中对齐

Bottom：在垂直方向上底端对齐

Distribute equally：在垂直方向上均匀分布

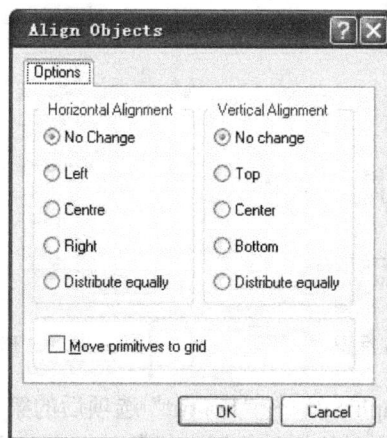

图 3-2-4　"Align Objects"对话框

（2）执行元器件的顶端对齐操作。

① 首先选中需要顶端对齐的操作对象，如图 3-2-5 所示。

② 单击"Edit"→"Align"→"Align Top"菜单命令，结果如图 3-2-6 所示。

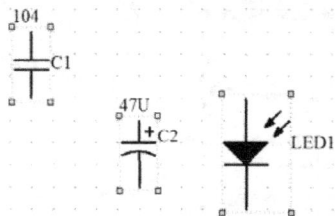

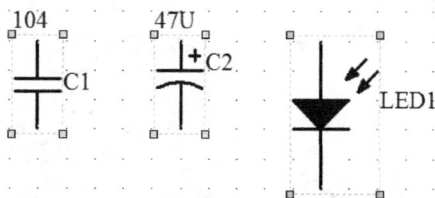

图 3-2-5　选中操作对象　　　　　　图 3-2-6　执行顶端对齐命令后的效果

（3）对于其他的对齐方式，与以上菜单中的相关各菜单命令项操作方法相同。

任务二　元器件集群编辑操作

做中学

在电路原理图的绘制及编辑修改过程中，常常希望对某些具有相同特性的电路符号（如导线、电子元器件、焊盘、过孔等），就像本项目"问题导读"中提到的全国计算机信息高新技术考试"计算机辅助设计"（Protel 平台）考题："关于原理图编辑操作的要求"，能通过一次操作完成特定的编辑，从而可以大大提高电路板设计效率，也能够为考试节省宝贵时间。

下面来操作完成本项目"问题导读"中提到的原理图编辑操作要求：重新设置所有元件标号，字体为宋体，大小为 12 号。

（1）单击"Edit"→"Find Similar Objects"菜单命令，鼠标变成十字形状，将光标移动到工作窗口中电阻 R_1 的序号"R1"上，如图 3-2-7 所示。

（2）单击鼠标左键，即可进入如图 3-2-8 所示的"Find Similar Objects"（查找相似对象）对话框。

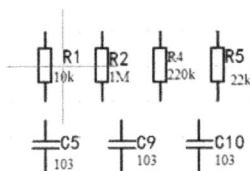

图 3-2-7　选取电阻 R_1 标识

图 3-2-8　"Find Similar Objects"对话框

（3）将该对话框中的"Graphical"→"FontId"选项后的第二参数"Any"改为"Same"，并且选中"Select Matching"选项前的复选框，以确保所有与电阻相同的元器件标号字体都被选中。

（4）单击"Apply"按钮，系统即按照设定的参数对当前原理图图件进行查找，查找效果窗口如图 3-2-9 所示。

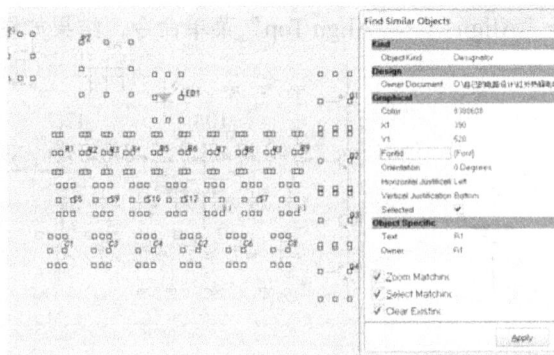

图 3-2-9　查找效果窗口

（5）单击"OK"按钮即可退出该对话框，系统自动弹出 Inspector 面板，如图 3-2-10 所示。

（6）选取图 3-2-10 中选项 Fontld [_____ ···]，然后单击 ··· 字体设置按钮，即可弹出"字体设置"对话框，在其中设置字体为宋体，字形为常规，大小为 12 号，如图 3-2-11 所示。

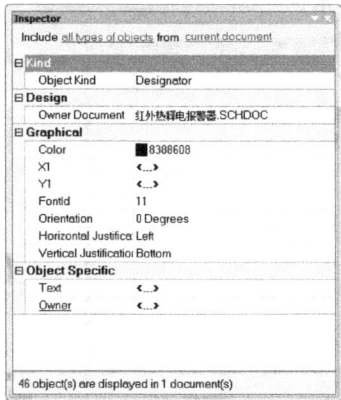

图 3-2-10　"Inspector"面板

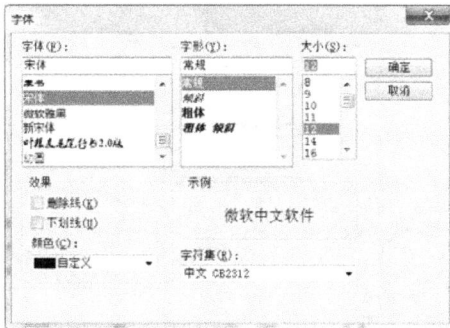

图 3-2-11　"字体"设置对话框

（7）单击"确定"按钮，返回"Inspector"面板，此时该选框中显示为"12"，然后按"Inspector"面板的"关闭"按钮。此时原理图中的其他元件还是处于浅色状态，如图 3-2-12 所示。

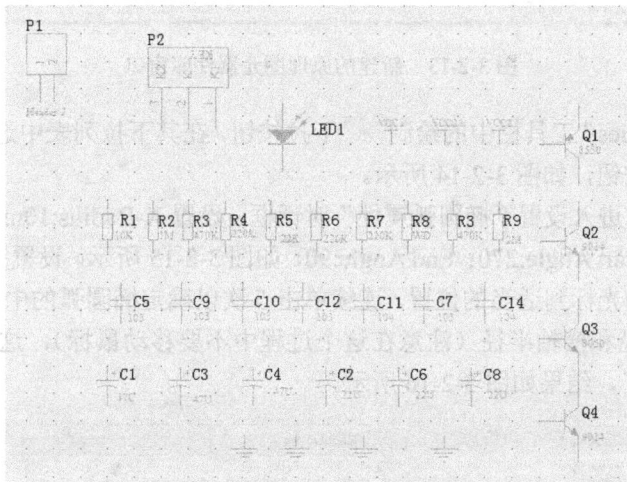

图 3-2-12　集群编辑后的效果图

（8）再单击右下角状态栏中的 Clear 按钮或按"Shift+C"组合键将其窗口恢复正常显示状态，即可见到所有元器件标号已经全部按要求修改完成。

任务三　创建原理图库文件

做中学

在实际电路设计中，对于初学者经常会碰到有个别元器件没有原理图库（没有找到其原理图库或真的没有原理图库）的情况，这时就需要自制电路原理图元器件符号，以满足设计的需要，此过程即为新建原理图元器件库操作。

下面创建红外热释电报警器原理图中的大功率电感 L1，操作步骤如下：

（1）启动 Protel，打开"红外热释电报警器.PRJPCB"工程项目文件。

（2）单击"File"→"New"→"Library"→"Schematic Library"菜单命令，新建的元器件库则自动保存在项目工程文件下了，如图 3-2-13 所示。

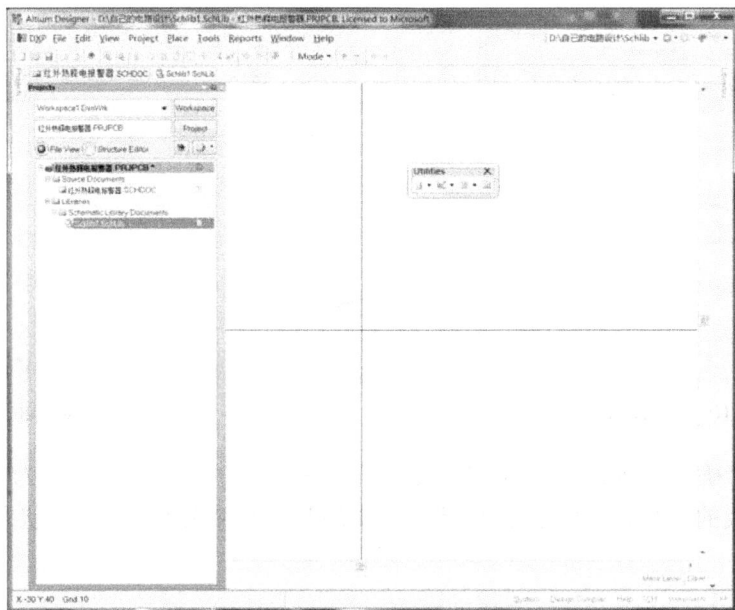

图 3-2-13　新建的原理图元器件库窗口

（3）单击"Utilities"工具栏中的绘制 下拉按钮，在其下拉列表中选择"Place Elliptical Arcs"绘制椭圆弧按钮，如图 3-2-14 所示。

（4）按 Tab 键，进入设置"椭圆弧属性"对话框，设置 X-Radius:10mil；Y-Radius:10mil；Line Width:Small；Start Angle:270；End Angle:90，如图 3-2-15 所示。设置完成后，单击"OK"按钮确认，这时移动光标到适当的位置，连续单击 5 次以确定椭圆弧的中心位置、起始角度、终止角度、纵轴半径和横轴半径（注意在这个过程中不要移动鼠标），这时一个符合设置要求的椭圆弧就放好了，结果如图 3-2-16 所示。

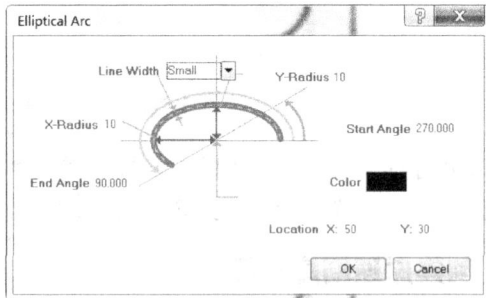

图 3-2-14　选取"椭圆弧绘制"按钮效果图　　图 3-2-15　设置"椭圆弧属性"对话框

（5）在刚刚放置好的椭圆弧下方连续放置 3 个同样的椭圆弧，结果如图 3-2-17 所示。

图 3-2-16　放置好一个椭圆弧 　　　　图 3-2-17　放置好的一列椭圆弧

（6）单击"Utilities"工具栏中的绘制下拉按钮，在其下拉列表中选择"Place Pin"按钮，绘制电感引脚，根据位置绘制三根，其引脚长度为默认 30mil。结果如图 3-2-18 所示。

（7）单击"Utilities"工具栏中的绘制下拉按钮，在其下拉列表中选择"Place Line"按钮，绘制电感边线芯，根据位置绘制一根，结果如图 3-2-19 所示。

图 3-2-18　放置好引脚电感效果　　　　图 3-2-19　放置好电感线芯效果

（8）最后，单击"File"→"Save"菜单命令，将创建的原理图元件库命名为"L1"。

（9）同理绘制红外热释电传感器头（DSG）电路原理图符号库，此处设计不再详述。

（10）自制报警音乐芯片 U2-C002 原理图库（市场上种类很多，这里采用报警音乐芯片 C002），通过添加该库，放置到报警器原理图中。此 U2 音乐芯片原理图库的实训操作详见本单元习题与实训中的实训五——自制原理图库 C002。

特别注释

单击窗口右下角的标签"SCH"，激活"SCH Library"（原理图库编辑器）面板。在原理图符号列表中选中"component_1"，这也是系统默认的元器件名称，单击"Edit"按钮，可以在对话框中进行设置，命名为"L1"，用于该原理图库符号。

核心芯片 BISS0001，此处可以用双排 16 引脚的原理图符号，其封装注意用标准的 DIP 16（双列直插）就可以了。

项目三　红外热释电报警器电气连接及端口操作

学习目标

（1）掌握导线、总线连接的操作方法，会放置电路节点、电源与接地元件。

（2）掌握原理图中的网络标号、信号端口的添加与属性的设置。

○ **问题导读**

导线——电气连接第一招

一般情况下，在电路原理图中电子元器件引脚之间通过绘制导线，将电路连通。在系统默认设置下，如果有不相连的导线交叉，将会使导线分层叠置，表面上看是连在一起，实际上是不相连的（这时如果要连通，必须手工放置节点）；如果有相连的支线（一条导线的起点或是终点在另一条导线上）将会在相连的接点上出现一个节点，表示此节点在电路上相通。

○ **知识拓展**

网络标号——电气连接第二招

在 Protel 中除了通过元器件引脚之间连接导线表示电路电气连接之外，还可以通过设置网络标号来实现元器件引脚之间的电气连接。在电路原理图上，网络标号将被附加在元器件引脚、导线、电源/地符号等具有电气特性属性的对象上，说明被附加对象所在网络。具有相同网络标号的引脚对象之间被认为彼此间具有相同的电气连接，即属于同一个电路网络中，这样的网络标注名称就叫网络标号。如图 3-3-1 所示为以 Altera 公司 MAXII 系列 EPM240 芯片引脚网络标号设计的部分电路原理图。

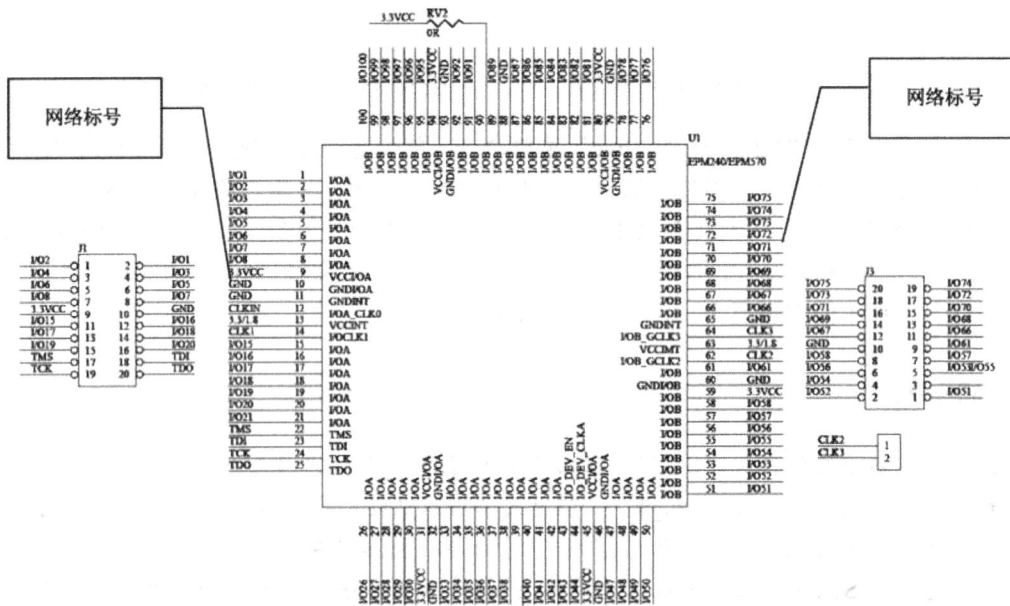

图 3-3-1　EPM240 芯片引脚网络标号设计的部分电路原理图

网络标号的具体设置及操作方法详见任务三。

○ **知识链接**

总线——电气连接第三招

在大规模集成电路设计中，尤其是设计数字电路时，会有大量的引脚连线，此时采用总线形式进行连接就可以大大减少引脚连线的工作量，同时电路原理图也更加清晰直观。

总线电路连接形式由总线与总线分支线组成，它们一起构成电路电气连接属性。如

图 3-3-2 所示是由总线设计完成的 8 个 LED 组成的电路原理图。

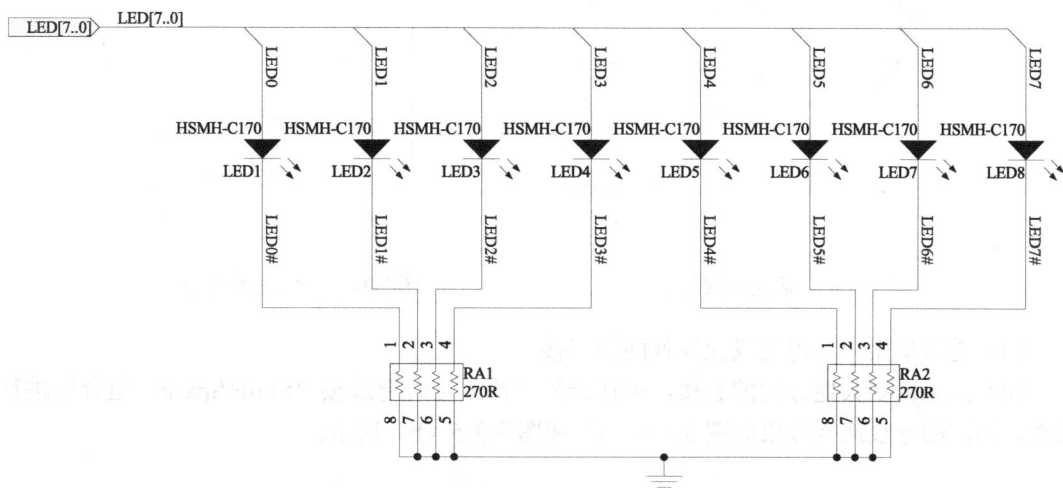

图 3-3-2　总线及总线分支线设计的电路原理图

任务一　电路导线、总线的绘制

做中学

首先，单击"View"→"Toolbars"→"Wiring"菜单命令，即打开"Wiring"工具栏，见表 3-3-1。

表 3-3-1　"Wiring"工具栏

按　钮	含　义	按　钮	含　义
	绘制导线		绘制总线
Net	放置网络标号		放置总线分支线
	放置接地电源	Vcc	放置电源符号
	放置元器件		放置方块电路
	放置方块电路端口	×	放置忽略 ERC 检测
	放置电路输入/输出端口		

第一招：导线的绘制，具体操作步骤如下。

（1）单击"绘制导线"按钮，或单击"Place"→"Wire"菜单命令（或直接按"P＋W"组合键），启动"Wire"（绘制导线）命令，即进入画导线状态，同时鼠标上出现一个十字。在此以三极管 Q3 为例，将鼠标指针靠近发射极引脚，这个十字自动滑到该元件引脚或导线的端点上，这时将出现红色的×字形，如图 3-3-3 所示，此时只要单击即可设置导线起点。

（2）然后拖曳鼠标，在连接导线的转折点处再次单击，且拖曳鼠标到三极管 Q1 基极接线端，此时会再次出现红色的×字形，如图 3-3-4 所示。

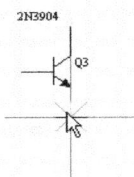

图 3-3-3　确定连线起点　　　　　　　　图 3-3-4　确定连线终点

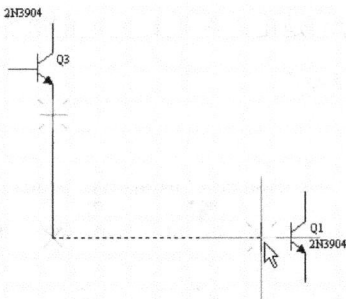

（3）再次单击，即可完成元器件间的连接。

（4）如果需要其他方向的连接，可在最后一次单击时通过按"Shift+Space"组合键进行切换，不同的导线连接效果如图 3-3-5（a）和图 3-3-5（b）所示。

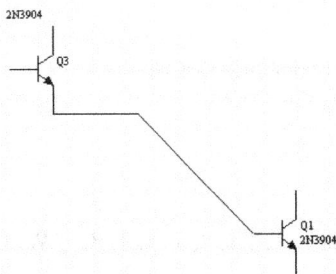

（a）有过渡的斜导线　　　　　　　　　（b）直接斜导线

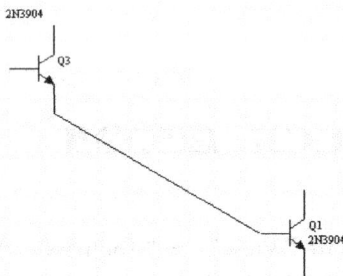

图 3-3-5　不同的导线连接效果

（5）连接完线路后，右击一次或者按"Esc"键，即可退出画线状态。

（6）打开本单元项目一中的已经摆放好的"红外热释电传感器.PRJPCB"工作项目文件。重复以上（1）～（5）连线步骤，下面以 Q3、Q4 组成达林顿管驱动升压电感驱动蜂鸣片电路部分为例，元器件连接导线效果如图 3-3-6 所示。

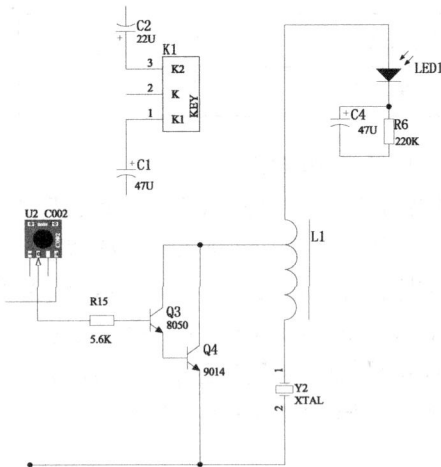

图 3-3-6　驱动蜂鸣片电路连接导线效果

（7）如图 3-3-7 所示的"红外热释电传感器报警器.SCHDOC"导线连接后的全景效果图。

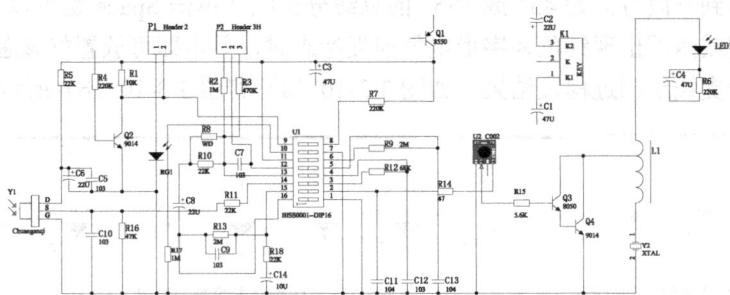

图 3-3-7　红外热释电传感器报警器电路导线连接全景图

做中学

第二招：总线的绘制，具体操作步骤如下：

（1）参考如图 3-3-2 所示的电路原理图，完成 8 个 Led 设计，如图 3-3-8 所示。

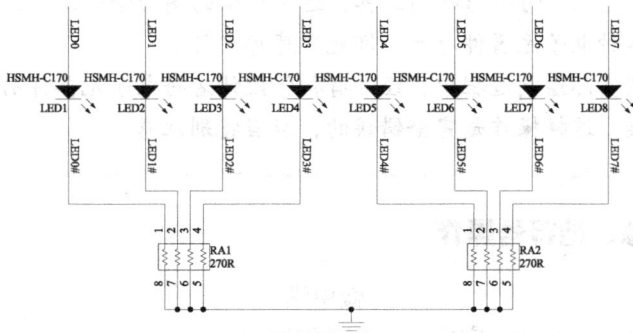

图 3-3-8　未进行总线设置之前的电路原理图

（2）执行绘制总线命令。单击"Wiring"（布线）工具栏中的总线 按钮即可进入绘制总线状态。在图纸上 LED1 左上方单击鼠标左键，确定总线的起点。然后移动鼠标至 LED8 左上方，即终点，单击确定。再右击退出总线绘制状态，完成此段总线的绘制。总线绘制过程及结果如图 3- 3-9（a）和图 3-3-9（b）所示。

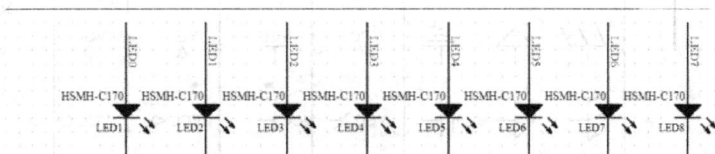

（a）总线绘制过程

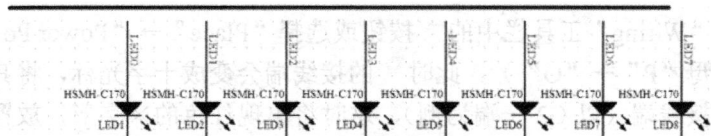

（b）总线绘制结果

图 3-3-9　进行 LED1～LED8 之间的总线绘制

（3）执行绘制总线分支线命令。单击"Wiring"（布线）工具栏中的总线分支线 ⬙ 按钮，在光标上可以看到一段方向为 45°或 135°的总线分支线（单击 Space 键可以改变方向），待总线分支线一端或两端出现红色×字形电气捕捉标志时，单击即可放置好该总线分支线，依次放置。总线分支线绘制过程及结果，如图 3-3-10（a）和图 3-3-10（b）所示。

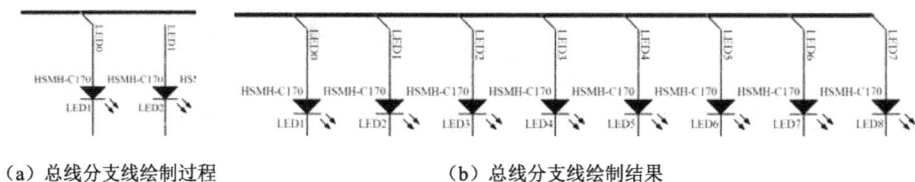

（a）总线分支线绘制过程　　　　　　　　（b）总线分支线绘制结果

图 3-3-10　进行总线分支线绘制

😊 **特别注释**

Protel 提供了功能完备的图形绘制工具，运用提供的图形绘制工具，既简单又快捷，可以很方便地绘制出各种电子元器件符号，即元器库库文件。

而在电路原理图实际绘制过程中，经常有初学设计者将电子元器件引脚之间的连接用直线画图工具绘制连接，这样操作是完全错误的，应当特别注意。

任务二　放置电源、地符号操作

做中学

下面以放置+5V 电源为例，完成本任务操作过程。

（1）选择"Place"→"Power Port"菜单命令，即进入放置状态。鼠标指针上出现一个大十字形还带着一个电源符号。各符号各角度摆放效果见表 3-3-2。

表 3-3-2　各符号各角度摆放效果

（2）单击"Wiring"工具栏中的 ⏚ 按钮或选择"Place"→"Power Port"菜单命令（或直接按键盘字母"P"→"O"），此时 ⏚ 的接线端会变成十字光标，将其放在预放置接地符号的元器件接线端（以 C2 一端为例），这时将出现红色的×字形，放置接地符号效果如图 3-3-11 所示。

（3）然后单击即可，右击可取消地符号放置。

（4）同理，单击"Wiring"工具栏中的 VCC 按钮，此时 VCC 的接线端会变成十字光标，将其放在预放置电源的元器件的接线端（以 K1 为例），放置电源效果如图 3-3-12 所示。

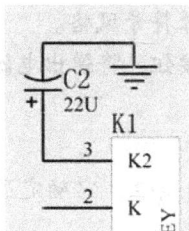

图 3-3-11　放置接地符号效果　　　　　图 3-3-12　放置电源效果

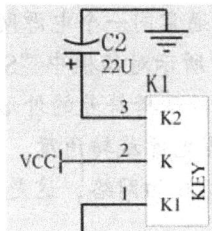

（5）然后单击即可，右击取消电源符号放置。

（6）重复以上放置接地、电源等步骤，按原理图完成全部放置。原理图放置电源、接地效果如图 3-3-13 所示。

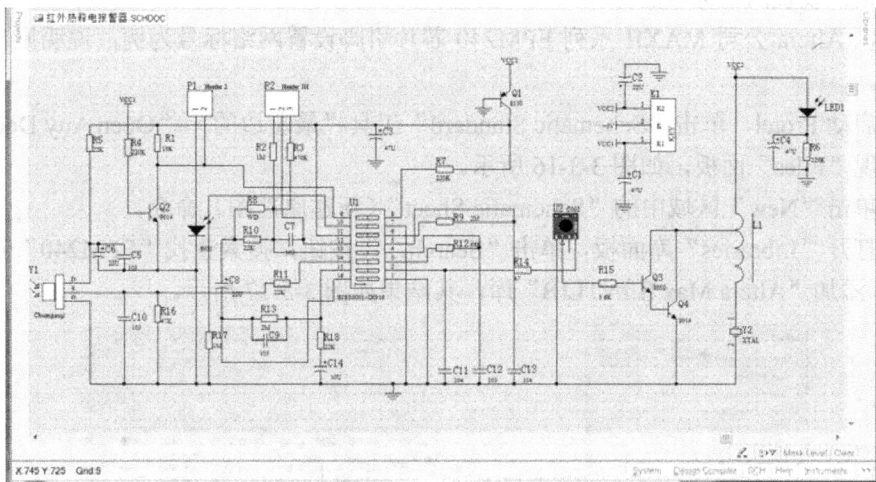

图 3-3-13　原理图放置电源、接地效果

（7）设置 K1 电源符号属性。双击 VCC 电源符号，打开"Power Port"（设置电源及接地符号属性）对话框，如图 3-3-14 所示，在该对话框中，"Properties"区域的"Net"后面的编辑框内由默认的"VCC"修改为"+5V"。

（8）单击"OK"按钮，返回原理图编辑窗口，+5V 电源设置结果如图 3-3-15 所示。

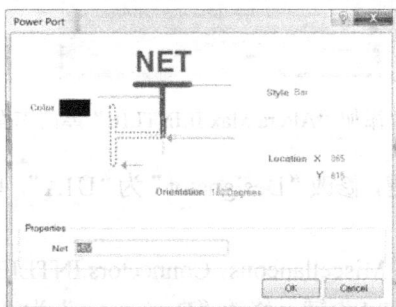

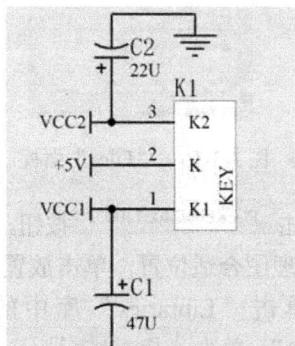

图 3-3-14　+5V 电源设置对话框　　　　　图 3-3-15　+5V 电源设置结果

在电路设计中，通常同一个电源网络采用单一的电源符号风格。

单击如图 3-3-14 所示对话框中"Style"选项后的 ▾ 按钮，将弹出电源及接地符号样式下拉列表，在列表中可以选择符号的外形风格。

Orientation：设置电源旋转角度。

Net：电源符号所在的网络，这是电源符号最重要的属性，它确定了该电源符号的电气特性。

任务三 放置网络标号和端口操作

做中学 1

第三招：设置网络标号的操作

下面以 Altera 公司 MAXII 系列 EPM240 芯片引脚设置网络标号为例，说明原理图编辑操作过程。

（1）启动 Protel，单击"Schematic Standard"工具栏最左边的 🗋 "Open Any Document"按钮，出现"Files"面板，如图 3-3-16 所示。

（2）单击"New"区域中的"Schematic Sheet"（新建原理图）命令。

（3）打开"Libraries"库面板，单击"Search…"按钮，搜索查找"EPM240"芯片（方法同前），添加"Altera Max II.INTLIB"库，其结果如图 3-3-17 所示。

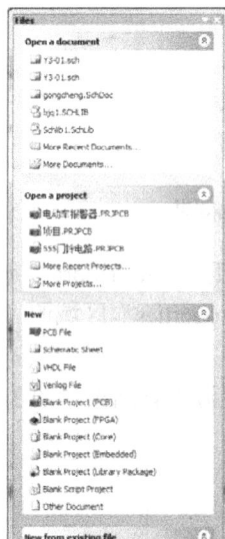

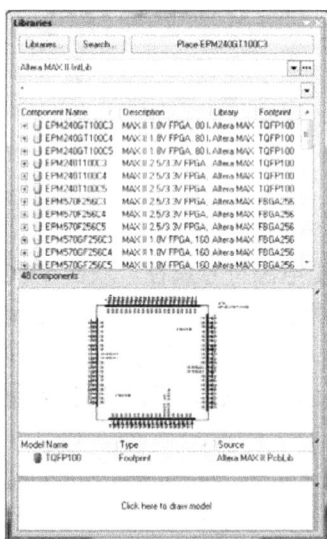

图 3-3-16 "Files"面板　　图 3-3-17 添加"Altera Max II.INTLIB"库的库面板

（4）单击 Place EPM240GT100C3 按钮，按"Tab"键，修改"Designator"为"U1A"，单击"OK"按钮，在原理图合适位置，单击放置芯片。

（5）单击"Libraries"库中的基本库"Miscellaneous Connectors.INTLIB"，选择"Header10×2"，单击 Place Header 10×2 按钮，按"Tab"键，修改"Designator"为"J1"，单击"OK"按钮，在原理图合适位置，放置该引脚接线柱，添加芯片及接线柱后原理图效果如图

3-3-18 所示。

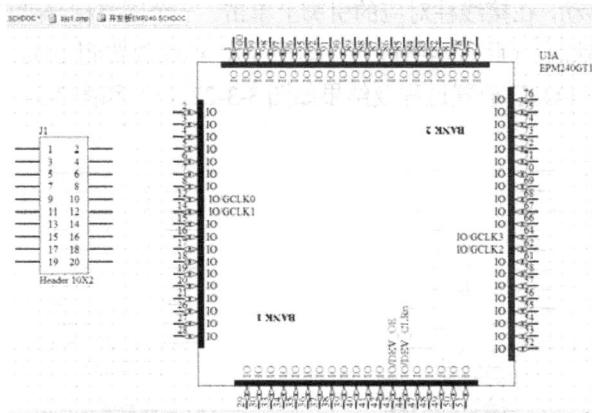

图 3-3-18　添加芯片及接线柱后原理图

（6）单击"Schematic Standard"工具栏中的"保存"按钮，在弹出的"Save"保存原理图对话框中将原理图命名为"开发板 EMP240.SCHDOC"，如图 3-3-19 所示。

图 3-3-19　"Save"保存原理图对话框

（7）添加网络标号。单击"Wiring"工具栏中 按钮或选择"Place"→"Net Label"菜单命令，也可利用"P+N"组合键，光标呈现十字状并且有名为"Net Label1"的网络标号随着鼠标一起移动，如图 3-3-20 所示。

（8）按"Tab"键，在弹出的"Net Label"对话框中，在"Properties"区域的"Net"后面的编辑框中由默认的"Net Label1"修改为"I/O1"，如图 3-3-21 所示。

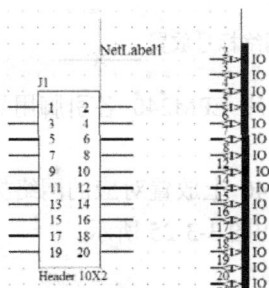

图 3-3-20　放置网络标号时的鼠标指针状态　　　图 3-3-21　"Net Label"对话框

（9）单击"OK"按钮，返回原理图窗口，此时呈现十字状的光标并且有名为"I/O1"的网络标号随着鼠标一起移动，在接线柱对应的引脚上单击，一个网络标号就放置完成了。此时继续逐个引脚对应单击网络标号（此时网络标号自动增1），继续放置到 I/O8，全部完成后，右击可退出放置状态。"I/O1～I/O8"放置过程及结果如图 3-3-22（a）和图 3-3-22（b）所示。

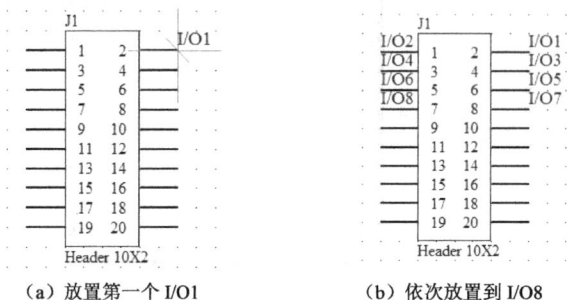

（a）放置第一个 I/O1   （b）依次放置到 I/O8

图 3-3-22　I/O1-I/O8 放置过程及结果

😊 **特别注释**

连续放置网络标号，这远比一个一个地添加要方便得多，操作简单，节省时间。

在放置网络标号时，可以按空格键来改变放置方向，每按一次，逆时针旋转90°。其他个别的网络标号，再进行单独的设置。

（10）再次单击 按钮，直接将网络标号"Net"设置为"I/O15"，同理操作步骤 8～9，依次放置其他连续的网络标号 I/O15～I/O20，如图 3-3-23（a）所示。其他不同的网络标号逐个放置，如图 3-3-23（b）所示。

（a）放置 I/O15～I/O20 网络标号   （b）其他不同的网络标号逐个放置

图 3-3-23　完成 Header 10×2 网络标号放置

（11）为了显示清晰，便于添加网络标号，先将芯片 EPM240 各引脚用导线适当延长，如图 3-3-24 所示。

（12）同理操作步骤（7）～（10），在芯片 EPM240 上放置对应的网络标号。注意：千万不能张冠李戴。至此，网络标号添加完成，其结果如图 3-3-25 所示。

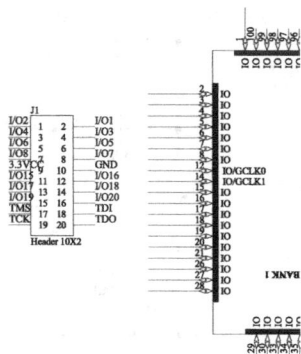

图 3-3-24　用导线将芯片 EPM240 部分引脚延长　　图 3-3-25　芯片 EPM240 上放置对应的网络标号

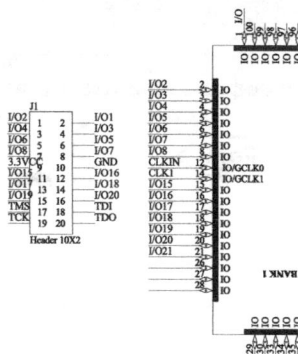

（13）最后，单击"Schematic Standard"工具栏中"保存"按钮，将操作结果进行保存。

做中学 2

接下来，绘制单管分压式偏置负反馈放大电路原理图信号的输入输出端口，其步骤如下。

（1）启动 Protel，依据电子技术中的典型电路"单管分压式偏置负反馈放大电路原理图"
建立电路原理图，如 3-3-26 所示。

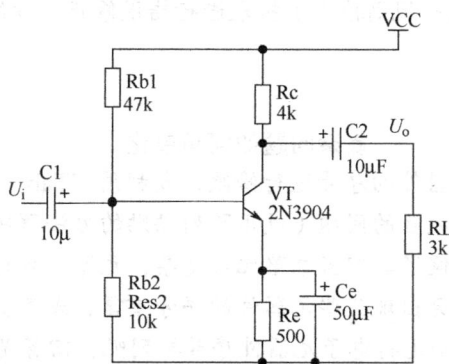

图 3-3-26　单管分压偏置负反馈放大电路原理图

（2）单击"布线"工具栏上的 ⬚ 按钮或选择"Place"
→"Port"菜单命令，也可利用"P+R"组合键，执行放
置端口的命令，光标变为十字形状，并且会有一个黄色端
口随十字光标移动，单击确定起始位置，继续单击，确定
端口末位置，右击取消端口放置操作。如图 3-3-27 所示。

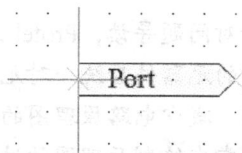

（3）设置端口属性。双击刚刚建立的 Port 端口（系统
默认名称），打开"Properties"（设置端口属性）对话框，
在该对话框中的"Style"栏后面的端口外观样式列表中选

图 3-3-27　确定端口左侧起始位置

择"Right"，如图 3-3-28 所示。在"Properties"区域的"Name"后面的编辑框中由默认的"Port"
修改为"U_i"，在 I/O Type 栏后面的端口类型列表中选择"INPUT"。

（4）单击"OK"按钮，返回原理图编辑窗口。

（5）同理可添加"U_o"端口并绘制一段导线。添加后的原理图效果如图 3-3-29 所示。

图 3-3-28 设置 "Port Properties" 对话框

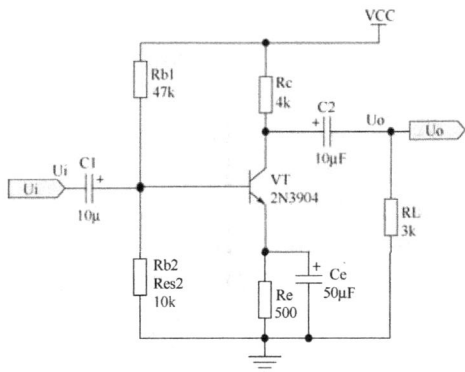

图 3-3-29 信号输入/输出端口设计完成原理图

项目四 红外热释电报警器原理图后期处理

学习目标

（1）熟悉对原理图编译、检查的方法的设置与操作。

（2）能对创建 ERC（电气规则检查）报表进行错误修正，最终生成网络表。

问题导读

复杂问题如何简单化？

任何一个电路逐一对元器件的序号进行修改，或利用 "Tab" 键，属性设置好后，可以解决多个同一元器件一次性放置的问题（或用阵列粘贴的办法解决），这些操作对较简单的原理图编辑而言，已经够方便了。但当电路比较复杂，元器件数目及类型很多时，以上的办法还是显得烦琐，而且可能会出现某些元器件的序号重复，或某类元器件的序号不连续等问题。能不能让 Protel 系统自动进行电子元器件序号排列呢？回答是肯定的。

知识拓展

自动编号

针对问题导读，Protel 为用户提供了元器件的自动编号功能，使用这一功能可以在放置完全部的元器件后统一对元器件进行编号，从而节省了绘图时间，又可以使元器件的序号完整正确，减少电路原理图的错误。

通常在绘制原理图的过程中，没有对元器件的序号进行编辑设置，系统通常在元器件编号中会带有 "?" 号，如电阻为 "R?"，电容为 "C?"，如图 3-4-1 所示。

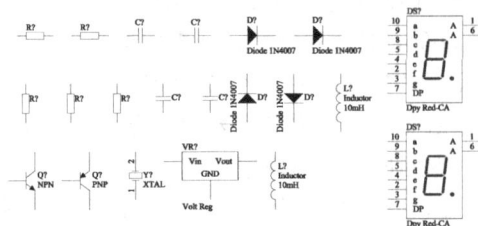

图 3-4-1 未统一编辑前的效果

接下来，单击"Tools"→"Annotate"菜单命令，弹出"Annotate"自动编号设置对话框（设置默认），单击 Update Changes List 按钮，在弹出的确定 21 个元器件编辑编号提示对话框时，单击 OK 按钮，单击接受编号按钮 Accept Changes (Create ECO) 按钮，在弹出的"Engineering Change Order"对话框中依次单击 Validate Changes 和 Execute Changes 按钮，如图 3-4-2（a）～图 3-4-2（d）所示。

（a）"Annotate"自动编号设置对话框　　　　　　（b）"确定元器件编号"对话框

（c）单击"Validate Changes"按钮后对话框显示效果　　（d）单击"Execute Changes"按钮后对话框显示效果

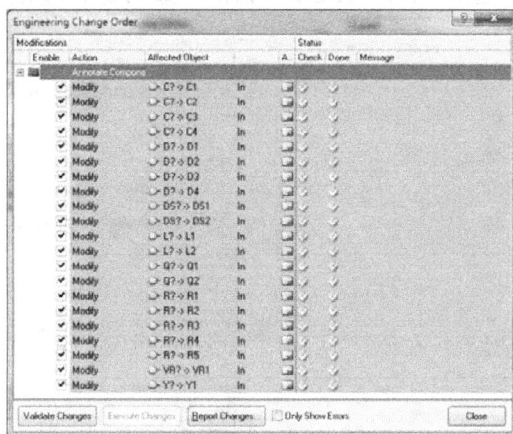

图 3-4-2　元器件自动编号操作

最后两次单击"Close"按钮，返回电路原理图编辑窗口，即可完成如图 3-4-3 所示的元器件自动编号效果。

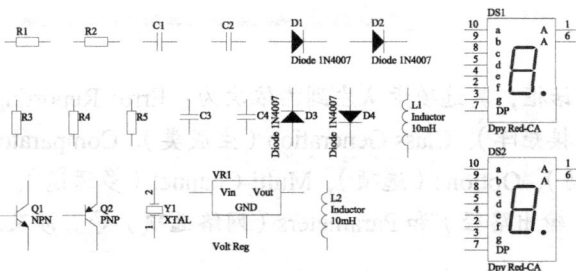

图 3-4-3　元器件自动编号完成效果

🔵 知识链接

细节决定成败

电气规则检查（Electrical Rule Check，ERC），用来检查电路原理图中电气连接的完整性。Protel 的工程编译功能可以对原理图进行电气规则错误检查，检查元器件之间的连接是否遵循一定的电气规则。对设计一个复杂的电路原理图来说，电气规则检查代替了手工检查的繁重劳动，有着手工检查无法达到的精确性以及快速性，是设计原理图的好帮手。这也是保证 PCB 设计正确的第一步。

电气规则检查可以按照用户指定的逻辑特性进行，可以输出相关的物理逻辑冲突报告，例如，悬空的引脚、没有连接的网络标号以及没有连接的电源等。在生成测试报告文件的同时，再根据报表对原理图进行修正。

任务一　原理图检查与修正操作

做中学

红外热释电报警器原理图编译、检查设置操作步骤如下：

（1）单击 "Project" → "Project Options" 菜单命令，弹出 Options for PCB Project 红外热释电报警器.PRJPCB 对话框，如图 3-4-4 所示。

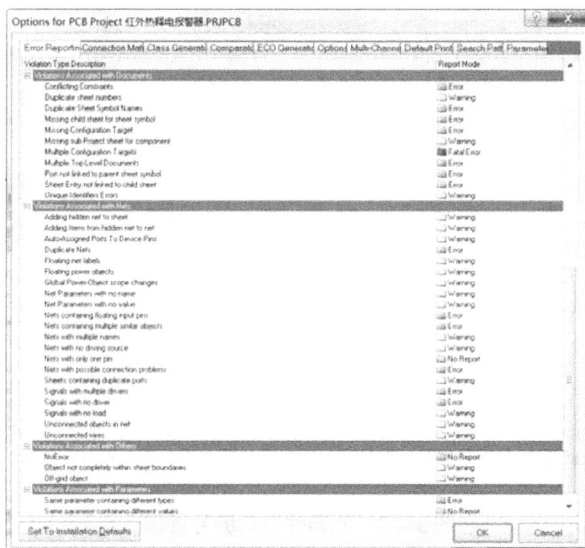

图 3-4-4　"红外热释电报警器.PRJPCB" 对话框

😊 **特别注释**

编译 *.PRJPCB 对话框，其选项卡从左到右依次为：Error Reporting（错误检查规则）、Connection Matrix（连接矩阵）、Class Generation（生成类）、Comparator（比较设置）、ECO Generation（ECO 启动）、Options（选项）、Multi-Channel（多通道）、Default Prints（默认输出）、Search Paths（输出路径）和 Parameters（网络选项）等。涉及原理图检查的核心在前两项。

（2）Error Reporting 选项标签：可以设置原理图电气测试的规则，在该选项卡中列出了所有的电气错误报告类型。在 Violation Type Description 栏中共设置了 6 大错误类型，如图 3-4-4 所示的" Error Reporting"选项卡所示。

😊 **特别注释**

在"Error Reporting"选项卡"Violation Type Description"区域中所设置的 6 类错误报告，见表 3-4-1。

表 3-4-1 6 类电气错误类型检查

违规类型描述	含义
Violations Associated with Buses	总线的违规检查
Violations Associated with Components	元件的违规检查
Violations Associated with Documents	文件的违规检查
Violations Associated with Nets	网络的违规检查
Violations Associated with Others	其他项的违规检查
Violations Associated with Parameters	参数的违规检查

（3）在" Report Mode "区域中列出了错误的报告类型，将鼠标放在任何一个错误上单击，即可打开各种类型的错误报告，选择要提醒的类型，然后单击"OK"按钮即可，这里使用默认设置，如图 3-4-5 所示。

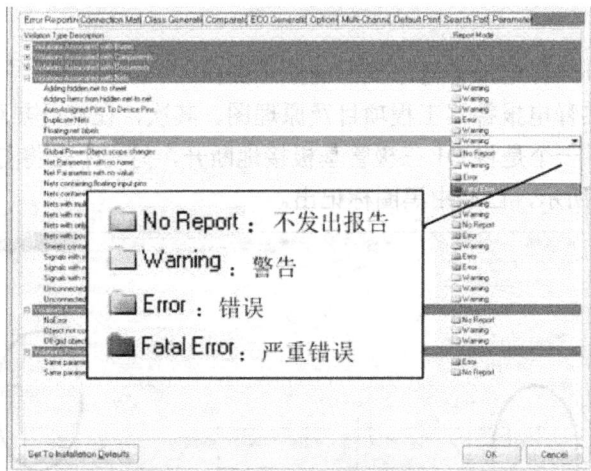

图 3-4-5 错误的报告类型

（4）Connection Matrix 选项标签：用于设置电路的电气连接方面检查。如果要设置当无源器件的引脚连接时系统产生警告信息，可以在矩阵右侧找到无源器件引脚（Passive Pin）这一行，然后再在矩阵上部找到未连接（Unconnected）这一列，改变由这一行和列决定的矩阵中的方框的颜色，即可改变电气连接检查后错误报告的类型。再如引脚间的连接、元器件和图纸输入等。这个矩阵给出了一个在原理图中不同类型的连接点以及是否被允许的图表描述，如图 3-4-6 所示。

图 3-4-6　"Connection Matrix"选项卡

☺ **特别注释**

如在矩阵图的右边找到"Output Pin"，从这一行找到"Open Collector Pin"列。在它的相交处是一个橙色的方块，表示在原理图中从一个"Output Pin"连接到一个"Open Collector Pin"时的颜色，将在项目被编辑时启动一个错误条件。

绿色代表"No Report"，黄色代表"Warning"，橙色代表"Error"，红色代表"Fatal""Error"。

当鼠标移动到矩形上时，鼠标光标将变成小手形状，连续单击，该点处的颜色就会按绿→黄→橙→红→绿的顺序循环变化。

接下来，进行红外热释电报警器原理图的修正操作。

首先，打开红外热释电报警器工程项目及原理图。其次，在红外热释电报警器原理图中小心地设置两个错误，一个是将 Q1 三极管基极接地断开，另一个是将 Q2 集电极电阻 R1 改为 R10。结果如 3-4-7 所示，已经由黑圈标记出。

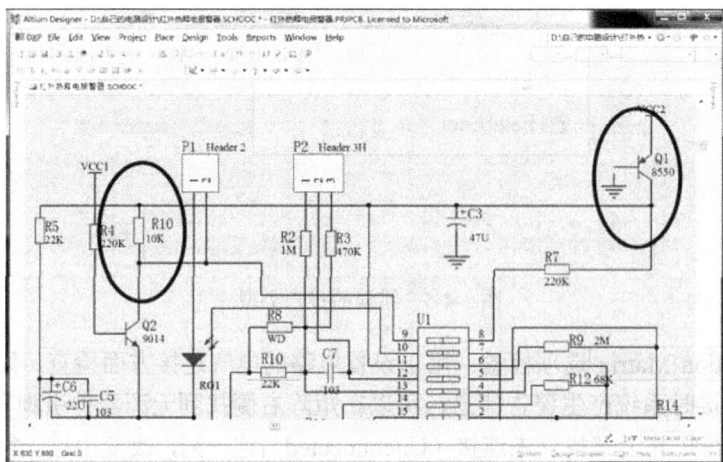

图 3-4-7　设置两处错误电路原理图效果

😊 **特别注释**

细心的读者，已经可以发现在图 3-4-7 中，两个电阻 R10 均已经显示出了红色细波浪线。这就是 Protel 的智能之处，直接说明这两处编辑有问题。

原理图被编译后，反馈信息将显示在"Messages"面板中。根据报告检测出的错误，设计者进行电路原理图的检查和修改，编辑之后重新编译项目，直到错误都修改为正确的为止。

做中学

依据上述两处错误设置，红外热释电原理图修正的具体操作步骤如下：

（1）首先进行参数设置。单击"Project"→"Project Options"菜单命令，弹出"Options for PCB Project 红外热释电报警器.PRJPCB"对话框，在"Error Reporting"选项卡下的 Violations Associated with Nets 项上将"Floating Power Objects"项的错误报告类型设置为 📁 Fatal Error，如图 3-4-8 所示。

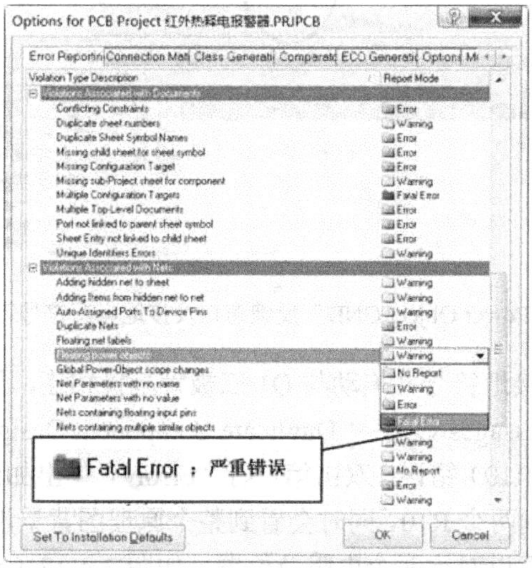

图 3-4-8　"错误类型参数"设置

（2）执行"Project"→"Compile Document 红外热释电报警器.SCHDOC"菜单命令，可编译原理图，如图 3-4-9 所示。

图 3-4-9　编译原理图菜单

此时系统自动打开"Messages"（消息面板），如图 3-4-10 所示。在消息面板中可以看到当前原理图存在的错误，在其中解释了错误的原因。若没有自动弹出，可单击窗口右下角的标签栏"System"标签中的"Messages"命令。

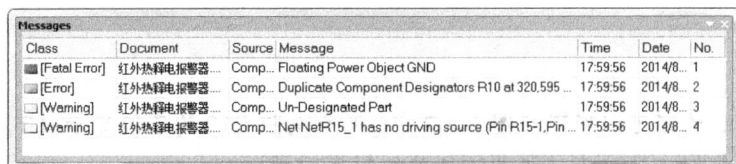

图 3-4-10　"消息"面板

（3）双击第一行"Floating Power Object GND"（接地电源）错误，弹出如图 3-4-11 所示的错误反馈窗口。同时会看到整个原理图背景没有错误的地方都会变浅，只有错误处正常显示。

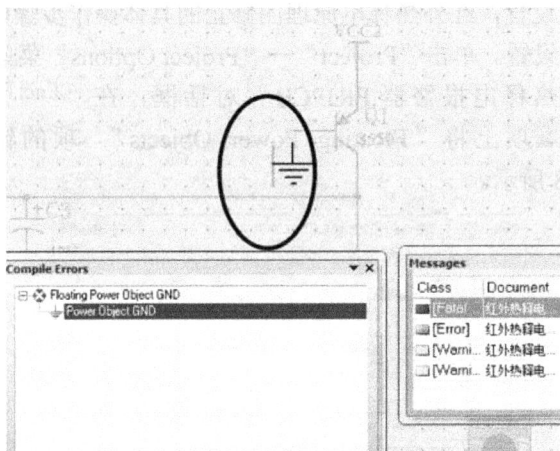

图 3-4-11　"Power Object GND"反馈窗口及接地电源符号正常显示效果

（4）此时，单击选中接地符号并拖动与 Q1 三极管基极相连，即可完成此修改。

（5）同理，第二行 Messages 显示："Duplicate Component Designators R10 at……"（在两个坐标处重复定义的电阻 R10）错误，双击第二行"Error"，弹出如图 3-4-12 所示的电阻 R10 错误反馈窗口，我们会看到两个 R10。同时会看到整个原理图背景没有错误的地方都会变浅，通过单击上下电阻 R10，可以对比两个电阻及位置，如图 3-4-12（a）和图 3-4-12（b）所示。

（a）上面 R10 电阻

图 3-4-12　电阻 R10 错误反馈窗口

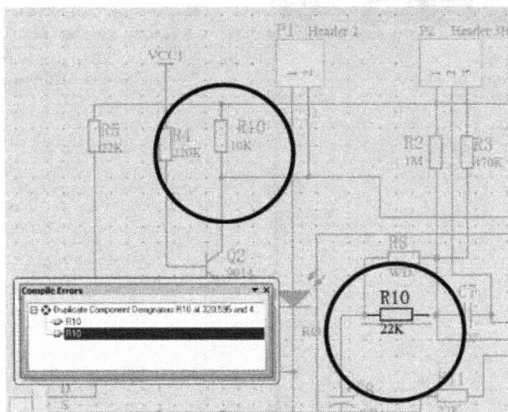

（b）下面R10电阻

图 3-4-12　电阻 R10 错误反馈窗口（续）

（6）根据电路设计，单击选中上面的 R10 电阻，再双击，在弹出的"Parameter Properties"对话框中将 R10 改为 R1，单击"OK"按钮返回。

（7）重新单击"Project"→"Compile Document 报警器.SCHDOC"菜单命令来进行错误复检。此时"Messages"面板中只剩两行"Warning"，通过查看可以忽略。至此，两处错误修正结束。

任务二　生成红外热释电报警器网络表

做中学

Protel 网络表是电子线路原理图与 PCB 之间的桥梁文件，它提供了完备规则的全部有价值的信息描述。报警器生成网络表操作步骤如下。

（1）启动 Protel，打开"红外热释电报警器.PRJPCB"工程文件，再打开"红外热释电报警器.SCHDOC"，执行"Design"→"Netlist For Document"→"Protel"菜单命令，然后执行"System"→"Projects"菜单命令，如图 3-4-13 所示。

（2）打开 Projects 工程项目栏，选择工程文件下的"Generated"→"Netlist Files"→"红外热释电报警器.NET"，"Projects"工程项目栏如图 3-4-14 所示。

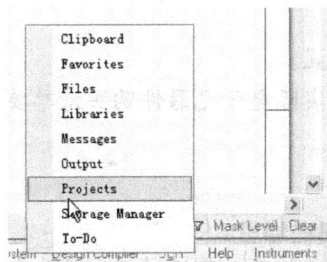

图 3-4-13　执行"System"→"Projects"菜单命令　　　图 3-4-14　"Projects"工程项目栏

（3）双击"红外热释电报警器.NET"，即可打开生成电路网络表，它由如图 3-4-15 所示的元器件列表和如图 3-4-16 所示的网络列表两部分组成。

图 3-4-15　生成报警器元器件列表

图 3-4-16　生成报警器网络列表

100

😊 **特别注释**

　　电子元器件列表格式：每一个电子元器件都是用一对方括号对称包装，其中内容依次是元器件标号、元器件封装和元器件的描述信息。原理图网络列表的格式：每一个电子元器件都是用一对圆括号对称包装，其中内容依次是网络名称和该网络中各个电子元器件引脚列表，电子元器件引脚列表根据它们的名称进行排列。

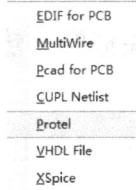

图 3-4-17　Protel 能生成的各类网络表

　　Protel 除了能够生成自己需要的网络表之外，还可以生成各种流行 EDA 软件格式的网络表，如图 3-4-17 所示。

项目五　红外热释电报警器原理图及报表打印

◯ **学习目标**

（1）熟悉电子线路原理图的打印预览及输出设置。
（2）掌握电子元器件采购明细报表打印，满足实际电子元器件购买清单要求。

◯ **问题导读**

电子元器件采购明细在哪里？

　　当一个电子产品工程项目设计完成后，需要按照电子元器件的明细进行采购。特别简单的电路，写一张统计报表即可完成电子元器件的采购任务。但对于比较复杂的电路设计，电子元器件种类繁多，具体数目较难统计，同种电子元器件具体封装形式很可能还有所不同，单靠人工很难准确地将电子线路中元器件信息统计完整。能否可以很轻松地、全面地完成电子元器件的采购明细任务呢？

○ **知识拓展**

Protel 各类报表

在电子线路设计过程中，出于存档、对照、校对以及交流等目的，总希望能够随时输出整个设计工程的相关信息，即使是电子文档形式，查看起来也比较方便。

除了网络表外，Protel 还能生成如下几种其他报表，帮助设计者完成工程项目：

（1）元器件采购明细报表：该报表列出了原理图中所有的元器件及元器件的所有信息，该报表可以帮助设计者进行元器件采购，因此称为元器件采购报表。

（2）元器件交叉参考报表：该报表中分原理图文件列出了每张原理图中使用的元器件及元器件相关详细信息。

（3）工程项目层次报表：该报表给出了工程项目的层次关系。

这些报表的生成都集中在 Reports 菜单中的相关命令项中完成。

○ **知识链接**

自动编号报表

在为元器件自动编号时，Protel 也会生成自动编号报表，该报表的生成是在元器件的自动编号时完成的。执行"Tools"→"Annotate"菜单命令，弹出"Annotate"对话框，操作同项目四知识拓展，在如图 3-4-2（d）所示的对话框中，单击"Report Change"按钮，弹出元器件自动编号报表，此报表既可以存档（单击"Export"按钮），也可以打印输出（单击"Print"按钮）。

任务一　原理图打印预览及输出

做中学

在设置连接好打印机的情况下，可以进一步利用 Protel 将电子线路原理图打印输出。

（1）执行"File"→"Page Setup"菜单命令，可弹出"Schematic Print Properties"对话框，对需要打印的原理图进行页面的设置，这里设置为 A4、横向、原理图整体黑白打印。"页面设置"对话框如图 3-5-1 所示。

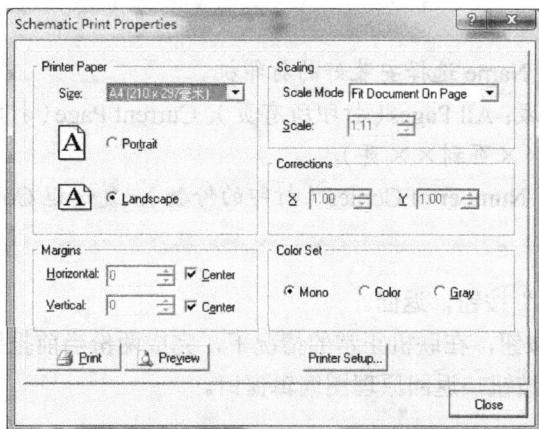

图 3-5-1　"页面设置"对话框

Printer Paper（打印纸设置）：Size（大小）、Portrait（纵向）、Landscape（横向）。

Margins（余白）即原理图边框和纸边沿的距离：Horizontal（页边距水平距离）、Vertical（页边距垂直距离）、复选框 Center（居中）。

Scaling（缩放）：其中，Scale Mode（刻度模式）包括：Fit Document On Page（原理图整体打印）、Scaled Print（按设定的缩放率分割打印）。

Color Set（彩色设置）：Mono（单色）、Color（彩色）、Gray（灰色）。

3 个按钮：Print（打印）、Preview（预览）、Printer Setup（打印设置）。

（2）单击"Preview"按钮，也可以在原理图编辑窗口，执行"File "→"Print Preview"菜单命令，效果图如图 3-5-2 所示。可通过单击对话框下面的四个按钮，以不同显示方式预览电路原理图。

（3）单击 Printer Setup... 按钮，可弹出如图 3-5-3 所示的"打印机相关属性设置"对话框，在该对话框中进行打印机相关属性的设置。这里选择当前页打印两份。

图 3-5-2　打印预览"All"效果图

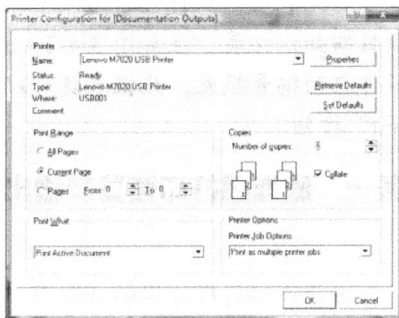

图 3-5-3　"打印机相关属性设置"对话框

在"Printer"区域：Name 选择安装好的打印机。

在"Print Range"区域：All Pages（打印所有页）、Current Page（打印当前页）、Pages From ×× To ××（打印从××页到××页）。

在"Copies"区域：Number of Copies（打印的份数），复选框 Collate（是否逐份打印）。

（4）然后单击"OK"按钮，返回。

（5）单击"Print"按钮，在联机正常的情况下，完成两份当前报警器原理图的输出。

（6）单击"Close"按钮，返回原理图编辑窗口。

任务二　元器件采购明细报表输出

做中学

（1）打开红外热释电报警器原理图，单击"Reports"→"Bill of Materials"菜单命令，则弹出"Bill of Materials"对话框,单击不同表格标题,可以使表格内容按该标题次序排列,在相应的选项后面打勾则表示显示该项,不打勾则表示隐藏该项。"Bill of Materials"对话框右端是元器件清单列表的主体部分,如图 3-5-4 所示。

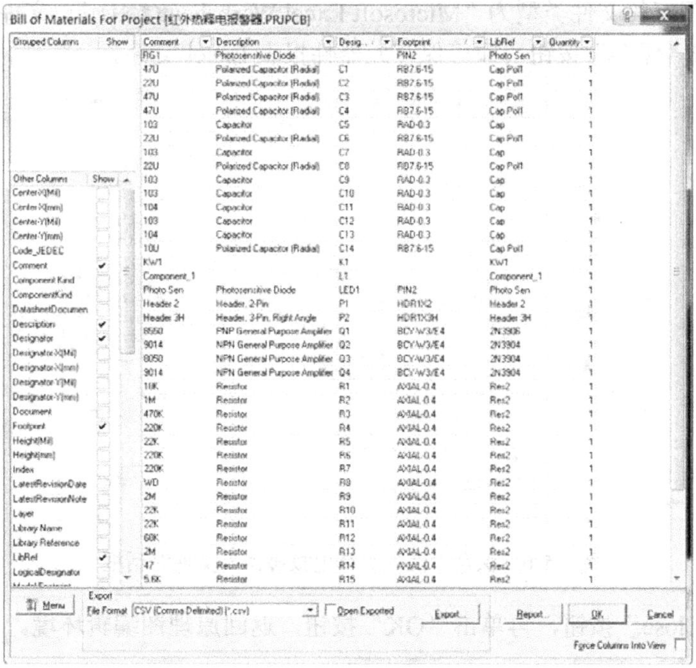

图 3-5-4　元器件清单列表

(2)单击 Report 按钮,生成元器件报告,如图 3-5-5 所示。在该报告中,有 3 个预览按钮,分别为 All(全屏幕显示)、Width(等宽显示)和 100%(100%显示)。另外还有一个可供输入显示比例对话框,在该框中可以输入合适的显示比列,然后按"Enter"键即可。

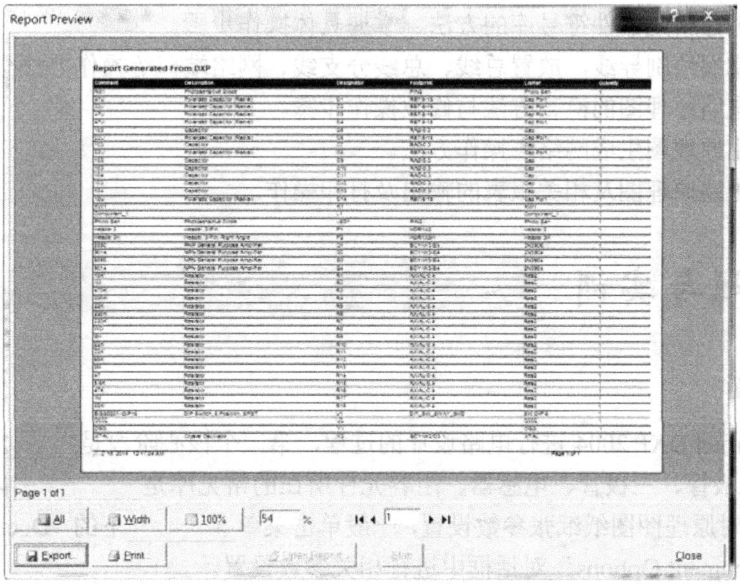

图 3-5-5　报警器元器件报告

（3）单击 🖨 Print... 按钮，可以从打印机中输出。

（4）单击 Export... 按钮，弹出如图 3-5-6 所示文件保存输出对话框，在对话框中可以对元器件清单列表的输出格式进行设置，在【保存类型（T）】下拉列表中，有多种文件类型可供选择，这里选择保存的文件类型为"Microsoft Excel Worksheet(*.xls)"，文件名为"红外热释电报警器"。单击"保存"按钮后即可保存元器件报表 Excel 文件。

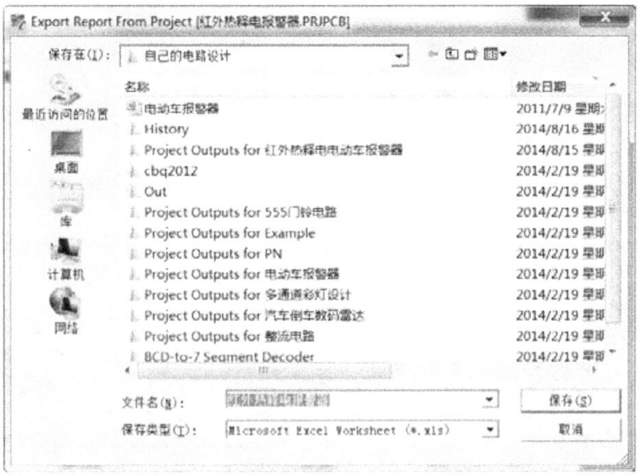

图 3-5-6　保存"红外热释电报警器"文件对话框

（5）单击"Close"按钮，再单击"OK"按钮，返回原理图编辑环境。

技能重点考核内容小结

（1）熟悉电路原理图具体工作环境参数设置方法。

（2）掌握电路元器件常规属性编辑。

（3）学会创建新元器件符号库的方法、掌握具体操作步骤。

（4）熟练掌握绘制导线，放置总线、总线分支线、网络端口等操作方法与步骤。

（5）熟悉电路原理图的检查方法与修改操作步骤。

（6）掌握由原理图生成网络表操作方法。

（7）学会电路原理图及相关报表的输出及打印操作。

习题与实训

一、填空题

1．使用 Protel DXP 2004 进行电路设计的过程，第一个核心阶段是_____。

2．常见二极管、三极管、电感器、阻容元件所在的常见库是_____。

3．要完成对原理图图纸纸张参数设置，一般单击菜单_____下的"Document Options"命令，在"Document Options"对话框中进行相关参数设置。

4．在"Document Options"对话框中的"Sheet Options"选项卡中，通过勾选"Grids"栏中的_____和_____复选框，可以进行图纸的捕获栅格和可视栅格的精确数值设置。

5. 绘制电路原理图通常用到两个基本原理图库，其中包含了一般常用的接插件符号库，即是 Miscellaneous _____ .INTLIB。

6. 单击 "Edit" 菜单下的 _____ 命令，就可以实现一次粘贴多个对象，而且在粘贴过程中，序号和标号可以按指定的设置自动递增。

7. 当项目被编译时，任何已经启动的错误均将显示在 _____ 面板中。

二、选择题

1. 单击 "File" → "New" → "Schematic" 菜单命令，面板中默认出现的文件名为 _____。
   A. Sheet.SCHDOC
   B. Sheet1.SCHDOC
   C. Free.SCHDOC
   D. 工程项目同名

2. 对于公司或企业设计更加规范的电路原理图纸，标题栏是图纸说明的重要组成部分。其中一种是 Standard（标准型），另一种是 _____。
   A. IEEE   B. ANIS   C. ANSI   D. ANS1

3. 在放置电子元器件操作时，按 _____ 键可以退出元器件放置的状态。
   A. Ctrl   B. Alt   C. Tab   D. Esc

4. "Place" 命令用于 _____。
   A. 放置导线   B. 放置端口   C. 放置电源线   D. 以上都是

5. "Electrical Grid" 选项可以设置 _____。
   A. 可视栅格   B. 跳跃栅格   C. 电子捕捉栅格 D. 电路图标题栏

6. 电子元器件引脚的方向不合适，一般应进行 _____ 调整操作。
   A. 移动   B. 旋转   C. 复制   D. 删除

三、判断题

1. 在电子元器件搜索关键字中使用 "*" 和 "？" 这两个通配符。   （   ）
2. "Fit All Objects" 的含义是可在当前的工作窗口显示整个原理图。   （   ）
3. 将鼠标与 "Shift" 键配合使用，可以选取多个元器件对象。   （   ）
4. 可以不用新建一个工程项目而单独新建一张电路原理图。   （   ）
5. 图纸跳跃栅格 "Snap" 最小值设置为1。   （   ）
6. 电路元器件库一旦被卸载或删除，就不能重新安装。   （   ）

四、简答题

1. 电路原理图设计一般步骤有哪些？
2. 原理图 "Wiring" 工具栏主要有哪些工具？这些工具各有何功能？
3. 什么是网络标号？其具体应用环境有何参考？

五、实训操作

实训一　绘制电路原理图常规操作

（1）将本单元书中的设计原理图文件（自己任意选择一个文件即可，难易自定）保存在

105

两个不同的路径下面，并打开。

（2）用菜单命令打开或关闭各种工具栏，练习快捷键的使用。练习单击、双击、按住鼠标左键并拖动元器件和用虚线框选择元器件。

（3）在图中练习对象的编辑、移动、修改、复制、粘贴等操作。

实训二 绘制桥式整流滤波稳压电路原理图

1. 实训任务

（1）要求学生能够进行基本电路原理图库的元器件的熟练操作。

（2）绘制相关《电子技术基础与技能》中桥式整流滤波稳压电路原理图。

（3）进一步熟悉二极管、电容、7809/12 等电子元器件型号的放置与使用。

2. 任务目标

（1）学会基本电子元器件库中二极管、电容、7809/12 的快速定位与属性设置。

（2）重点掌握变压器输出连接桥式整流滤波及稳压电路的连接与参数设计。

（3）进行元器件采购明细报表输出。

3. 参考绘制的电路原理图，如图 3-1 所示。

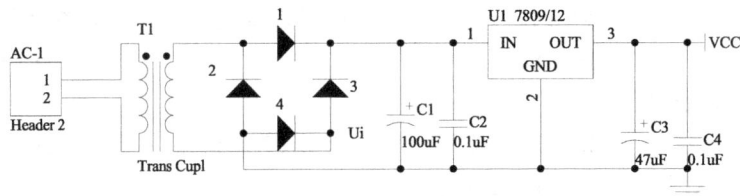

图 3-1 桥式整流滤波稳压电路原理图

4. 参考元器件采购明细报表（这里增加 Value 值报表）如图 3-2 所示。

图 3-2 增加 Value 值的元器件明细采购报表

实训三 OTL 分立元件功率放大器设计

1. 实训任务

（1）进一步熟悉 OTL 分立元件电路原理图设计用到的相关库元器件。

（2）电子元器件布局参照原理图。

（3）集群编辑元器件标号，字体为黑体，字号为小四。

（4）学会设置输出喇叭的网络端口。

2. 任务目标

（1）理解并掌握 OTL 电路工作电路原理图。

（2）掌握 OTL 分立元件功率放大器元器件的选择与属性的设置过程。

（3）掌握电路元器件集群编辑操作及网络端口设置的方法。

（4）培养学生温故知新的能力。

3. 绘制 OTL 电路原理图并进行集群编辑

绘制 OTL 功率放大器电路原理图（学生也可以自行设计），并进行符合 Protel 设计规范的修改。（可参考《电子技术基础与技能》、《电子线路》等教材中涉及的电路图）参考电路原理图如图 3-3 所示。

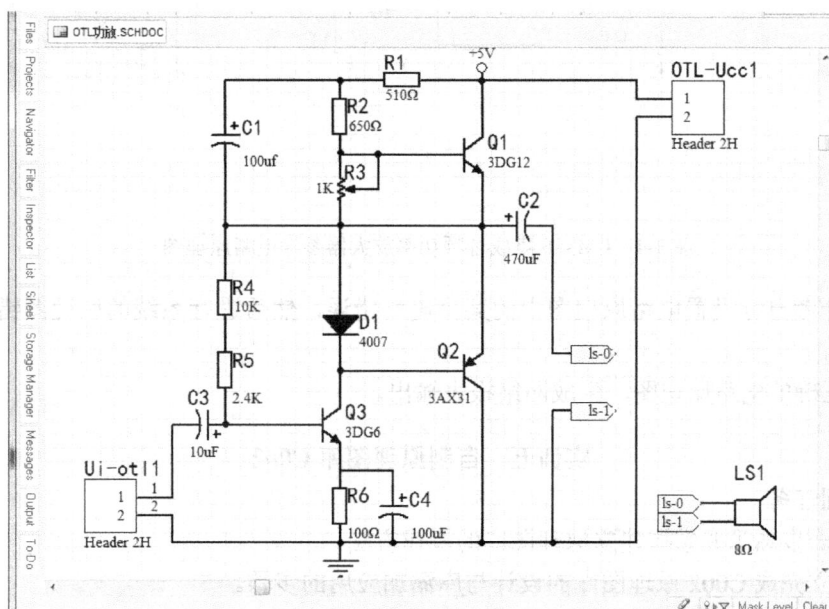

图 3-3　OTL 分立元件功率放大器电路原理图

4．输出 Excel 电子表格的元器件采购明细报表文件。

实训四　　LM386 集成音频功率放大器设计

1. 实训任务

（1）熟悉并掌握应用 LM386 设计制作音频功率放大器原理图。

（2）电子元器件布局参照原理图。

（3）学会生成网络报表。

2. 任务目标

（1）理解并掌握 LM386 集成电路工作电路原理图。

（2）掌握 LM386 集成元件功率放大器元器件的各引脚选择与属性的设置过程。

（3）进一步掌握电路原理图检查并修改的操作及网络端口设置的方法。

（4）培养学生独立对比思考问题、实际处理问题的能力。

3. 绘制 LM386 电路原理图

以 LM386 集成音频功率放大器电路为基础设计的原理图（学生可以参考《电子报》等杂志报刊相关功率放大器应用文章），并进行符合 Protel 设计规范的再设计（可参考《电子技术基础与技能》、《电子线路》等教材中涉及的电路图）。参考电路原理图如图 3-4 所示。

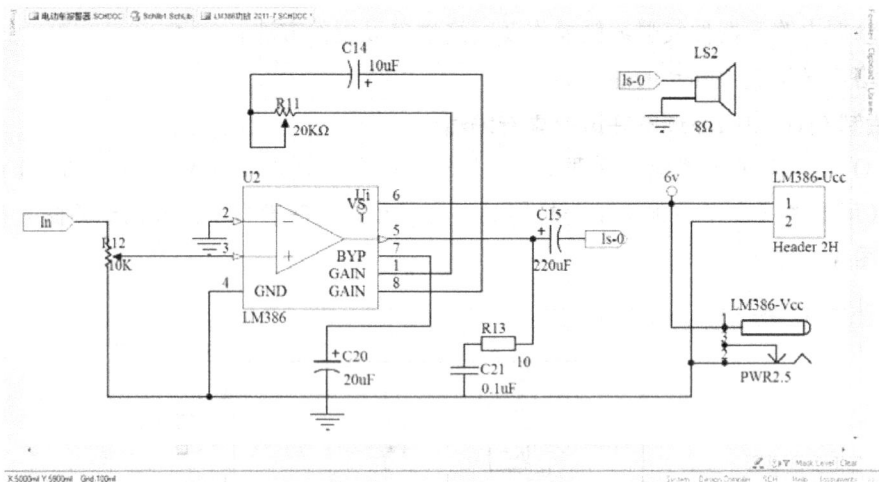

图 3-4　LM386 集成音频功率放大器参考电路原理图

4. 设计者自行设置电路原理图中的某个电气错误，然后进行系统的原理图错误检查，并更改正确。

5. 将正确的电路原理图，生成网络报表输出。

实训五　自制原理图库 C002

1. 实训任务

（1）进一步熟悉并掌握建立原理图库的操作方法。

（2）独立完成 C002 原理图库的设计与库添加应用的步骤。

2. 任务目标

（1）理解并掌握绘制 C002（COB 封装）集成语音报警芯片电路工作原理。

（2）掌握 C002 的各引脚引线端的连接含义与应用。

（3）进一步掌握绘图工具栏工具的使用与应用方法。

（4）培养学生学以致用的意识与实际处理问题的能力。

3. 绘制 C002 原理图库，C002 芯片实物图及元器件符号图如图 3-5 和图 3-6 所示。

图 3-5　C002 芯片实物图

图 3-6　C002 芯片元器件符号图

第三单元实训综合评价表

班级		姓名		PC 号		学生自评成绩	
操作	考核内容		配分	重点评分内容			扣分
1	图纸及页面设置		15	根据原理图的大小定义原理图纸大小及页面的相关参数设置			
2	原理图环境其他参数设置		5	熟练进行捕捉栅格、可视栅格、电气格点等设置操作			
3	元器件常规编辑操作		5	完全掌握复制、移动、陈列粘贴等			
4	创建新的原理图元器件库		15	使用绘制工具创建原理图元器件库，如引线引脚、电气规则等相关具体参数设置			
5	原理图库的添加使用		15	准确添加原理图库操作，灵活应用			
6	绘制导线、添加网络端口		20	参照电路工作原理图，熟练掌握导线连接，添加网络端口及属性的设置			
7	放置总线、总线分支线		15	参照电路工作原理图进行总线、总线分支线的绘制			
8	电路原理图的检查		5	能处理一般性的错误，及时修改更新			
9	生成元器件的各种报表，原理图打印输出		5	熟练掌握元器件采购明细报表设置，会用 Excel 电子表格输出报表			
反思反馈	绘制原理图完成较理想的操作有哪些？						
	操作存在什么问题？						
教师综合评定成绩				教师签字			

工程项目原理图高级设计

通过本单元的学习，帮助设计者了解并熟知层次化原理图的概念，学会原理图层次电路端口设计设置过程及相关属性的设定，熟练掌握绘制层次电路原理图操作，并能将一个较复杂的电路原理图设计成为一个模块式的、具有层次的电路原理图。

岗位技能综合职业素质要求

1. 掌握层次化原理图设计流程。
2. 能够熟练运用层次化设计绘制原理图。
3. 掌握层次化原理图之间的切换操作。
4. 重点掌握各个原理图之间通过端口或网络标号建立电气连接的方法。

项目一　正负可调电源功放层次原理图设计

学习目标

（1）熟悉层次电路原理图设计思路与方法。
（2）能进行正负可调电源功放层次原理图的实际设计操作，掌握元器件属性编辑操作。
（3）掌握电路电气控制连接相关检查方法。

问题导读

较大规模原理图如何处理？

当一个较繁杂电子线路原理图在一张 A4 纸上绘制不下时，如何解决？多人合作绘制一个项目电子线路图时，又如何操作呢？显然将较大原理图设计在一张图纸上，还有如下问题：

（1）原理图需要改用更大幅面的图纸设计。然而打印图纸时又遇到了另一个问题，即打印机最大输出幅面有限。

（2）设计者检查电气连接以及修改电路比较困难。

（3）其他设计人员较难读懂原理图，给参与设计者交流带来诸多不便。

绘制层次电路即可解决以上问题。

所谓层次电路设计就是把一个完整的电路系统按照功能分解成若干个子系统，即子功能电路模块，需要的话，把子功能电路模块再分解成若干个更小的子电路模块，然后用方块电路的输入/输出端口将各子功能电路连接起来。电路层次框图如图 4-1-1 所示。

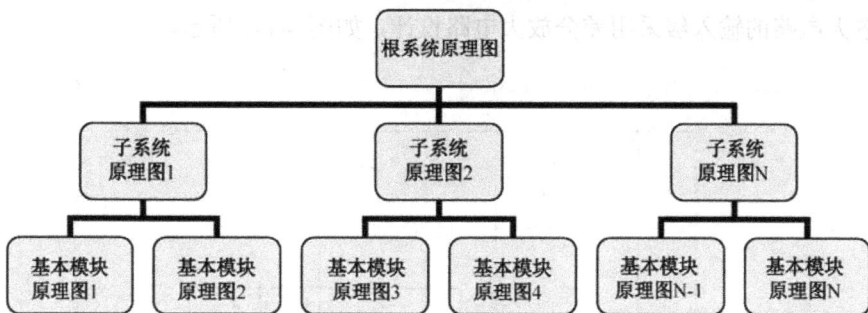

图 4-1-1　层次电路框图

○ 知识拓展

正负可调电源功率放大器层次电路设计

在层次电路设计中，把整个电子线路系统视为一个工程项目。Protel 原理图编辑器支持层次电路设计、编辑功能，可以采用自上而下或自下而上的层次电路设计方法。

（1）自顶向下逐级设计层次电路：先建立根系统方块电路原理图，从宏观上设计好各层模块，并正确连接；再由上层方块电路图产生下一层电路原理图，从微观上实现各个模块功能。

（2）自底向上逐级设计层次电路：先建立下层原理图，从微观上设计各个模块功能并正确连接；再由下层原理图产生上一层或顶层电路方块图，从宏观上实现各层模块功能。如图 4-1-2 所示是正负可调电源功率放大器实物图。

（a）正负可调电源　　　　　　（b）功放（分立直插元器件）

图 4-1-2　正负可调电源功率放大器实物

首先，从设计者安全方面考虑，电源输入不采用电源变压器，同时也为实验方便，而是从双路直流稳压源直接输入某数值的正、负直流电压，正电压由 P1 的 1 脚输入，经可调稳压模块 LM317 和扩流电流后得到功放电路需要的正电压值（+VCC = 12V）和电流值（+I ≥ 1.5A）。同理，负电压由 P1 的 3 脚输入，经可调稳压模块 LM337 和扩流电流后得到功放电路需要的负电压值（−VCC = −12V）和电流值（−I ≥ −1.5A）。设计的电源模块层次电路方框图如图 4-1-3 所示。

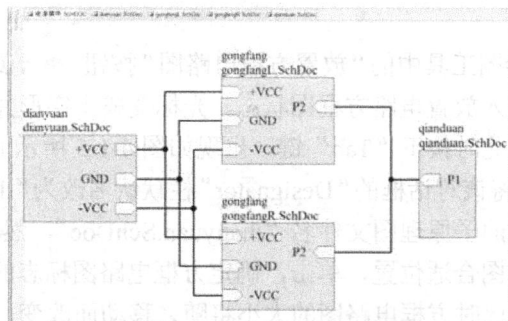

图 4-1-3　层次电路方框图

功率放大电路的输入级采用差分放大电路设计，如图 4-1-4 所示。

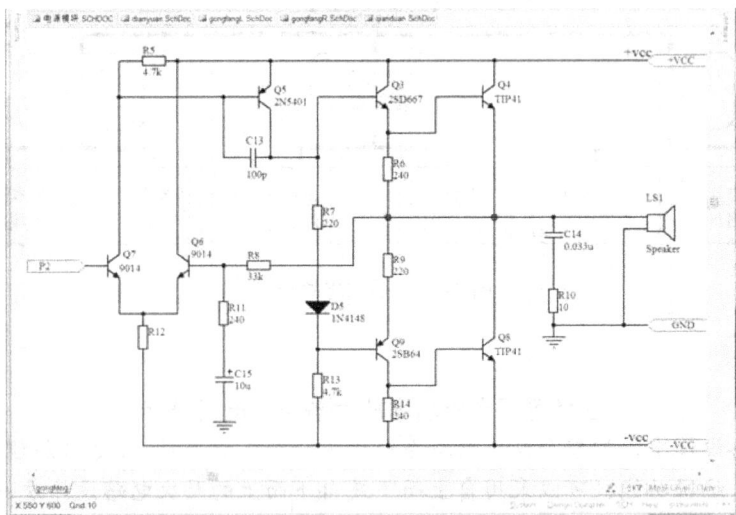

图 4-1-4 功放电路原理图

⊙ 知识链接

正负可调电源功率放大器

（1）功能说明。该功率放大电路从结构上由电源 PCB、左声道 PCB、右声道 PCB 三块电路板组成（左、右声道电路完全相同），电源 PCB 负责±12V 供电。

（2）原理简介。功放电路由电源电路、音量调控电路、音调调控电路、滤波与前级放大电路、功率放大电路组成。这几部分电路设计可以参考《电子技术基础与技能》、《音响技术》、《模拟电子线路》等相关教材，进行电路原理图的分析、设计与操作能力锻炼。

任务一 层次电路原理图的建立与绘制

做中学

本例采用自顶向下层次化设计的具体操作步骤如下：

（1）首先，启动 Protel，新建立层次电路根系统方框图，选择"File"→"New"→" Project \PCB Project"菜单命令，建立 PCB 工程项目文件，选择"File"→"Save Project"菜单命令，将工程项目保存为"正负电源功放.PRJPCB"。

（2）选择"File"→"New"→"Schematic"菜单命令，建立原理图，保存为"电源模块.SchDoc"。

（3）单击"Wiring"绘图工具中的"放置方框电路图"按钮 ，或选择"Place"→"Sheet Symbol"菜单命令，即进入放置电路方框图状态，光标变成十字形并附加着方框电路图的标志，显示在工作窗口中，此时按下"Tab"键，出现如图 4-1-5 所示的"Sheet Symbol"方框电路图属性编辑对话框，将该对话框的"Designator"栏默认名改为"dianyuan"，在"Filename"栏输入该方框电路图对应的子原理图文件名"dianyuan.SchDoc"，然后单击"OK"按钮。

（4）移动光标到原理图合适位置，单击，确定方框电路图标志的一个左上顶点位置。

（5）继续移动光标，此时方框电路图的大小将随之移动而改变，再到合适位置单击鼠标左键，确定方框电路图标志的右下侧终点，方框电路图标志将放置在工作窗口中，此时完成了"dianyuan"方框电路图的放置，如图 4-1-5 所示。

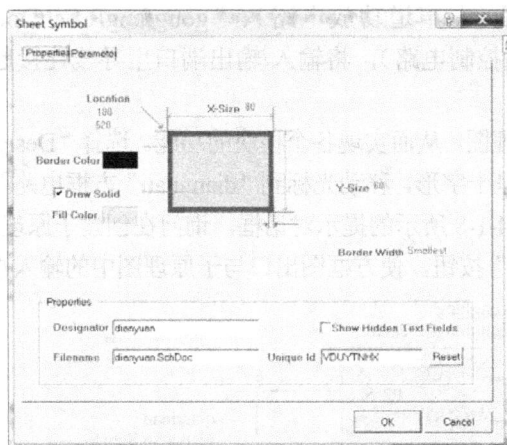

图 4-1-5　"放置方框电路图"属性编辑对话框

（6）单击绘图工具栏上的方框图端口按钮 ，或选择"Place"→"Add Sheet Entry"菜单命令，即进入"放置电路方框图 I/O 口"状态，光标变成十字形，将光标移动到刚才放置好的整流电路方框图符号上单击，此时一个端口符号悬浮在光标上，按下"Tab"键，出现如图 4-1-6 所示的"方框图端口属性"对话框。在其中的"Name"栏输入出口名称"+VCC"，在"I/O Type"栏设置为输出端口"Output"，然后单击"OK"按钮关闭对话框。移动光标到"dianyuan"方框图符号上，单击放下该端口。

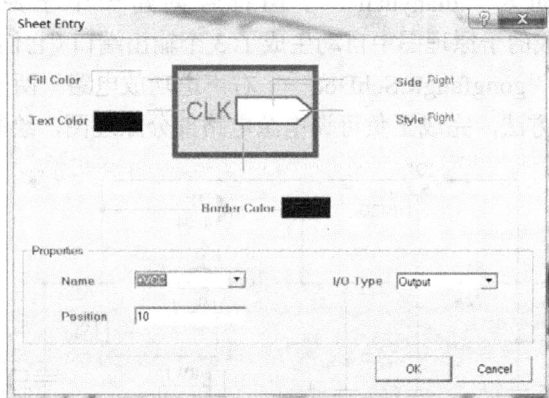

图 4-1-6　"Sheet Entry"属性对话框

特别注释

➢ Name：本下拉列表框指定该电路方框图 I/O 口的名称。

➢ I/O Type 和 Style：这两栏和前面讲过的 I/O 端口的属性设置是一样的。

➢ Side：设置要把 I/O 口放置在电路方框图的左边还是右边。

➢ Position：本栏设置要把 I/O 口放置在电路方框图的位置。

（7）同步骤 6 操作设置，在"dianyuan"电路方框图符号中放置"GND、-VCC"端口。

（8）接下来，同理步骤 2～7 编辑操作方法。在"dianyuan"电路子图符号的右边依次建立："gongfangL.SchDoc"（左声道功放电路）、"gongfangR.SchDoc"（右声道功放电路）、"qianduan.SchDoc"（前端控制电路），将输入/输出端口用导线连接起来，画好的顶层电路图如图 4-1-7 所示。

（9）接下来绘制子原理图，从而实现各个模块的功能。选择"Design"→"Create Sheet From Symbol"菜单命令，光标呈十字形，移动光标到"dianyuan"方框电路图"dianyuan.SchDoc"上，单击鼠标左键，弹出如图 4-1-8 所示的提示对话框，询问在创建子原理图时是否将信号的输入、输出方向取反，单击"No"按钮，使方框图出口与子原理图中的输入端口的 I/O 特性一致。

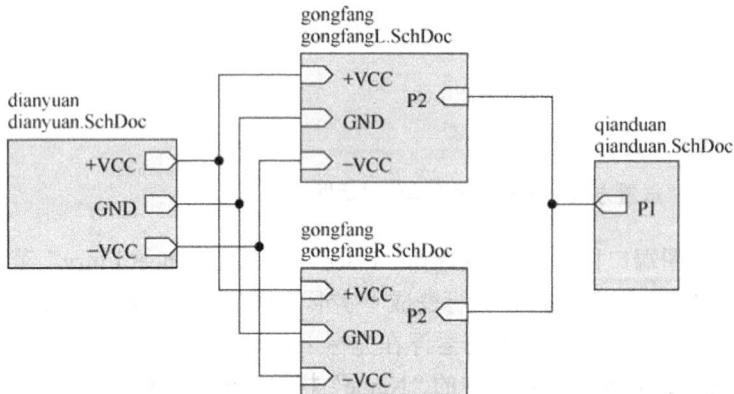

图 4-1-7　放置完成的方框图符号效果图　　　　图 4-1-8　确认是否进行 I/O 取反

（10）系统将自动为"dianyuan"子图符号创建一个子原理图，该图名称为"dianyuan.SchDoc"。生成的子原理图中自动生成了 3 个输出端口（它们与"gongfangL.SchDoc——左声道功放电路"、"gongfangR.SchDoc——右声道功放电路"两子图符号中的三个端口对应，按绘制原理图的方法，完成正负可调电源电路部分原理图，绘制结果如 4-1-9 所示。

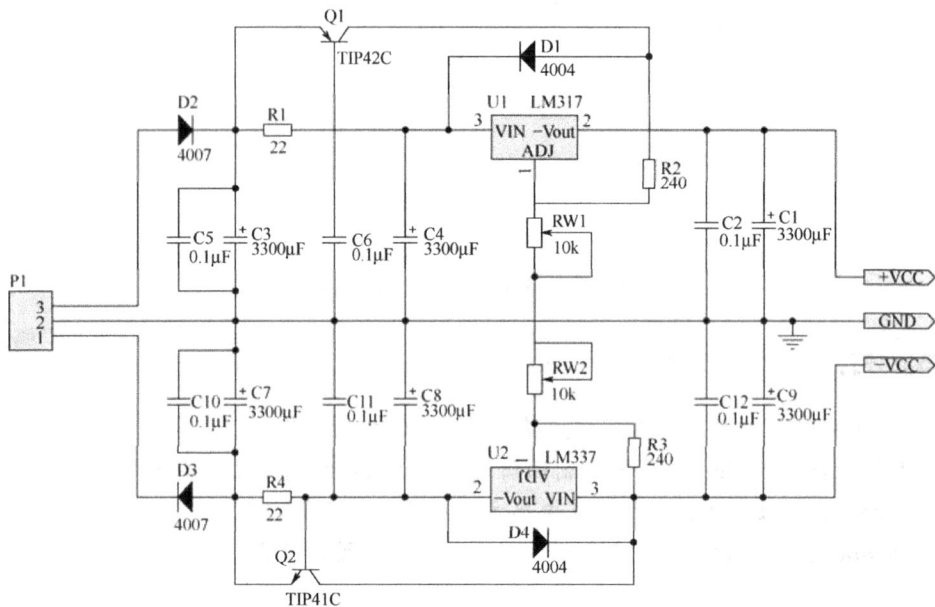

图 4-1-9　正负可调电源部分原理图

（11）同理操作步骤 9~10，创建子原理图"gongfangL.SchDoc、gongfangR.SchDoc"，参考图 4-1-4 完成电路原理图绘制。

（12）同理操作步骤 9~10，创建子原理图"qianduan.SchDoc（前端控制电路）"，参考图 4-1-10 完成电路原理图绘制。

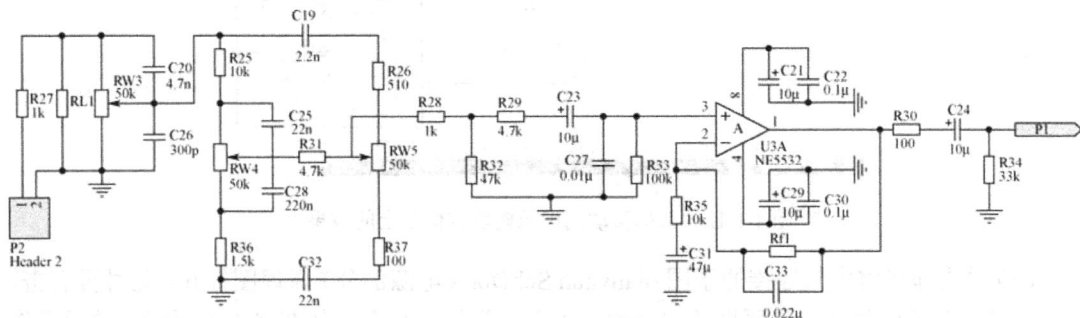

图 4-1-10　前端控制电路原理图

（13）最终完成正、负可调电源功率放大器层次电路设计，其设计完成的"Projects"面板窗口如图 4-1-11 所示。

图 4-1-11　最终设计完成的"Projects"面板窗口

这样就完成了采用自顶向下设计方法绘制的一个较简单的层次电路。

（14）最后，将建立的所有文件保存。

任务二　原理图电气控制连接检查

做中学

（1）启动 Protel，打开任务一中建立的"正负电源功放.PRJPCB"工程项目。

（2）在 Projects 面板中双击"电源模块.SchDoc"根系统方框图。

（3）单击原理图工作窗口左下方的"Design Compiler"→"Navigator"菜单项，打开"Navigator"面板，此时"Navigator"面板是空白的。

（4）单击"Navigator"面板右上角的 [Interactive Navigation ▾] 按钮，此时光标变成十字形，移动鼠标到电源模块方框图上，其操作效果如图 4-1-12 所示，注意图中的放大图。

图 4-1-12　鼠标移动到电源模块方框图上的效果

（5）单击即可将电气连接的子图 dianyuan.SchDoc（电源部分）原理图打开，此时再右击，结束当前交互式的导航，还要再单击一次，进入正常显示状态，如图 4-1-9 所示。前后操作对比电气连接正确。

（6）接下来继续检查前端控制电路部分输出与左/右声道功放电路电气连接是否符合方框图设计。单击 "Navigator" 面板中的 "qianduan.SchDoc 原理图" 选项，如图 4-1-13 所示。

（7）单击如图 4-1-13 所示的 "Net/Bus" 面板区域下的 ⊞ ⤳ NetC15_2　　Sheet Interface 网络表前面的 ⊞，展开网络列表，如图 4-1-14 所示。

图 4-1-13　"Navigator" 面板

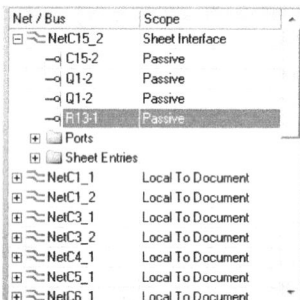

图 4-1-14　NetC15_2 展开效果图

☺　**特别注释**

➢　通常电路仿真节点设置使用 [Net]（网络标号），这里多介绍一种放置电路仿真节点的方法。

➢　在如图 4-1-14 所示的 NetC15_2 展开效果图中，C15-2、Q1-2、Q1-2、R13-1 均表示该网络中各个元器件引脚连接。

➢　这些引脚列表根据它们的名称进行系统排列，这和生成的网络表内容是一致的。

（8）单击 ⊟ ⤳ NetC15_2　　Sheet Interface 下面的 Ports（端口）前面的 ⊞，将端口展开。单击 P1 端口，前端电路输出端口 P1 显示效果如图 4-1-15 所示。

（9）单击第一个 P2 端口，将如图 4-1-16 所示的"gongfangR.SchDoc"文件突出显示。

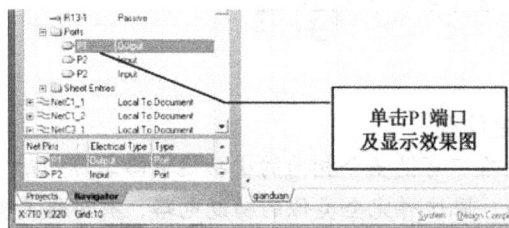

图 4-1-15　前端电路输出端口 P1 显示效果

图 4-1-16　"gongfangR.SchDoc"文件突出显示

（10）单击第二个 P2 端口，将如图 4-1-17 所示的"gongfangL.SchDoc"文件突出显示。

图 4-1-17　"gongfangL.SchDoc"文件突出显示

　　至此，通过前后检查对比，我们已经看得十分清楚，前端控制电路 P1 端口输出，经两个 P2 输入端口分别连接功放左/右声道电路的输入，电路电气连接工作正常，即层次电路设计正确。

◯专业术语

掩膜（Mask）

　　在第三单元中，电路原理图检查、编译结果显示在"Messages"面板中，单击有错误的电子元器件，电路原理图中没有被选中的元器件和网络连线呈灰色（半透明浅色）状态，好像蒙上一层毛玻璃，这就是 Protel 具有的掩膜（Mask）功能。又如在本任务中，图 4-1-12～图 4-1-17 也是 Mask 效果图。单击工作窗口右下角的 Clear 按钮，或在原理图工作窗口中空白的地方单击就可以取消掩膜效果。

117

项目二　典型电路多通道电路设计

学习目标

（1）学会运用层次化电路原理图设计方法，利用"Repeat"句进行多通道电路设计。

（2）能独立完成典型电路"四路抢答器"多通道电路原理图的设计。

问题导读

多通道设计是什么？

在画电路原理图的时候，可能在一个功能电路中有很多个相同的小功能电路工作的情况，如果一个个都画出来再一个个连线会很麻烦。像这样完全类似的功能电路，有时候要重复设计很多次，有没有一种设计方法，解决重复设计的问题呢？答案：有。

这时，可以利用 Protel 多通道设计方法，在设计原理图时只设计一个子图，在顶层原理图中调用这个子图，然后根据多通道设计的方法设置子图的输入/输出接口即可。

知识拓展

基于单片机应用的循环 LED 彩灯设计

如图 4-2-1 所示是基于 AT89S52 单片机应用系统的循环彩灯部分电路原理图。在该电路中，有 8 个完全相同的发光二极管显示电路。

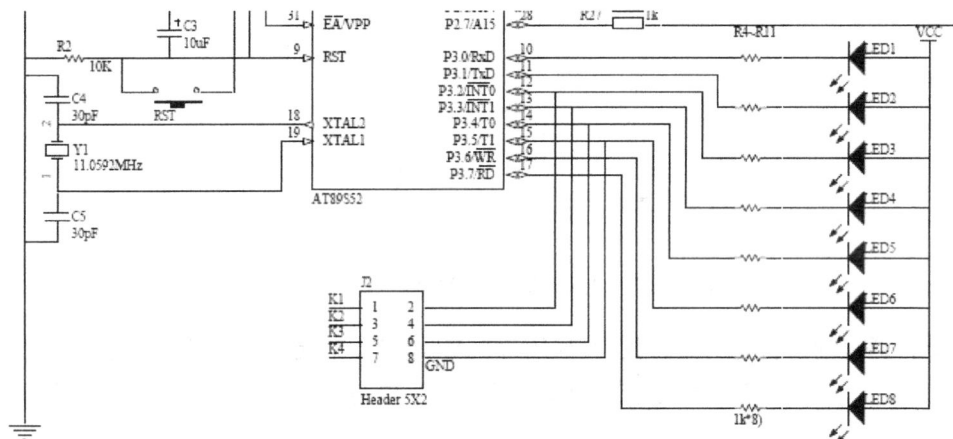

图 4-2-1　循环 LED 彩灯设计部分原理图

当然，我们也可以基于 AT89S52 单片机进行多个 LED 节日循环彩灯设计，其设计可参看第一单元项目四任务二中的 Proteus 节日 LED 彩灯单片机电路仿真设计。

知识链接

没有进行多通道电路设计的原理图

如图 4-2-2 所示是某公司推广的 40 路电动车快速充电站充电端口控制电路原理图，这个电路充电端口设计没有进行多通道电路设计。

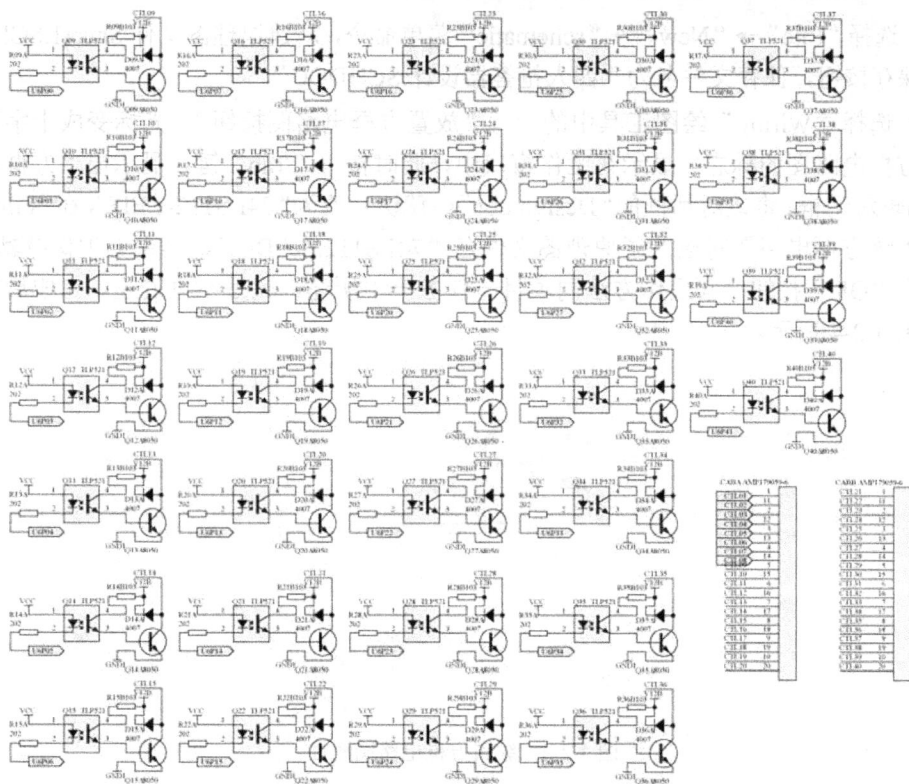

图 4-2-2　40 路充电端口设计原理图

任务　四路抢答器多通道设计

学习《电子技术基础与技能》中制作四人抢答器是个典型数字电路应用实训，更是进一步学习集成门电路、触发器应用及提高数字芯片应用能力所涉及的重点内容。

而多通道电路设计属于层次电路设计中的一种，重复引用命令的格式为：Repeat（子图符号，第一次引用的通道号，最后一次引用的通道号）。这个例子将按自顶向下的方法创建多通道电路原理图。在创建多通道电路之前首先要创建一个工程项目文件。

做中学

（1）启动 Protel，选择"File"→"New"→"Project"→"PCB Project"菜单命令，建立 PCB 工程项目文件，单击"保存"按钮，将文件命名为"四人抢答器设计.PrjPCB"，如图 4-2-3 所示。

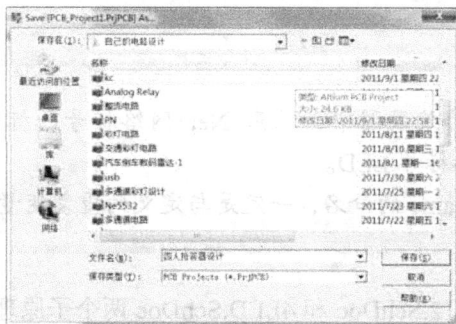

图 4-2-3　四人抢答器设计项目保存对话框

（2）选择"File"→"New"→"schematic"菜单命令，新建原理图文件 Sheet1.SCHDOC。再单击保存按钮，保存文件名为"四人抢答器设计.SCHDOC"。

（3）选择"Wiring"绘图工具中的 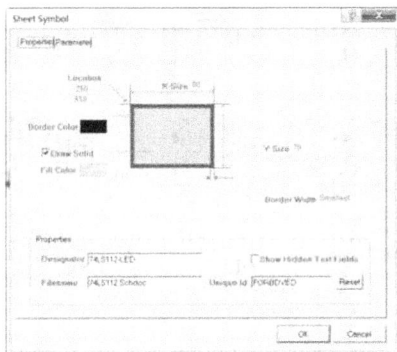 "放置方框电路图按钮"，光标变成十字形，并附加着方框电路图的标志，显示在工作窗口中，此时按下"Tab"键，显示出"方框电路图属性"编辑对话框，将该对话框的"Designator"栏默认名改为"74LS112-LED"，在"Filename"栏中输入该方框电路图对应的子原理图文件名"74LS112.SchDoc"，其余选项保持默认值，然后单击"OK"按钮。其操作方法同项目一任务一中所述，此处不再赘述。完成后方框电路图如图 4-2-4 所示。

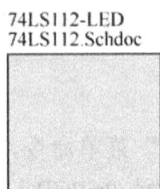

图 4-2-4　编辑方框电路图属性

（4）操作方法同步骤 2 和 3，在 74LS112.Schdoc 方框图右边建立 4LED.Schdoc 方框子图，符号名为"Repeat（4LED，1,4,1,8）"、子图名为"4LED.Schdoc"，编辑四人抢答器设计父图设计，操作结果如 4-2-5 所示。

（5）单击绘图工具栏上的方框图端口按钮 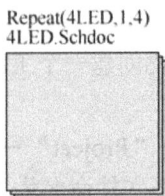，进行放置连接端口，即四路 LED 灯的操作，并通过总线与导线彼此连接，操作方法同项目一任务一中所述，绘制好四人抢答器设计父图电路图，如图 4-2-6 所示。

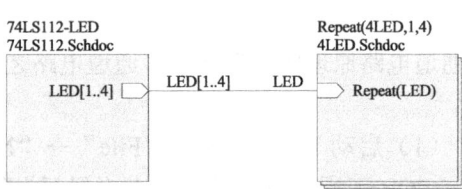

图 4-2-5　四人抢答器设计父图设计结果

图 4-2-6　通过总线与导线进行连接效果图

😊 **特别注释**

➤　如图 4-2-6 所示的效果图中，注意 Net 网络标号的标注。左边是总线网络标号 LED[1..4]，右边是导线网络标号 LED。

➤　注意方框图端口 Name 的命名，一定是与定义的重复变量名一致。

（6）接下来绘制 74LS112.SchDoc 和 4LED.SchDoc 两个子原理图，操作方法同项目一中任务一中所述。其原理图编辑结果如图 4-2-7 和图 4-2-8 所示。

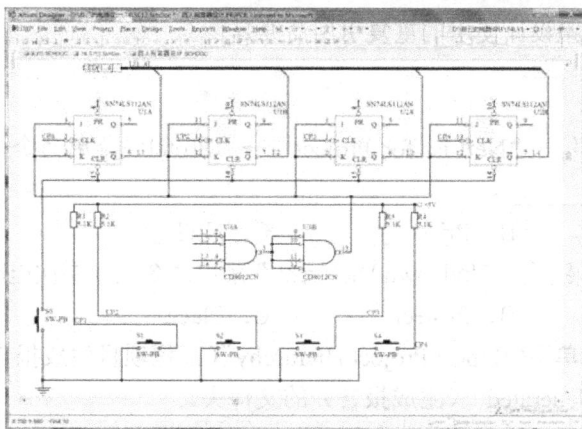

图 4-2-7　子图 74LS112.SchDoc 原理图

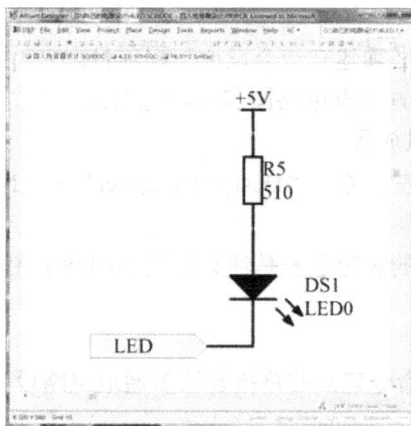

图 4-2-8　子图 4LED.SchDoc 原理图

（7）最后，选择"File"→"Save All"菜单命令，将所有文件进行保存。

技能重点考核内容小结

（1）掌握层次化原理图自顶向下设计方法。
（2）熟练掌握方框电路及端口操作与其对话框属性设置。
（3）熟悉层次化原理图切换方法及检查操作。
（4）学会利用"Repeat"语句进行多通道电路设计与网络表核对检查。

习题与实训

一、填空题

1. 把一个完整的电路系统按功能分解成若干子系统，即子功能电路模块，这是 Protel 具有的_____设计。

2. 单击"Place"菜单下的_____菜单命令项，即进入放置电路方框图状态。

3．采用多通道电路设计使用的重复引用命令是＿＿＿＿＿＿＿＿。

二、选择题

1．选择"Design"→"NetList for Project"→"Protel"菜单命令，Projects 面板中默认出现的文件扩展名为＿＿＿＿。

    A．SchLib   B．Prj   C．NET   D．REP

2．利用＿＿＿＿菜单下"Up/Down Hierarchy"菜单命令完成层次电路原理图的精确切换。

    A．Design   B．Project   C．Place   D．Tools

3．选择＿＿＿＿菜单下"Report Project Hierarchy"（工程项目生成报告）命令，在"Projects"面板中会出现一个"Generated"（生成报告）的文件夹。

    A．Design   B．Report   C．Place   D．Project

三、判断题

1．在层次电路设计中，必须建立一个设计工程项目。 （ ）

2．在总原理图中除了放置方框电路图和方框电路图端口外，其他的所有对象，如元器件符号、电源符号等都不可以放置。 （ ）

3．选择原理图工作窗口左下方的"Design Compiler"→"Navigator"菜单命令，就可以打开"Navigator"面板。 （ ）

4．采用多通道电路设计的关键之一是注意设置不相同子图的重复引用次数。 （ ）

四、简答题

1．简述利用"Repeat"命令建立四路抢答器多通道电路设计的主要步骤有哪些？

五、实训操作

实训一　芯片 NE5532、STC90C58RD 元件库设计

实训任务

（1）建立元件 NE5532 库，其封装和内部结构分别如图 4-1（a）和图 4-1（b）所示。

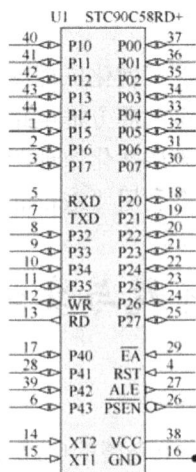

（2）建立单片机芯片"STC90C58RD+"元件符号库，如图 4-2 所示。

（a）NE5532芯片封装　　（b）内部结构

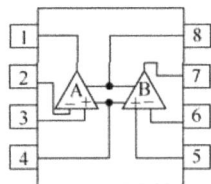

图 4-1　NE5532 封装和内部结构图　　　图 4-2　"STC90C58RD+"元件库

实训二　模拟两路循环彩色信号灯设计

1．实训任务

（1）要求能够进行一般电路原理图及库的元器件的熟练操作。

（2）对 NE555 芯片应用电路设计。（可参考《电子技术基础与技能》等教材中的 NE555 芯片电路应用设计）

（3）进一步熟悉 74LS 系列芯片型号的应用。

2．任务目标

（1）学会元器件库的正确查找与使用。

（2）重点掌握 NE555 芯片及 74LS 系列芯片电路的连接与参数设计。

（3）可以进行层次化的电路设计。

3．绘制电路原理图

（1）先按一张普通电路原理图设计，如图 4-3 所示。

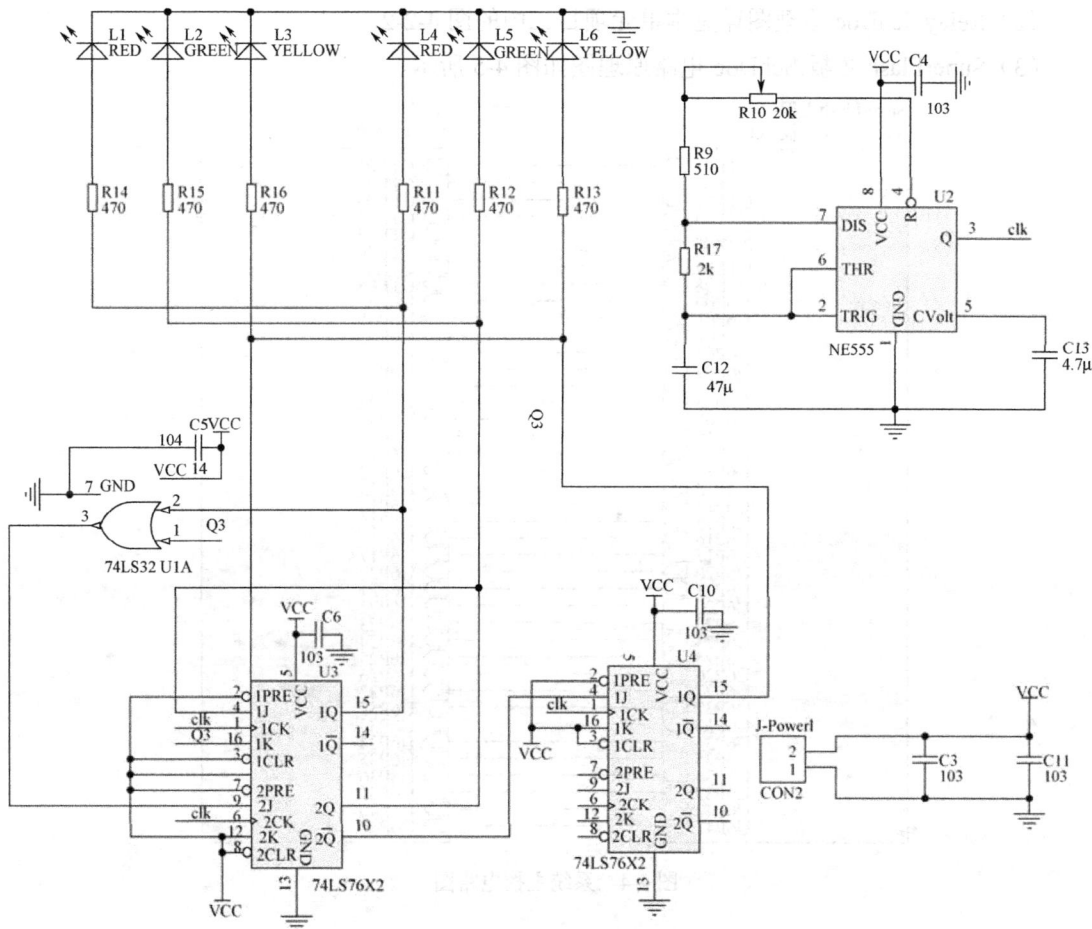

图 4-3　模拟两路彩色信号灯电路原理图

（2）通过分析两组循环 LED 彩色信号灯电路，将其电路分解，设计成层次电路。

实训三　绘制基于单片机 STC 90C58 快充器层次原理图

1．实训任务

（1）熟悉并掌握单片机 STC 90C58 芯片应用电路部分原理图。

（2）电子元器件位置布局及层次电路原理图设计。

（3）学会生成层次网络报表。

2．任务目标

（1）理解并重点掌握方框图、芯片端口、网络标号等应用设计。

（2）掌握层次电路设计的操作过程。

（3）进一步掌握层次电路原理图检查、切换等操作方法。

（4）培养独立思考、联想对比，实际操控的能力。

3．绘制基于单片机 STC 90C58 快充器参考电路层次原理图

（1）系统主控电路原理图如图 4-4 所示。

（2）Relay.SchDoc 原理图详见本单元项目二中的图 4-2-2。

（3）SuperFlash 主板.SchDoc 电路原理图如图 4-5 所示。

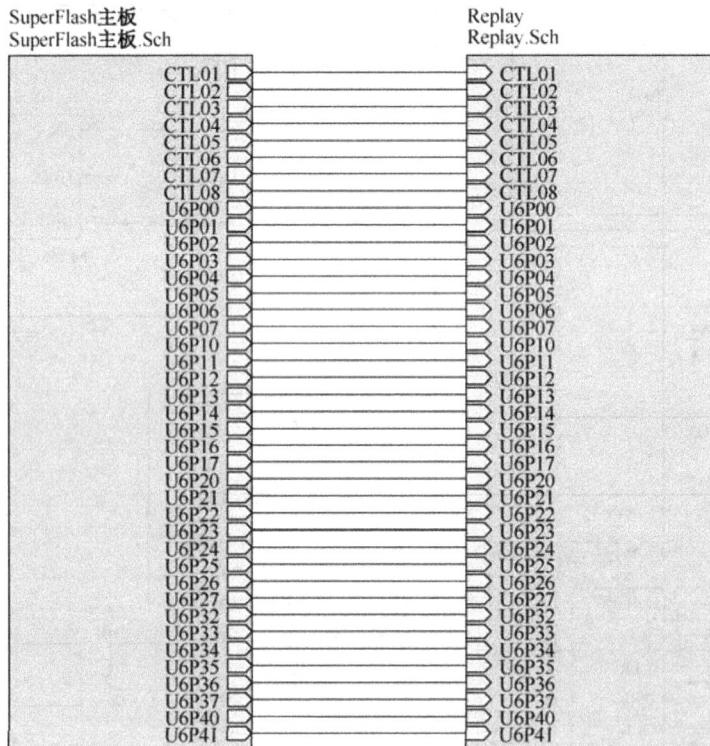

图 4-4　系统主控电路图

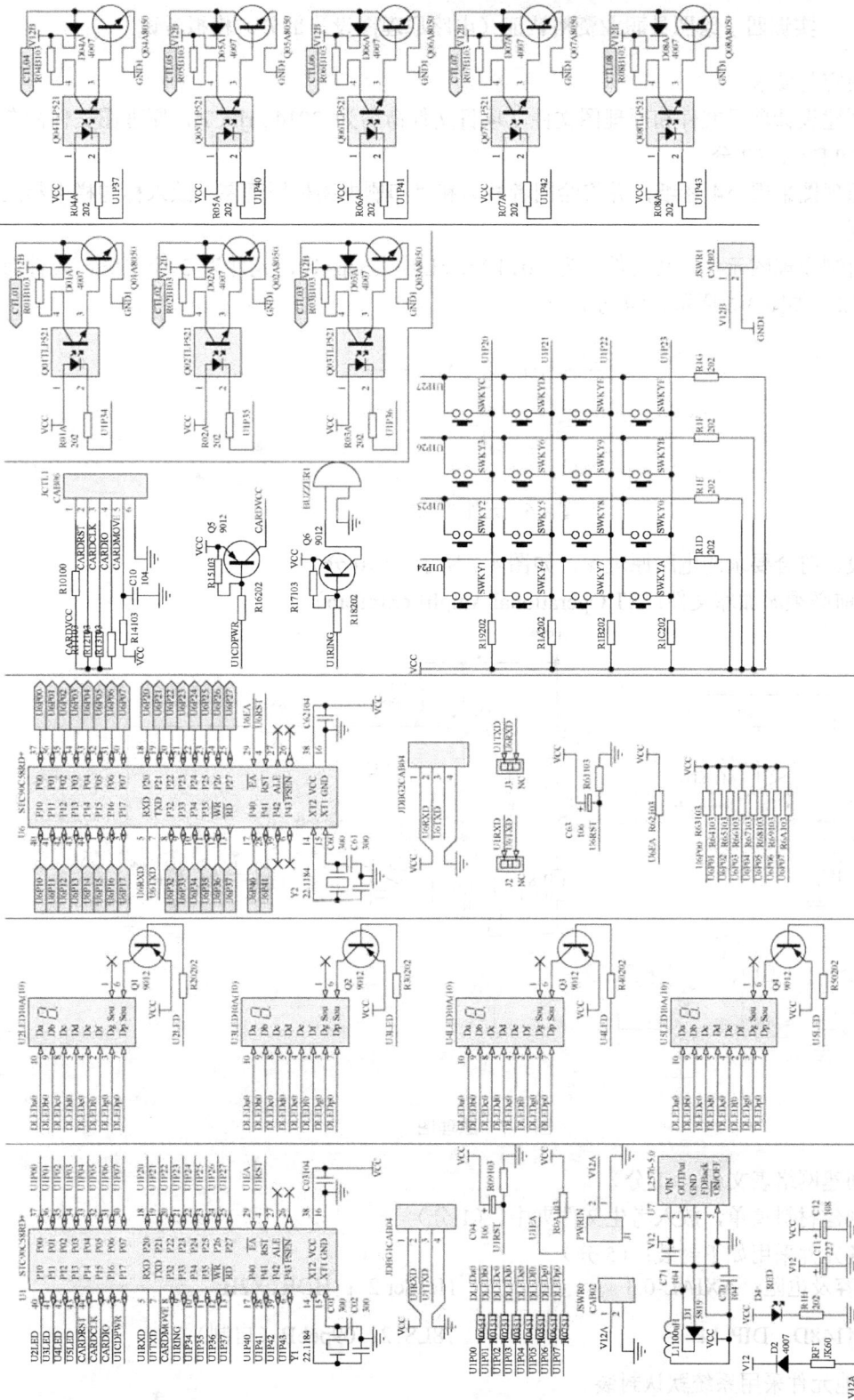

图 4-5 SuperFlash 主板.SchDoc 电路原理图

实训四　绘图员职业资格认证（电路原理图设计部分）模拟考试

操作内容与要求：

（1）创建设计项目文件和原理图文件，项目文件命名为 2014.PrjPCB，原理图文件命名为 2014A.SchDoc。（2 分）

（2）原理图采用 A4 图纸，并将绘图者姓名和"印刷电路板原理图"放入标题栏中相应位置。（2 分）

（3）自制原理图元件，其文件名为 2014B.SchLib，snap=10，元件为 3 个引脚，元件命名为 78LS12，如图 4-6 所示。（4 分）

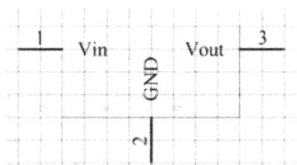

图 4-6　元件 78LS12

（4）设计符合要求的电路原理图，如图 4-7 所示。（10 分）

（绘图前必须添加库文件：ST Operational Amplifier.IntLib）

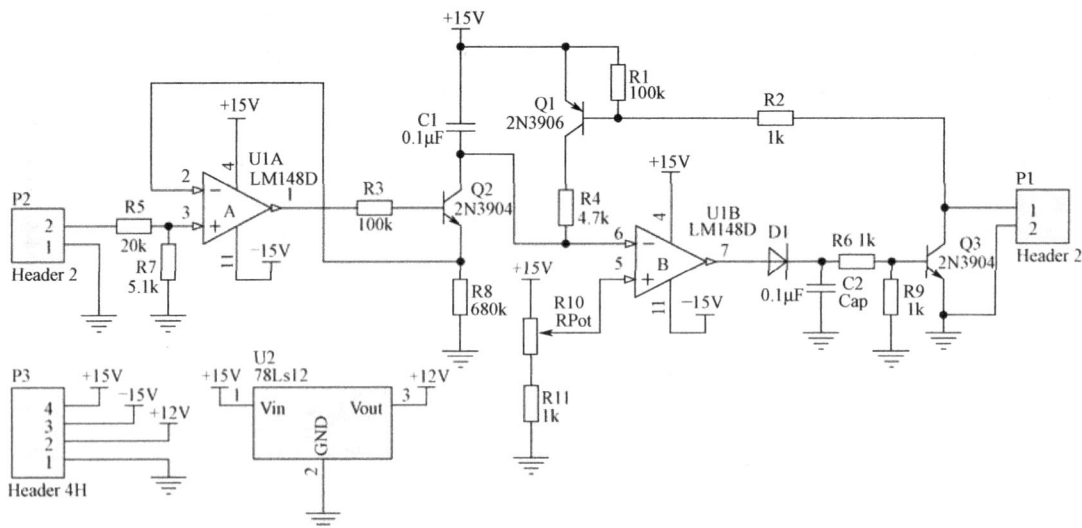

图 4-7　原理图

（5）创建网络表文件。（1 分）

（6）创建材料清单，放入考生文件夹中。（1 分）

（7）各元件采用如下封装：（5 分）

电容及电阻：AXIAL-0.3　　　　　　Header 2 ：HDR1X2H

LM148D：DIP-14　　　　　　　　　78LS12：09pcbB（自制）

其他元件采用系统默认封装。

绘图员职业资格（电路原理图设计部分）模拟考试评价表

省市地区			考点校名			PC 号		考试时间	
考核内容				配分		重点评分内容			扣分
电路原理图设计				25		按照题目要求完成设计			
1	创建设计项目文件和原理图文件：项目文件命名为 2014.PrjPCB，原理图文件命名为 2014A.SchDoc			2		两个文件建立正确			
2	原理图图纸参数设置：采用 A4 图纸并将绘图者姓名和"印刷电路板原理图"放入标题栏中相应位置			2		图纸参数设置正确 标题栏内容放置正确			
3	自制原理图元件：文件名为 2014B.SchLib， snap=10，元件为 3 个引脚元件命名为 78LS12			4		创建库元件正确 具体参数符合要求			
4	原理图编辑：（绘图前添加库文件 ST Operational Amplifier.IntLib）			10		库文件 ST Operational Amplifier.IntLib 添加正确，设计符合要求			
5	创建网络表文件			1		创建网络表文件正确 内容正确			
6	创建材料清单并放入考生文件夹中			1		创建元器件材料明细清单正确 生成 Excel 电子表格 文件类型报表正确			
7	原理图及元器件综合检查			5		元器件参数、布局等			
综合评定成绩					教师签字				

工程项目 PCB 操作基础

熟悉印制电路板的概念、PCB 工作环境，学会加载元器件封装库、网络表及建立元器件封装库操作。掌握印制电路板设计流程，学会设置电路板参数，掌握单层及双层印制电路板的设计方法，理解 PCB 设计规则设置，掌握印制电路板的布局、布线原则。掌握印制电路板的设计规则检查方法，学会查阅错误信息并进行修改。

岗位技能综合职业素质要求

1. 掌握印刷电路板（PCB）必要的环境选项设置。
2. 能熟练进行 PCB 文件的库调入或关闭操作及添加库元器件操作。
3. 掌握 PCB 库文件中绘制新的库元器件，创建新库操作。
4. 掌握铜膜导线、焊盘的编辑及元器件属性修改。
5. 会精确放置安装孔，并进行属性设置。
6. 掌握元器件自动布局与手工编辑调整操作。
7. 能按照要求利用 Protel 的自动布线及手动布线功能进行布线。
8. 会 PCB 的一般设计规则检查，并能对错误进行修改。

项目一　倒车雷达 PCB 设计准备

学习目标

（1）了解 PCB 概念，熟悉 PCB 工作层及参数设置，掌握 PCB 编辑器参数设置。
（2）掌握向导自动生成规范的 PCB 元件库的操作方法，并学会进行相关参数的设定。
（3）掌握库元器件手工编辑操作及工具栏相关按钮操作。

问题导读

什么是 PCB？

日常生活中的各种电子产品如：智能手机、平板电脑、笔记本、台式机、学习机及各种家用电器等，其工作的核心之一就是"PCB"，它的全称是印刷电路板（Printed Circuit Board）。"PCB"的作用是什么呢？我们可以这样理解，PCB 作为基板，电子零部件都焊接在它上面，主要负责各个零件之间的相互电气连接，以完成各种功能电路。

超声波测距 PCB，可应用于汽车倒车数码雷达、建筑施工工地的距离测量以及一些工业现场的位置监控，也可用于如液位、井深、管道长度的测量等场合。简单的设计要求：其工作电压稳定在 9～12V 范围内，PCB 尺寸合理，常见直插元件焊接，测量范围在 0.30～4.00m，测量精度甚至可以达到 1cm，测量时与被测物体无直接接触，能够清晰稳定地显示测量结果（利用数码管直接显示而且制作成本低）。如图 5-1-1 所示为汽车倒车数码雷达，如图 5-1-1（a）所示为 PCB 设计图，如图 5-1-1（b）所示为工作状态下实物图。

通常 PCB 的颜色都是绿色或是棕色，这是阻焊漆（Solder Mask）的颜色。它是绝缘的防护层，可以保护铜线，在焊接时可以排开焊锡，有效防止焊锡溢出造成短路，防焊层有顶层防焊层（Top Solder Mask）和底层防焊层（Bottom Solder Mask）之分。防焊层也称阻焊层。在阻焊层上还会印刷上一层丝网印刷面（Silk Screen）。通常在这上面会印上文字与符号（大多是白色的），并标示出各零件在板子上的位置。丝网印刷面也被称作图标面（Legend）。如图 5-1-2 所示为某款便携车载报警器部分的裸板。

(a) PCB 设计图　　　　(b) 工作状态下实物图

图 5-1-1　汽车倒车数码雷达　　　　图 5-1-2　某款便携车载报警器部分的裸板

129

PCB 根据层数面可以分为单面板（Signal Layer PCB）（图 5-1-2）、双面板（Double Layer PCB）和多层板（Multi Layer PCB）三大种类。

⬤ 知识拓展

一般公司 PCB 设计流程

（1）电路板设计的先期准备工作。电路板设计的先期准备工作主要是电子产品原理图绘制，并且生成电路网络表，这个内容前面单元已经较详细地介绍过。

（2）设置 PCB 工作环境参数。这是 PCB 设计过程中非常重要的步骤。主要内容有：规定电路板的结构及其尺寸、板层参数、格点的大小和形状以及布局参数，大多数参数可以用系统的默认值。

（3）PCB 布线规则设置。布线规则是设置布线时的各个规范，如安全间距、导线宽度等，这是自动布线的依据。布线规则设置也是 PCB 设计的关键之一，需要一定的实践经验。

（4）更新网络表和 PCB。网络表是 PCB 自动布线的灵魂，也是原理图和 PCB 设计的接口，只有将网络表引入 PCB 后，Protel 才能进行电路板的自动布局、布线。

（5）修改元器件封装与布局。原理图设计时，元器件的封装可能被遗忘或使用不准确，在引入网络表时可以根据实际情况来修改或补充元器件的封装。装入正确的网络表后，系统自动载入元器件封装，并根据规则对元器件布局并产生飞线。

（6）自动布线。Protel 自动布线的功能比较完善，也比较强大。它采用最先进的无网格设计，如果参数设置合理，布局妥当，一般都会很成功地完成自动布线。

（7）手工调整布线。通常在高质量的 PCB 设计时，其输入输出端口位置或距离摆放、核心电子元器件与周围元器件之间的信号干扰等问题，这时必须进行手工调整布线操作。

（8）保存所有文件、输出各种文档及报表。

◯ 知识链接

Protel 板层

Protel 共有 74 个板层可供设计使用。其中 Signal（信号层 32 层）、Mechanical（机械层 16 层）、Internal Plane（内电层 16 层）、Solder Mask（阻焊层 2 层）、Paste Mask（锡膏层 2 层）、Silkscreen（丝印层 2 层）、Drill Guide（钻孔引导和钻孔冲压 2 层）、Keep Out Layer（禁止布线层 1 层）和 Multi-Layer（横跨所有的信号板层 1 层）。

（1）信号层（Signal Layer）：主要用于放置元件和布线。

（2）机械层（Mechanical Layer）：用于制造和安装的标注和说明。

（3）电源层/接地层（Internal /Planes）：用于布置电源线和地线。

（4）丝印层（Silkscreen Layer）：用于绘制元件的外形轮廓和元件的封装文字。

（5）阻焊层（Solder Mask）：用于阻焊，保护不希望镀锡的区域，防止焊接时焊锡扩张引起的短路。

（6）禁止布线层（Keep-Out Layer）：用于电路板中放置元件和导线的区域边界。

任务一　PCB 工作环境参数设置

做中学

（1）电路板的设计工作准备开始。首先，我们新建一个 PCB 文件。单击"File"→"New"→"Project"→"PCB Project"菜单命令，建立汽车倒车数码雷达工程项目文件，单击"File"→"New"→"PCB"菜单命令，系统会自动将新建 PCB 文件以默认的文件名为"PCB1.PCBDOC"加入到 PCB_Project1.PRJPCB*项目中。单击"File"→"Save All"菜单命令，分别保存文件，均命名为：汽车倒车数码雷达，结果如图 5-1-3 所示。

（2）然后，单击"Design"→"Board Options"菜单命令，进行图纸设置。其默认 PCB 图纸由默认尺寸的白色方框和空白的 PCB 形状（带格点的黑色区块）构成。也可以按"O+G"组合键，弹出"PCB 图纸设置"对话框，如图 5-1-4 所示。

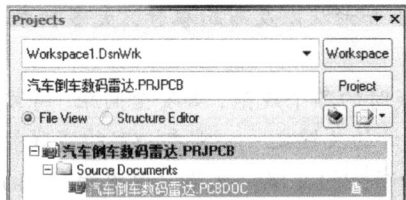

图 5-1-3　保存工程项目及 PCB 文件

图 5-1-4　"PCB 图纸设置"对话框

具体 PCB 图纸的各项环境设置如图 5-1-5 所示。

（1）单击对话框中的"Measurement Unit"选项卡下的"Unit"右侧的下三角按钮，可进行测量单位英制（Imperial）或公制（Metric）的设置，如图 5-1-5（a）所示。

（2）单击"Snap Grid"（捕获网格）下的 X 和 Y 值，它是指光标每次沿 X 和 Y 方向移动的最小距离，一般设置为 5mil 或 10mil，它的作用是容易将元器件引脚焊盘放在网格上。设置如图 5-1-5（b）所示。

（3）单击"Visible Grid"可以进行可视栅格的设置，一种是"Dots"，一种是"Lines"，依个人设计喜好而定。"Grid1"设置为 50mil，"Grid2"设置为 100mil，如图 5-1-5（c）所示。

（4）单击"Electrical Grid"可以设置电气格点（电气网格，它是系统在给定范围内自动搜索电气节点）。这里将"Range"设置为 8mil，如图 5-1-5（d）所示。

（5）单击"Component Grid"下的 X 和 Y 值可以设置元器件格点，它决定了元件放置时的位置格点间距。这里将 X 设置为 20mil，Y 设置为 20mil，如图 5-1-5（e）所示。

（6）另外，在"PCB 图纸位置设置"栏的设置包括：图纸左下角顶点 X 和 Y 坐标、Width（图纸宽度）、Height（图纸高度）、Display Sheet（是否显示图纸）、Lock Sheet Primitive（是否锁定图纸的原始位置）。各项设置数值，如图 5-1-5（f）所示。

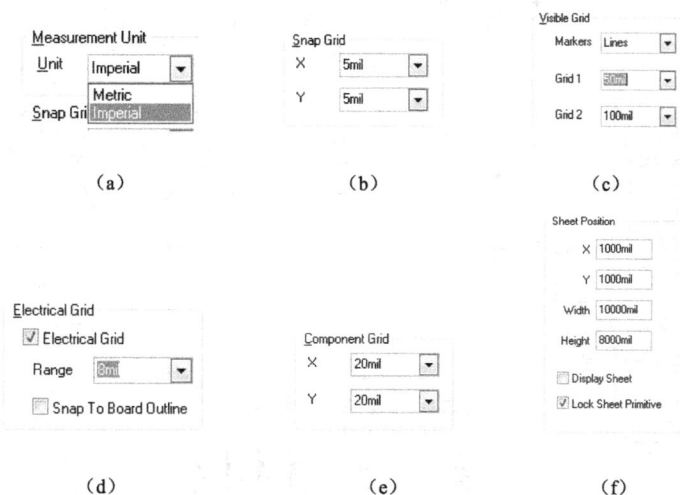

图 5-1-5　具体 PCB 图纸各项环境设置

特别注释

➢ mil 是英制单位，在 Protel 电路设计中，一般习惯使用该单位。

➢ 英制单位与公制单位的换算比例是：1000mil = 1inch = 25.4mm。

➢ 捕获格点的设置需要符合布线的各种参数数值，如：最小线宽、最小线间距、相邻焊盘中能走几根导线、若采用直插型元件为主的引脚间距等。后面任务中有更详细的介绍。

➢ 启动电气格点功能后，将以当前位置为圆心，以"Range"栏中数值为半径的圆内搜索最近的具有电气特性的对象，如导线、焊盘、过孔等，并自动跳到该对象上。

任务二　倒车雷达原理图准备

（1）在任务一"汽车倒车数码雷达"工程项目中，建立如图 5-1-6 所示的原理图，并保存为"汽车倒车数码雷达.SchDoc"。注意此原理图中的 AT89S52 元件库符号，Protel 系统本身不带有这样的单片机芯片原理图符号，由用户自己绘制完成。

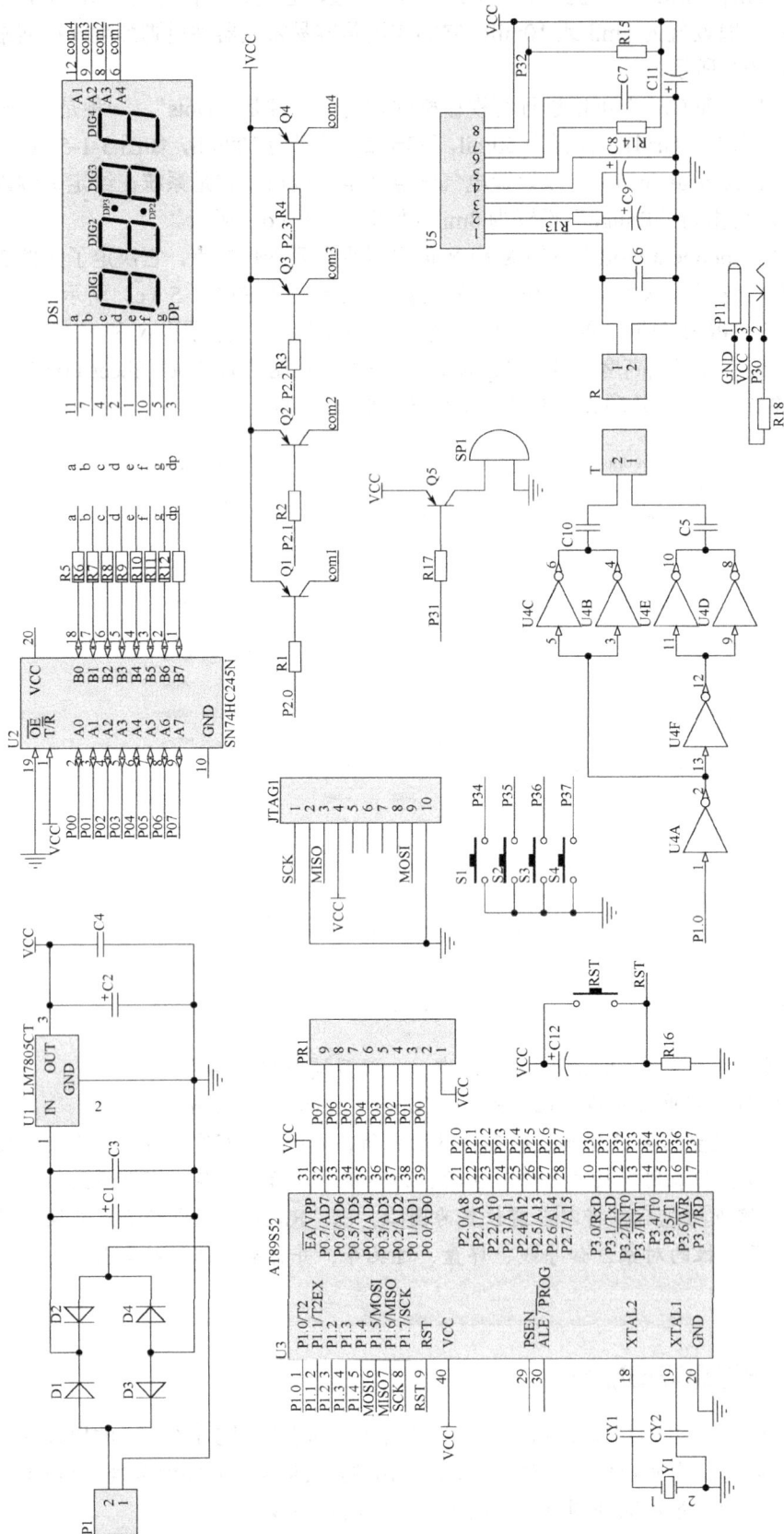

图 5-1-6　汽车倒车数码雷达原理图

（2）在汽车倒车数码雷达电子设备中，用于超声波检验的黑色超声波传感器测距距离为 0.3～4m，供电电源为 9～12V，全部为分立元器件。本例元器件清单明细报表见表 5-1-1。

表 5-1-1　汽车倒车数码雷达元器件明细清单

参数	名称代号	数量	参数	名称代号	数量
470μ	C1	1	1k	R1, R2, R3, R4, R16, R17	6
100μ	C2	1	4.7Ω	R13	1
104p	C3, C4	2	220 k	R14	1
224p	C5, C10	2	22k	R15	1
223p	C6	1	4.7k	R18	1
330p	C7	1	按键	RST,S1,S2,S3,S4	5
3.3μ	C8	1	蜂鸣器	SP1	1
1μ	C9	1	超声波接收管	R	1
47μ	C11	1	超声波发射管	T	1
10μ	C12	1	LM7805	U1	1
30p	CY1, CY2	2	74HC245	U2	1
4007	D1, D2, D3, D4	4	89S52	U3	1
0.36 数码管	DS1	1	CD4069/74LS04	U4	1
360Ω	R5, R6, R7, R8, R9, R10, R11, R12	8	CX20106A	U5	1
10kΩ 排阻	PR1	1	11.0592M	Y1	1
8550	Q1,Q2,Q3,Q4,Q5	5	DC 电源插座	P1	1
下载头	JTAG1	1	PCB 电路板		1

☺　**特别注释**

（1）类似产品有相关公司生产教学套件，以电子元器件清单、PCB 电路板实物为准。

（2）PCB 上标有的 J* 的元件是焊接跳线用的接口，请自行用导线焊接。

（3）在如图 5-1-6 所示的原理图中，其中四位数码管的封装还没准备，其添加库操作结果如图 5-1-7 所示。所使用的库是：\Library\Agilent Technologies\Agilent LED Display 7-Segment，4-Digit.INTLIB。

（4）其余基本电子元器件原理图符号封装，可逐一确认或添加相关电子元件库。

（5）单击"保存"按钮，将"汽车倒车数码雷达.SchDoc"保存。

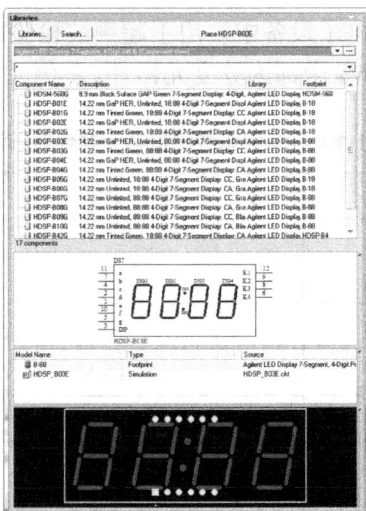

图 5-1-7 4 位数码管库

任务三 创建元器件封装库

利用元器件向导（Component Wizard）生成规则的元器件封装库。PCB 元件的制作可以通过两种方式进行：一种是借助 PCB 编辑器自带的向导制作，根据自己的制作对象的类属，按照步骤和提示进行。该向导功能十分强大、操作比较方便，可以提高制作效率，缺点是它仅适合于两个引脚和引脚排布具有较强规律性的电子器件，即不同封装类型的集成电路（甚至是中大规模的集成电路）。另一种是手工 PCB 元件封装制作。

做中学 1

下面是具体创建 AT89S52（双列直插封装 DIP-40）单片机芯片符号库操作步骤。

（1）打开"汽车倒车数码雷达.PrjPCB"工程项目文件。

（2）参考 AT89S52 单片机芯片封装的引脚间距、焊盘大小、双列间距、芯片长度等精确尺寸，如图 5-1-8 所示。

图 5-1-8 整个 AT89S52 芯片引脚各个位置的精确尺寸

（3）单击选择"Tools（工具）"→"New Component（新元件）"菜单命令，进入创建新元器件制作向导界面，如图 5-1-9 所示。

（4）单击"Next"按钮，进入建立"元器件类型"对话框。这里选择"Dual in-line Package（DIP）"封装类型，单位选择"Imperial（mil）"，设置过程如图 5-1-10 所示。

（5）单击"Next"按钮，进入"焊盘尺寸定义"对话框。焊盘孔径为 30mil，焊盘直径为 60mil，严格按如图 5-1-8 所示的数据修改，设置结果如图 5-1-11 所示。

图 5-1-9　新建元器件向导

图 5-1-10　建立"元器件类型"对话框

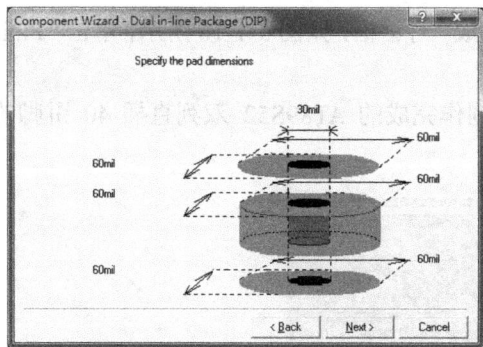

图 5-1-11　"焊盘尺寸定义"对话框

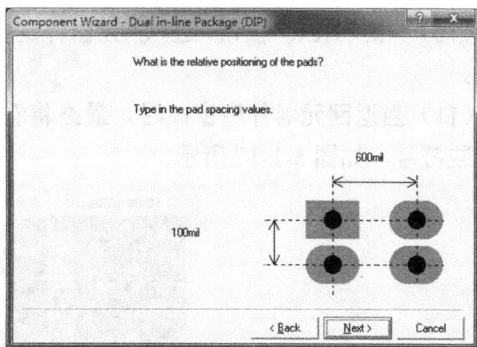

图 5-1-12　焊盘间距对话框

（6）单击"Next"按钮，进入焊盘间距对话框。同步骤 5，严格按如图 5-1-8 所示数据修改，结果如图 5-1-12 所示。

（7）单击"Next"按钮，进入芯片框线设置对话框，结果如图 5-1-13 所示。

（8）单击"Next"按钮，进入"定义 AT89S52 芯片焊盘数量设置"对话框，输入引脚数量 40，设置结果如图 5-1-14 所示。

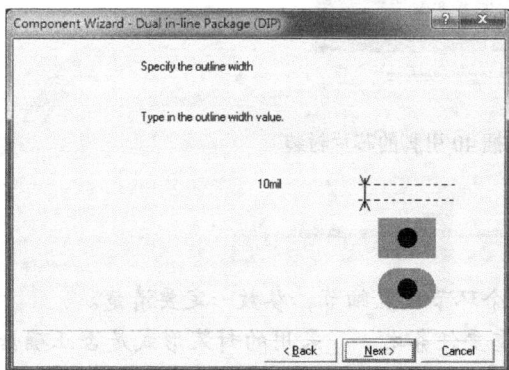

图 5-1-13　"芯片框线设置"对话框

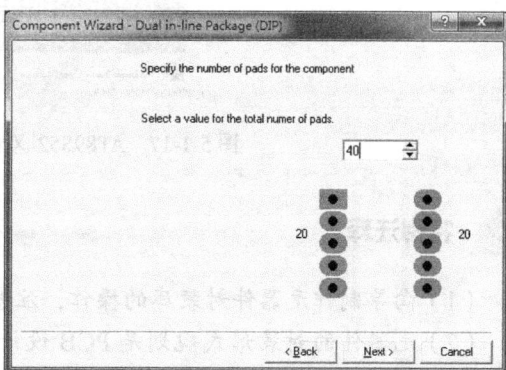

图 5-1-14　"定义 AT89S52 芯片焊盘数量设置"对话框

（9）单击"Next"按钮，进入"元器件命名"对话框，结果如图 5-1-15 所示。

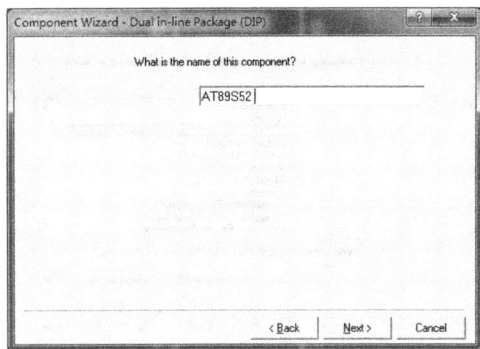

图 5-1-15 "元器件命名"对话框

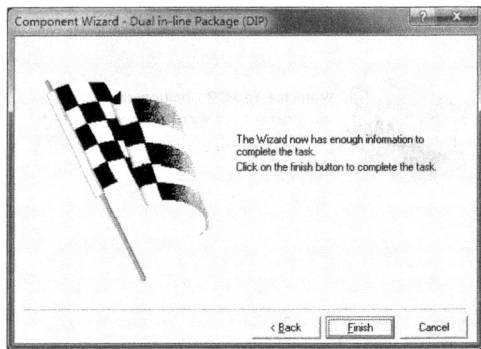

图 5-1-16 "元器件制作完成"对话框

（10）单击"Next"按钮，进入"元器件制作完成"对话框，如图 5-1-16 所示，单击"Finish"按钮。

（11）当返回元器件库窗口时，最终将看到制作完成的 AT89S52 双列直插 40 引脚的芯片封装符号，如图 5-1-17 所示。

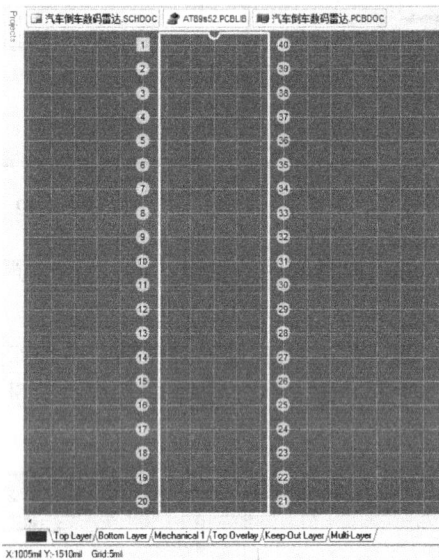

图 5-1-17 AT89S52 双列直插 40 引脚的芯片封装

😊 **特别注释**

（1）向导制作元器件封装库的操作，注意每个环节设置细节，参数一定要清楚。

（2）元器件的封装形式规划是 PCB 设计的重要任务之一，采用的封装形式是否正确恰当，这甚至关系到实物 PCB 设计的成败。这需要时间的积累。

（12）单击"Reports"→"Component"菜单命令，将自动生成该元器件符号的信息报表，文件名为 AT89S52.CMP，列表依次给出了元器件名称，所在的元器件库，创建日期和时间及元器件封装中各个组成部分的详细信息，如图 5-1-18 所示。

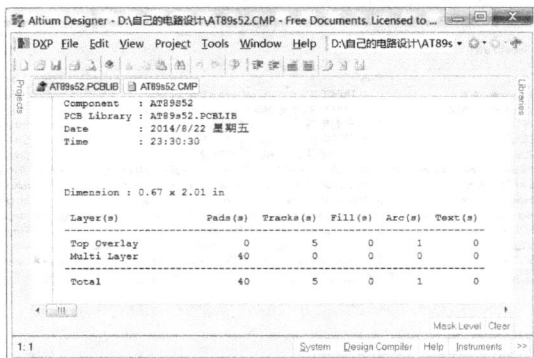

图 5-1-18　AT89S52 封装信息报表

（13）单击"AT89S52.PCBLIB"库文件，单击"File"→"Save"菜单命令，进行保存。

（14）接下来进行"AT89S52.PCBLIB"调用操作。加载该库的操作方法同本项目任务一，不再重述。注意找到保存该库的路径即可。

😊　**特别注释**

我们也可以利用 Protel 系统相关库中的元件封装，加载到单片机芯片 AT89S52 上。

（1）单击"Libraries"库面板中的"Libraries"按钮，这里选择的是系统"Library"库目录下的"Texas Instruments"子目录下的"TI Logic Memory Mapper.INTLIB"库，如图 5-1-19 所示。

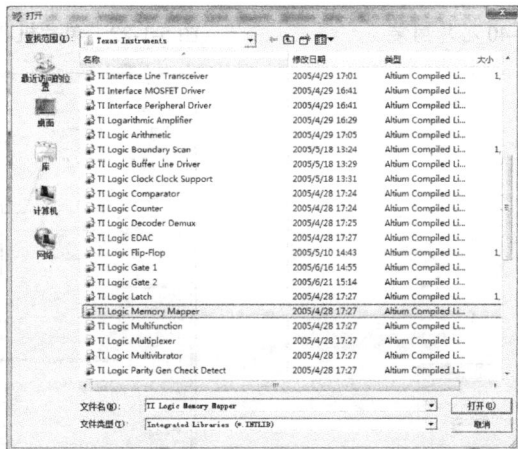

图 5-1-19　打开"TI Logic Memory Mapper.INTLIB"库

（2）单击"打开"按钮，返回"Install"库窗口，如图 5-1-20 所示。单击"Close"按钮，返回原理图编辑窗口，结果显示如图 5-1-21 所示。

（3）双击汽车倒车数码雷达原理图中的单片机芯片 AT89S52，打开其属性对话框，如图 5-1-22 所示。在对话框右下角的"Models for U3-89S52"模式区域没有任何信息。

（4）单击"Add"按钮，将弹出"添加单片机芯片 AT89S52 封装"对话框，如图 5-1-23 所示。

（5）单击"OK"按钮。系统弹出"PCB Model"对话框，如图 5-1-24 所示。

图 5-1-20   "Install"库窗口

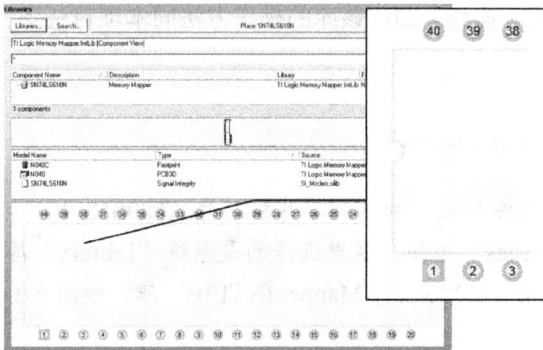

图 5-1-21   DIP-40 芯片封装

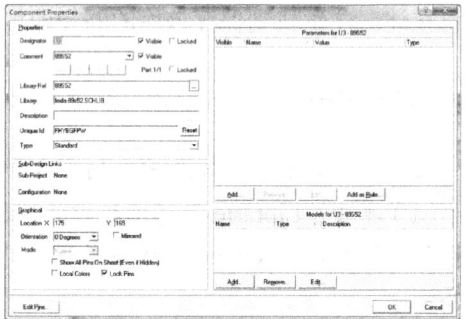

图 5-1-22   单片机芯片 AT89S52 属性对话框

图 5-1-24   "PCB Model"对话框

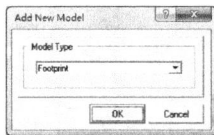

图 5-1-23   "添加单片机芯片 AT89S52 封装"对话框

（6）单击"Footprint Model"区"Name"后面的"Browse"按钮，在弹出的"Browse Libraries"对话框中单击"Libraries"的下拉按钮，选择"TI Logic Memory Mapper.INTLIB"库，单击"OK"按钮，即可完成添加，结果如图 5-1-25 所示。

（7）单击"OK"按钮，返回到如图 5-1-24 所示的对话框，我们将看到 这样一行 DIP-40 封装信息。最后，单击"OK"按钮。更多关于元器件封装相关内容，详见附录 C。

（8）单击"File"→"Save"菜单命令，将修改及时保存。

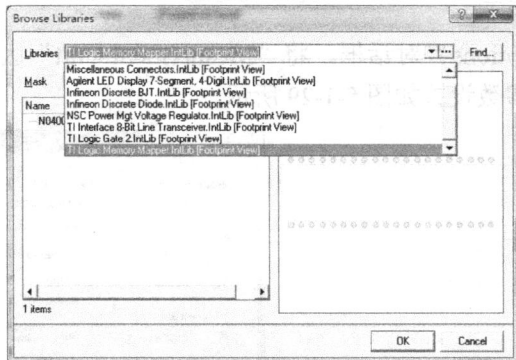

图 5-1-25　选择"TI Logic Memory Mapper.INTLIB 库"

做中学 2

另一种是手工制作方式，特别是对于非标准元器件的制作，这种制作方式体现了封装设计的灵活性。下面以第三单元中红外热释电报警器中的大功率三脚电感封装（不规则）为例，说明具体设计操作步骤。

（1）三脚电感库元件封装的两两引脚间距为 5mm，（用卡尺精确地测量），焊盘外径为 2mm、焊盘孔为 1mm。三脚电感及正反 PCB 面板等精确实物图如图 5-1-26 所示。

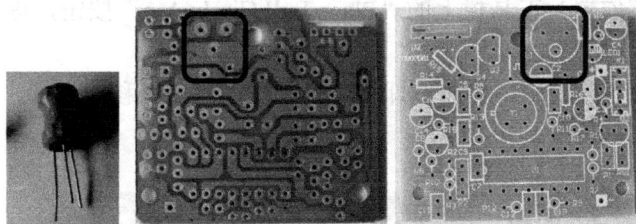

（a）大功率二角电感　　（b）PCB 反面图　　（c）PCB 正面图

图 5-1-26　大功率三脚电感实物图及 PCB 图

（2）新建"大功率三脚电感"元件封装库，单击"File"→"New"→"Library"→"PCB Library"菜单命令，保存名为"大功率电感.PcbLib"，如图 5-1-27 所示。注意保存路径，方便编辑调用。

图 5-1-27　大功率电感.PcbLib 保存对话框

（3）进入库编辑环境，在工作窗口任意处右击，在弹出的快捷菜单中选择"Library Options"菜单命令，如图 5-1-28 所示。

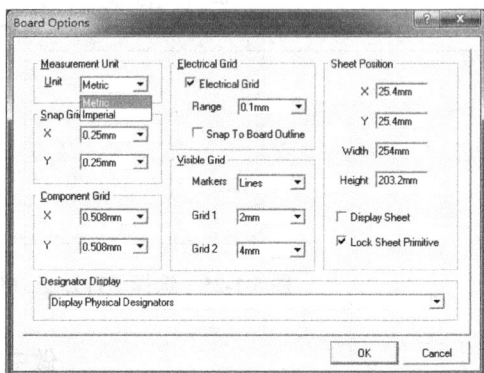

（4）弹出"Board Options"对话框，将"Mesurement Unit"区域中"Unit"单位改为"Metric"（公制），其他参数设置如图 5-1-29 所示。

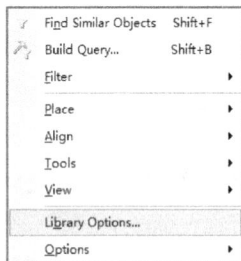

图 5-1-28　选择"Library Options"菜单命令　　　图 5-1-29　"Board Options"　对话框

（5）设置完成后，单击"OK"按钮，返回库编辑环境。

（6）单击库编辑窗口右下角的"Top Overlay"（项层丝印层）。

（7）下面，先绘制电感的圆轮廓（直径为 1cm），即绘制圆形操作。单击"PCB Lib Placement"（PCB 库安置）工具栏上的"Place Full Circle Arc"按钮，进入放置圆形的命令状态，此时光标变为十字形状。

（8）移动光标到适当位置，单击，即可确定圆形的圆心，移动光标，然后再次单击，即可确定圆形的半径，如图 5-1-30 所示。

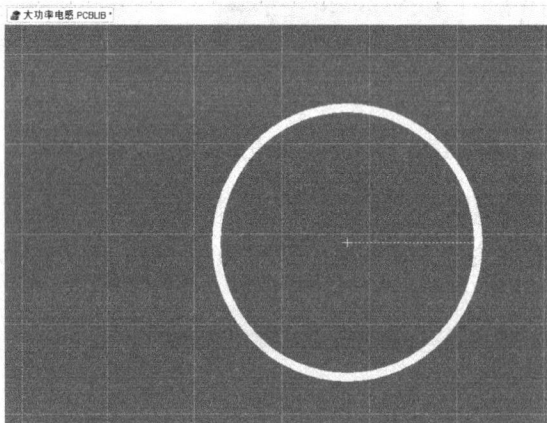

图 5-1-30　确定圆形半径后的圆效果

（9）根据大功率电感的实际面积，修改圆形轮廓的半径。双击圆形的半径，进入"Arc"（圆形）属性设置对话框，如图 5-1-31 所示。在该对话框中将"Radius"（半径）项修改为 5mm，其他默认数值。

（10）单击"OK"按钮，即可完成设置。绘制完成结果如图 5-1-32 所示。

图 5-1-31　设置圆形半径

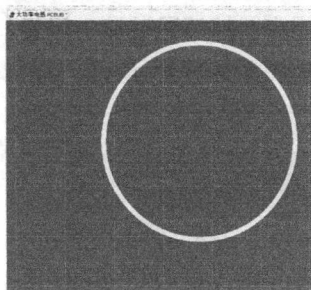

图 5-1-32　圆形半径绘制完成

（11）接下来，绘制三个焊盘。单击"PCB Lib Placement"（PCB 库安置）工具栏上的（Place Pad 放置焊盘）按钮。鼠标指针变成十字形状，在圆形轮廓适当位置单击，即可放置一个焊盘。此时焊盘数值为系统最后一次设置结果。

（12）根据大功率电感的引脚实际面积，修改引脚的半径。双击"焊盘"，进入"Pad"（焊盘）属性设置对话框，如图 5-1-33 所示。

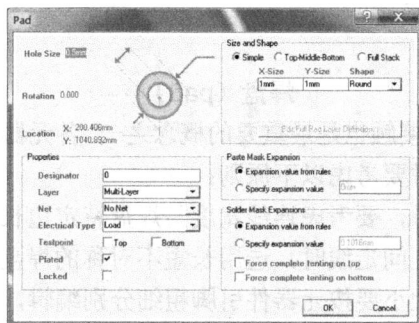

图 5-1-33　焊盘属性对话框

（13）在如图 5-1-33 所示的对话框中将"Hole Size"（孔半径）项修改为 1mm，将"Size and Shape"项中的"X-Size"、"Y-Size"数值修改为 2mm。单击"OK"按钮，结果如图 5-1-34 所示。

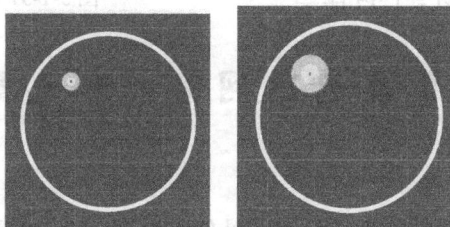

（a）焊盘初始数据结果　　　（b）焊盘修改数据后结果

图 5-1-34　焊盘设置前后对比效果

（14）同理绘制另两个焊盘，结果如图 5-1-35 所示。此时引脚彼此之间的位置是我们肉眼控制摆放的，不够精确。

（15）接下来进行引脚相互间距离为 5mm 的精确位置摆放。利用"PCB Lib Placement"（PCB 库安置）工具栏上 标注线按钮，移动鼠标，单击焊盘孔心，测量出 5mm 位置处，再单击，以确定终点。然后通过单击焊盘，移动孔心对好标线位置，将三个焊盘孔心彼此间距摆放好。结果如图 5-1-36 所示。

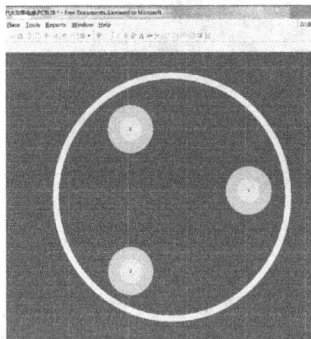

图 5-1-35　三脚电感封装及焊盘放置初步结果

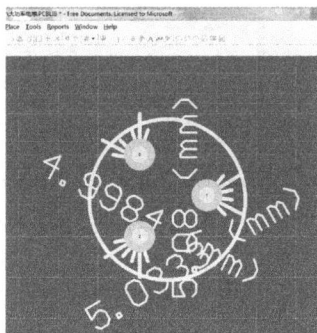

图 5-1-36　三脚电感封装及焊盘放置最终结果

（16）单击"File" → "Save" 菜单命令，将"大功率三脚电感.PcbLib"库保存。

课外阅读（专业术语）

焊盘（pad）

焊盘是 PCB 设计中最常接触也是最重要的概念之一。各元器件之间通过焊盘连线形成最基本的电气连接。焊盘设计时要考虑以下原则：

（1）形状上长短不一致时，要考虑连线宽度与焊盘特定边长的大小差异不能过大。

（2）需要在元器件引脚之间走线时，选用长短不对称的焊盘往往事半功倍。

（3）各元器件焊盘孔的大小要按元器件引脚粗细分别编辑，确定原则是孔的尺寸比引脚直径大 0.2～0.4 mm。

（4）焊盘的三种类型：在如图 5-1-33 所示的"Pad"属性对话框中，单击"Size and Shape"（大小和形状）区域下的"Shape"（形状）的下拉按钮，除默认"Round"（圆形）外，还可以设置为"Rectangle"（矩形）和"Octagonal"（八角形），如图 5-1-37 所示。

图 5-1-37　"Pad"的"Sizeand Shape"

项目二　倒车雷达网络表和元器件操作

学习目标

（1）能将用到的 PCB 元器件库或集成元器件添加到 PCB 编辑器中，掌握载入网络表及元器件封装系统操作。

（2）重点掌握规划 PCB 电路板尺寸操作方法。

（3）熟悉常见的集成元器件库，掌握加载元器件库的操作步骤。

问题导读

什么是 Protel 元器件封装？

电子元器件（俗称零件）封装是指实际电子元器件焊接到电路板时引脚的外观和焊盘焊

点的位置，是纯粹的空间位置概念。

通常将 PCB 元器件称为元器件的封装形式，简称为封装形式或封装，它包含了元器件的外形轮廓及尺寸大小、引脚数量和布局（相对位置信息）以及引脚尺寸（长短、粗细或者形状）等基本信息。因此有时不同的元器件可共用同一零件封装，同种元器件也可能有不同的元器件封装。像电阻、电容、二极管等有传统的直插式封装形式，这时元件体积较大，电路板是焊盘孔形式；而手机、平板电脑等的 PCB 设计都是采用体积很小的表面贴片式（SMD）电阻、电容、二极管、三极管等封装形式。

⬤ 知识拓展

细化封装

以晶体管为例，晶体管是常用的元件之一。在 "Miscellaneous Devices.INTLIB" 基本库中仅有简单的 NPN 2N3904 与 PNP 2N3906 两只类型，但实际上，在其他公司的三极管库中还有很多类型三极管及对应的封装。例如，系统 "Library\Fairchild Semiconductor\FSC Discrete BJT.IntLib" 库如图 5-2-1 所示，可以看到不同类型的三极管及封装类型。

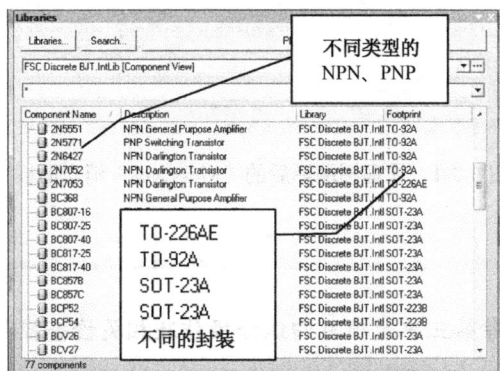

图 5-2-1 各种三极管及封装类型窗口

另外，在 "DEVICES" 库中，电阻名称为 RES1 和 RES2，不管它是 20Ω 还是 470kΩ、1MΩ，对电路板而言，它与数值根本不相关，完全是按该电阻的功率数来决定的。我们选用小功率的电阻，一般可以用 AXIAL0.3 元件封装，而功率数大一些的电阻，可以用 AXIAL0.4、AXIAL0.5 等元件封装。

⬤ 知识链接

导线、飞线和网络

导线也称铜膜走线，俗称电线，用于连接各个焊点（连接端口），是印刷电路板最重要的部分，印刷电路板设计都是围绕如何布置导线来进行的。

在 Protel 电路设计系统中与导线有关的另外一种线，常称为飞线，也称预拉线。飞线是在引入网络表后，系统根据规则生成的，用来指引布线的一种连线。飞线与导线是有本质区别的，飞线只是一种形式上的连线，它只是形式上表示出各个焊点间的连接关系，没有电气连接的意义。导线则是根据飞线指示的焊点间连接关系布置的，具有电气连接意义。

网络和导线也有所不同，网络除了导线还包括焊点，因此在提到网络时不仅指导线，而且还包括和导线相连的焊点。

任务一　编译倒车雷达原理图

做中学

在进行 PCB 具体设计之前，还要特别注意以下两个方面：第一方面，汽车倒车数码雷达原理图中涉及的元器件在元器件封装库中都有对应的元器件封装。第二个方面，为了保证加载的网络表是正确的，在加载之前仍须对汽车倒车数码雷达原理图进行编译。如有错误，需要修改后再次编译，直到没有错误为止。本例具体电路原理图编译如下。

（1）打开项目一中的"汽车倒车数码雷达.PRJPCB"工程项目文件，单击打开"Projects"面板中"汽车倒车数码雷达.SchDoc"文件。

（2）单击"Project"→"Compile Document 汽车倒车数码雷达.SCHDOC"菜单命令，执行编译原理图文件操作，系统将自动打开"Messages"（消息）面板，如图 5-2-1 所示，显示原理图中没有错误，仅 GND 与 VCC 两个警告消息。

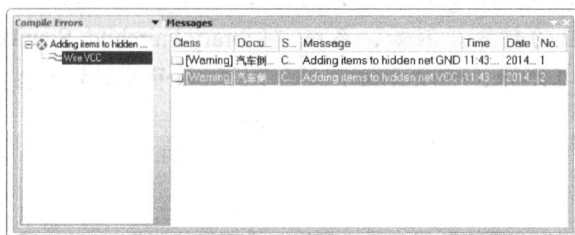

图 5-2-1　原理图编译后的"Messages"消息面板

🙂 特别注释

编译电路原理图可参考第三单元项目四编译操作及相关检查操作。

（3）双击信息框中的 VCC，系统将自动打开原理图，如图 5-2-2 所示，再次核查原理图。

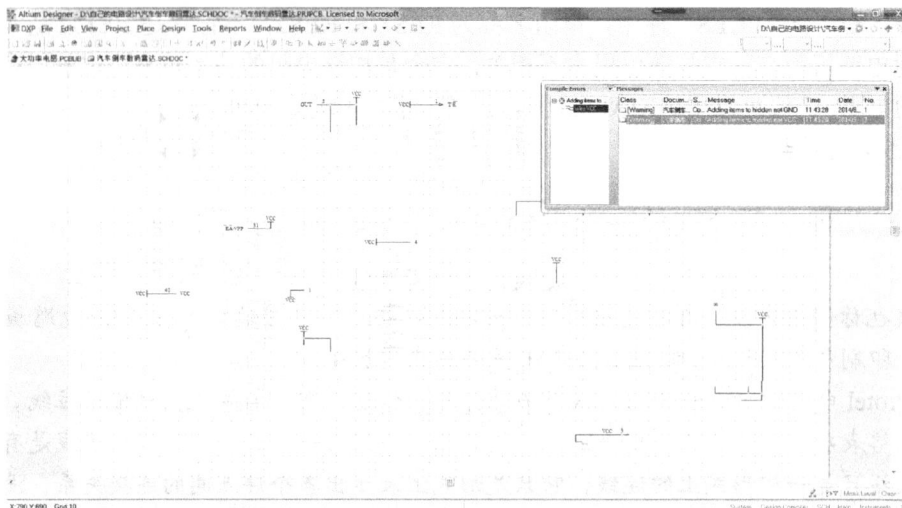

图 5-2-2　VCC 掩膜检查效果

（4）核查无误后，单击"Clear"按钮，返回原理图编辑环境。

（5）同理检查"GND"，最后保存原理图文件。

任务二　载入网络表和元器件

做中学

电路板的电气边界规定了电路板上布置的电子元器件及导线的范围，在电气边界之外不能布置任何具有电气意义的图件，所以真正有意义的电气边界规定的范围比物理尺寸略小。

本任务进一步完善 PCB 设计准备后续操作，重点是手工规划电路板的电气边界以及物理尺寸的大小。其操作的倒车数码雷达电路板，规划机械外形，要求电气外围 50mil 为电路板物理尺寸，并在四角放置内径 125mil 的安装孔。

（1）打开项目一中的"汽车倒车数码雷达.PRJPCB"工程项目文件，单击打开"Projects"面板中"汽车倒车数码雷达.PCBDOC"文件。

（2）单击 PCB 编辑窗口下方的"Mechanical 1"工作层选项标签，单击"Utilities"（公用项目）工具栏中"Utilities Tools"下的 （Place Line）画线按钮，依次在坐标（-50，-50）、（3350，-50）、（3350，3350）、（-50，3350）处单击完成一个正方形框，最后单击结束绘制。这样即可完成汽车倒车数码雷达电路板的机械外形，如图 5-2-3 所示。

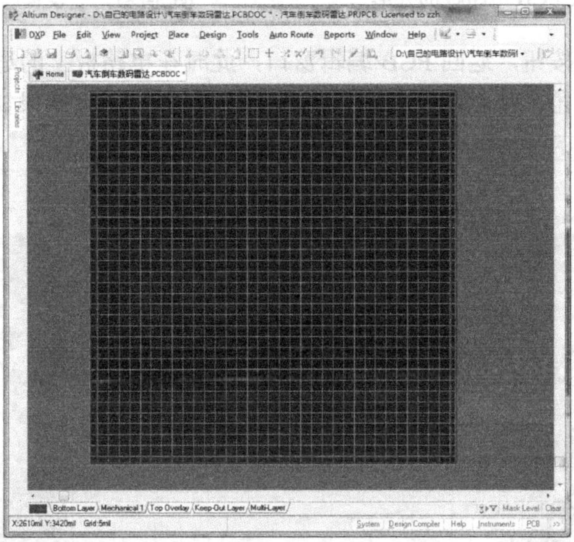

图 5-2-3　机械外形与电气边界

😊 **特别注释**

（1）在利用鼠标确定坐标值后，例如，设置坐标原点后，按快捷键 Q 即可将系统度量单位从英制切换到公制。

（2）若对电路板外形设置不满意，可以单击工具栏中的 或按"Ctrl+Z"组合键。

（3）若要重新定义电路板外形操作，可单击"Design"→"Board Shape"→"Redefine Board Shape"菜单命令，此时光标变成十字形状，工作窗口变成绿色，系统进入编辑 PCB 外形的命令状态，如图 5-2-4 所示。依据具体数值，再重新绘制一个矩形，即重新定义电路板的边界。

（3）在本任务中使用内外径相同的焊盘替代安装孔。单击"Wiring"工具栏中 ◎ （焊盘）按钮，即可进入放置焊盘命令，按下"Tab"键进入"设置焊盘属性"对话框，如图 5-2-5 所示，将其内外径都设置为 125mil。

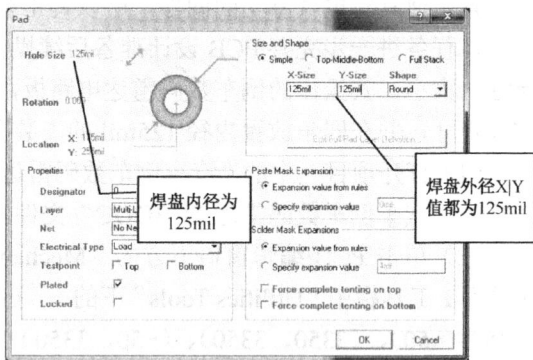

图 5-2-4　重新定义 PCB 电路板的外形　　　　图 5-2-5　"设置焊盘属性"对话框

（4）单击"OK"按钮，返回 PCB 编辑窗口，此时在电路板上的适当位置放置 4 个焊盘（这里统一规划在四个角，注意四个相对精确的坐标规范放置）。结果如图 5-2-6 所示。

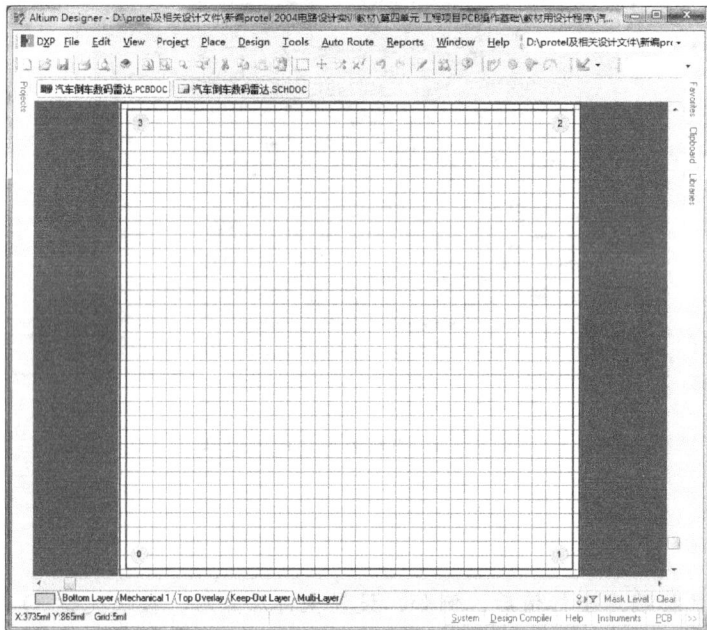

图 5-2-6　规划好焊盘的 PCB 电路板

（5）单击"PCB"编辑环境中的"View"菜单，单击"Board in 3D"命令项，结果如图 5-2-7 所示。此时自动生成与工程项目文件同名的"汽车倒车数码雷达.PCB3D"图。而"View"菜单中提供了强大的视图操作，通过各个视图菜单项操作，设计者可以查看 PCB 电路板图的整体设计和细节，并方便地在整体和细节之间切换。还可以通过工具栏上的按钮进行操作，再通过对视图的控制，设计者可以更加轻松自如地进行设计。

图 5-2-7　自动生成的"汽车倒车数码雷达.PCB3D"图

（6）单击"Design"菜单下的"Update PCB Document 汽车倒车数码雷达.PCBDOC"菜单命令（更新 PCB 设计），如图 5-2-8 所示，即可弹出如图 5-2-9 所示的"Engineering Change Order"（设计工程项目变更）对话框。

（7）单击 Validate Changes 按钮执行"验证变更"命令，如图 5-2-10 所示，可以看到"Status"（状态栏）的"Check"（检验）项中每一行均标有对勾，该标识表示加载的元器件和网络是正确的。

图 5-2-8　选择"汽车倒车数码雷达.PCBDOC"菜单命令

图 5-2-9　"设计工程项目变更"对话框　　　图 5-2-10　"验证变更有效"对话框

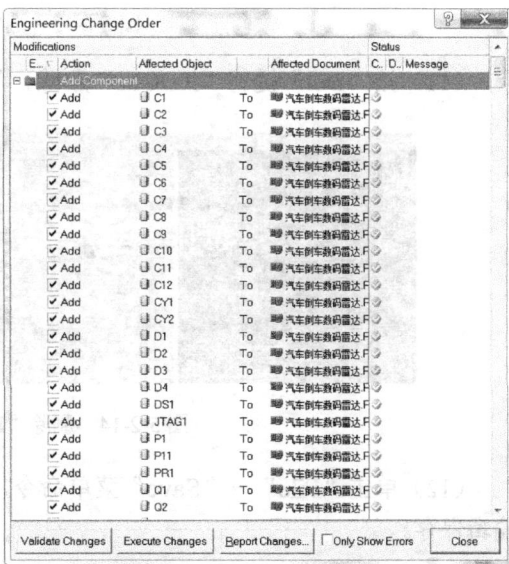

（8）单击 Execute Changes "执行变更"按钮，即可将网络表和元器件载入 PCB 文件中，"执行变更"过程对话框如图 5-2-11 所示。

（9）单击"Close"按钮，关闭该对话框，单击"汽车倒车数码雷达.PCBDOC"文件，相应的网络表和元器件封装已经加载到该 PCB 编辑器中，整个元器件导入结果如图 5-2-12 所示。

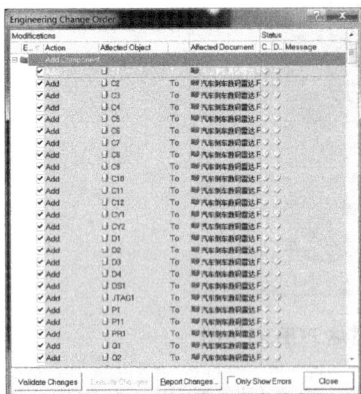

图 5-2-11　"执行变更过程"对话框　　　　图 5-2-12　整个元器件导入编辑器窗口

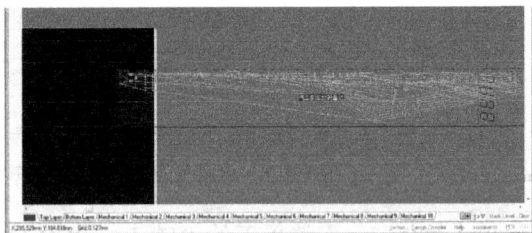

（10）在整个元器件外围元器件盒（ROOM）上单击，选中"ROOM 效果"，如图 5-2-13 所示。

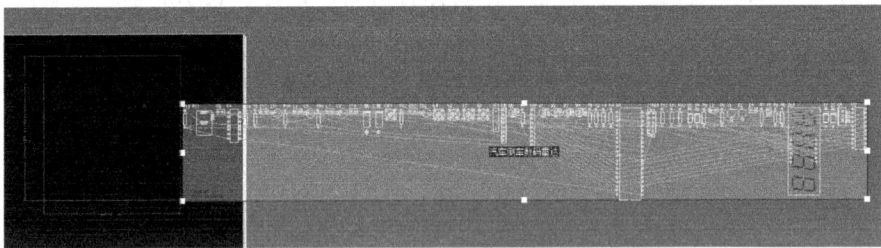

图 5-2-13　选中"ROOM"效果

（11）按"Del"键将"ROOM"删除，只保留元器件，删除结果如图 5-2-14 所示。

图 5-2-14　删除"ROOM"的元器件效果

（12）单击"File"→"Save"菜单命令，将所做的"汽车倒车数码雷达.PCBDOC"文件编辑保存。

项目三　倒车雷达 PCB 设计操作

学习目标

（1）熟练掌握元器件手工、自动布局的方法及操作步骤，掌握印制电路板的布局原则。

（2）会进行元器件封装变更、更新原理图操作。

（3）掌握常用电子元器件常规属性与多个元器件对齐排列布局、集群编辑操作的方法。

问题导读

PCB 设计中，重要的是什么？

在 PCB 设计中，布局是一个重要的构建环节。布局结果的好坏将直接影响布线的效果，因此可以这样认为，合理的布局是 PCB 设计成功的相当关键一步。

布局的方式分两种，一种是交互式布局，另一种是自动布局。一般是在自动布局的基础上用交互式布局进行调整，在布局时还可根据走线的情况对核心电路进行再分配，使其成为便于布线的最佳布局。在布局完成后，还可对设计文件及有关信息进行返回标注于原理图，使得 PCB 中的有关信息与原理图相一致，方便今后的建档，使得更改设计能同步起来，将信息进行更新，能对电路的电气性能及功能进行板级验证。布局需要注意以下几点。

1．考虑整体布局美观

一个产品的设计成功与否，一是要注重内在的技术与质量，二是要兼顾整体的美观，两者都较完美才能认为该产品的设计是成功的。在一个 PCB 上，元器件的布局要求要均衡，疏密有序，不能头重脚轻或一头沉。

2．布局的检查

（1）印制板尺寸是否设计合理？能否符合 PCB 制造工艺要求？有无定位标记？

（2）元器件在二维、三维空间上有无冲突？

（3）元器件布局是否疏密有序，排列整齐？是否全部布齐？

（4）将来可能需要经常更换的元器件能否方便地更换？插件板插入设备是否方便？

（5）热敏元件与发热元件之间是否有适当的距离？

（6）可调元器件调整是否方便？

（7）信号流程是否顺畅且互连最短？

（8）插头、插座等与机械设计是否矛盾？

（9）元器件焊盘是否足够大？

（10）线路的干扰问题是否有所考虑？

知识拓展

布局操作

1．PCB 布局的一般规则

① 保证信号流畅，信号方向保持一致。② 核心元器件一般定位中心，与机械尺寸有关的器件将其锁定。③ 在高频电路中，要考虑元器件的分布参数。④ 注意特殊元器件、外围元器件的摆放位置。⑤ 批量生产时，要考虑波峰焊及回流焊的锡流方向及加工工艺。

2. 布局前的准备

① 明确布局范围边框。② 定位孔和对接孔进行位置确认。③ 电路板内涉及元器件局部的整体高度控制。④ PCB 上重要网络的标志说明。

3. PCB 布局的一般顺序

① 固定元器件。② 有条件限制的元器件。③ 关键元器件。④ 面积比较大的元器件。⑤ 零散元器件。

○ 知识链接

电路布局规划

在进行复杂一些的电路设计时，要注意模拟电路尽量靠近电路板边缘或一侧放置，数字电路尽量靠近电源连接端放置。如图 5-3-1 所示。

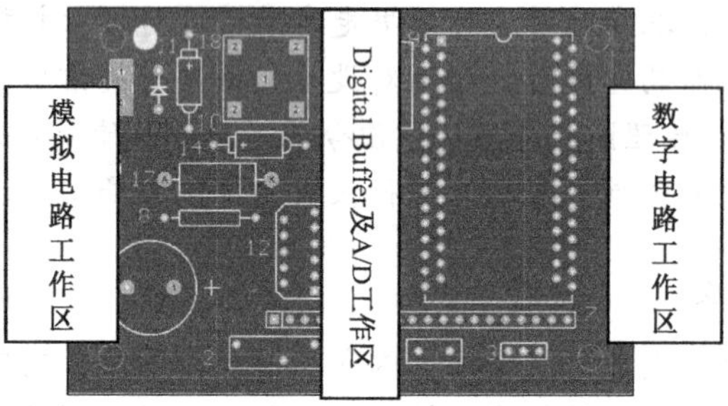

图 5-3-1　电路布局规划

任务一　元器件布局操作

在完成前述准备之后，元器件已经显示在工作窗口中了，此时可以开始元器件布局。元器件的布局是指将网络报表中的所有元器件放置在 PCB 上，是 PCB 设计的关键一步。布局合理通常是有电气连接的元器件引脚比较靠近，这样的布局可以让走线距离较短，占用空间较小，从而使整个 PCB 的导线更好地工作，这也是为布线工作做好准备。

做中学

对汽车倒车数码雷达进行元器件布局操作，任务重点是完成自动布局相关参数设置、四个焊盘的固定、手工布局、交互式布局等内容，具体操作步骤如下。

（1）打开"汽车倒车数码雷达.PRJPCB"工程项目文件，单击打开"Projects"面板中"汽车倒车数码雷达.PCBDOC"文件。

（2）切换工作层操作，从"Keep-Out Layer"（禁止布线层）切换到底层"Bottom Layer：（底层），如图 5-3-2 所示。

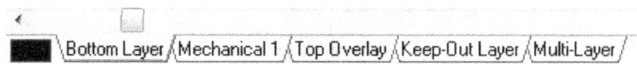

图 5-3-2　切换到底层工作层

（3）单击"Design"→"Rules（规则）"菜单命令，打开"PCB Rules and Constraints Editor"（元器件布局设计规则设置）对话框，如图 5-3-3 所示。

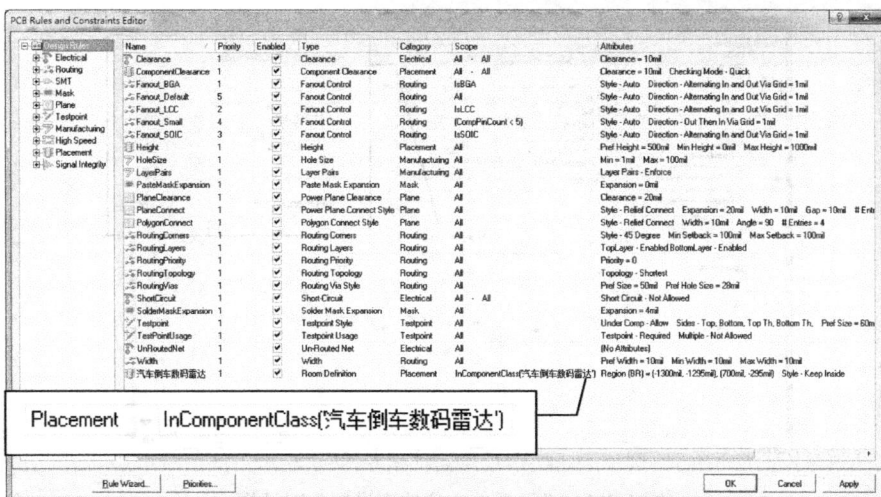

图 5-3-3　元器件布局设计规则设置对话框

（4）单击左侧目录树结构中"Routing"（布线板层规则）下的"Routing Layers"，在"Constraints"选项区域中，对板层进行设置，由于汽车倒车数码雷达设计为单层板，所以必须取消顶层的默认设置。"取消顶层设置"对话框如图 5-3-4 所示。

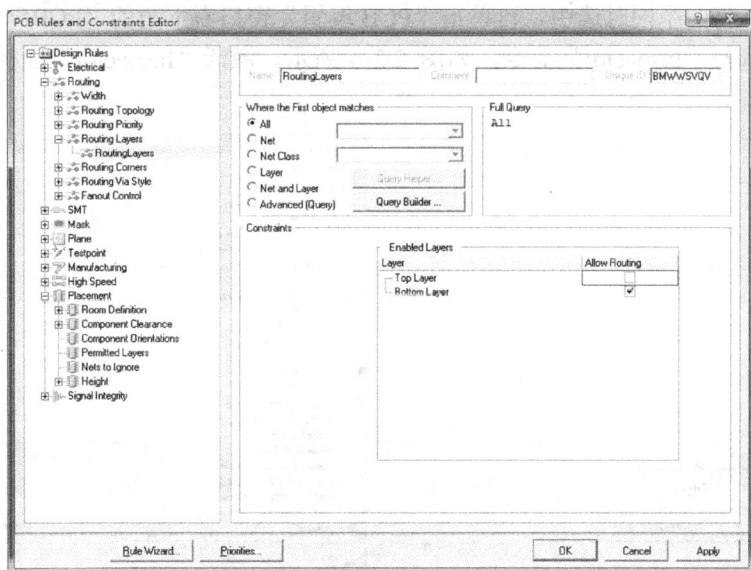

图 5-3-4　"取消顶层设置"对话框

（5）接下来进行元器件方位约束操作，依次单击打开图 5-3-3 对话框中左侧目录树结构中的"Placement"下的"Component Orientations"（元器件方位约束）项目栏，在其上单击鼠标右键，在弹出的快捷菜单中选择"New Rule"菜单命令，添加一个元器件方位约束的规则，然后再双击该新添加的设计规则，即可进入如图 5-3-5 所示的"元器件方位约束设置"对话框。

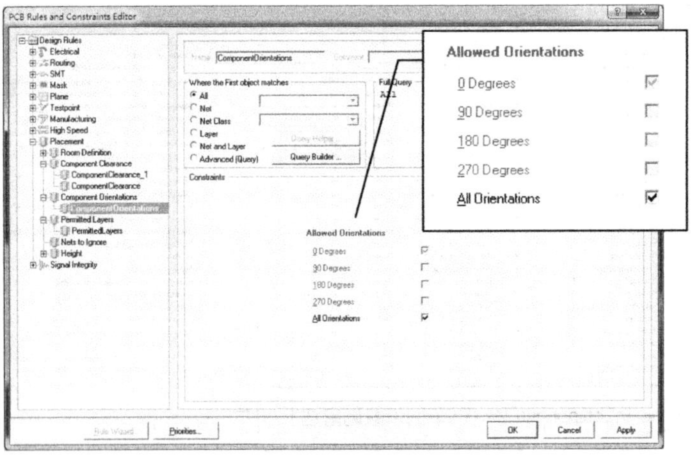

图 5-3-5 "元器件方位约束设置"对话框

（6）在如图 5-3-5 所示的对话框中的"Allowed Orientations"栏中选择"All Orientations"（任意角度），设置完成，单击 Apply 按钮，使设置生效。

（7）单击"OK"按钮，退出该设置对话框。其他设置均采用系统默认参数。

（8）自动布局前，还要将四个安装孔锁定。通过按"Shift"键与鼠标左键单击组合，依次单击安装孔，将四个同时选中，再单击"PCB 编辑"窗口右下角的"PCB"标签，在显示的快捷菜单中选择"Inspector"命令，如图 5-3-6 所示，激活"Inspector"面板，如图 5-3-7 所示。

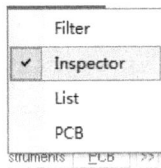

图 5-3-6 选择"Inspector"命令 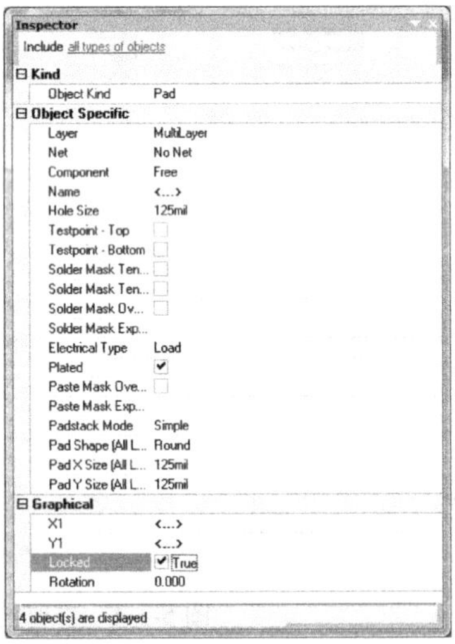　　　　图 5-3-7 "Inspector"面板

（9）找到"Graphical"区域，在其中选中"Locked"选项，显示 Locked ☑ True ，即可将四个安装孔锁定。

（10）单击"Tools"→"Component placement"→"Auto Placer…"或按"T+L+A"组合键，即可进入如图 5-3-8 所示的"Auto Place"（自动布局方式）对话框。

（11）单击"Cluster Placer"（分组布局）单选框，单击"Quick Component Placement"（快速元器件布局）复选框，这将加快系统的布局速度。

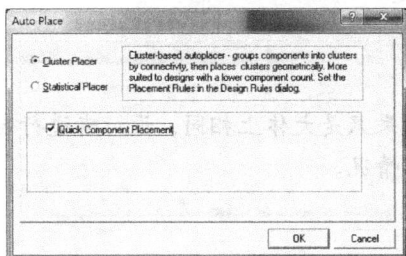

图 5-3-8 "自动布局"对话框

😊 **特别注释**

在如图 5-3-8 所示的"Statistical Placer"（统计式布局）选项中，它是以飞线长度最短为标准。选择此方法，"自动布局参数设置"包括六项：Group Components（分组元件）、Rotate Components（旋转元件）、Automatic PCB Update（自动 PCB 更新）、Power Nets（电源网络）、Ground Net（接地网络）、Grid Size（网格尺寸），如图 5-3-9 所示。

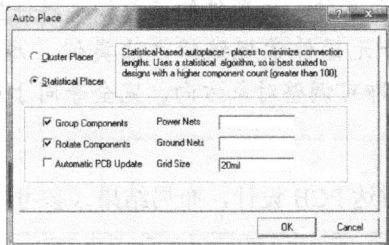

图 5-3-9 "统计式布局参数设置"对话框

（12）单击"OK"按钮，系统进入"自动布局"状态。自动布局结果如图 5-3-10 所示，此时在 PCB 上将显示大量的飞线。

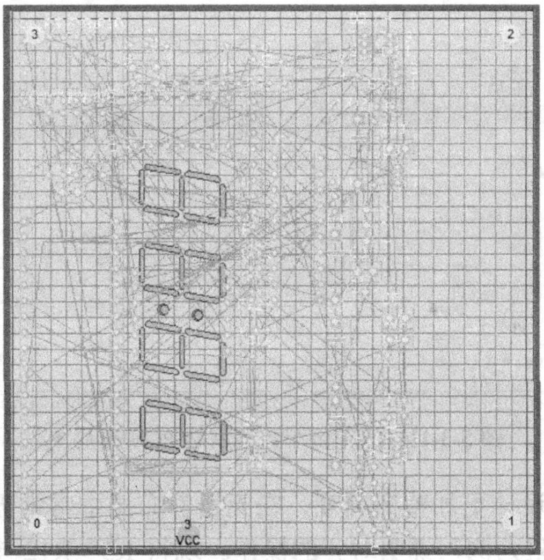

图 5-3-10 自动布局结果

😀 **特别注释**

每执行一次自动布局的结果只是大体上相同，设计者进行自动布局的时候，结果很有可能与书上的图不同，这属正常情况。

（13）汽车倒车数码雷达电路自动布局后，很显然，不能完全满足电路板设计人员要求，只能算是初步的摆放，考虑诸如数码管的位置、超声波探头摆放、下载器接口、按键的位置等，这时就需要采用手工布局的方式，对元器件再进行整体布局。

😀 **特别注释**

所谓手工布局，就是将元器件从元器件盒（ROOM）人为地布局在 PCB 上。手工布局的原则与前面介绍的电路布局一般原则基本相同。

手工布局主要操作是选择具体元器件对象，经鼠标拖动到目标位置，然后放置即可。在这个过程中主要是移动、旋转元器件、元器件的标号和元器件型号参数等。

操作方法与原理图中电子元器件常规编辑方法类似，元器件对象激活后按键盘上的 Space（空格）、X 键或 Y 键，即可调整对象方向，完全等同于原理图中对象调整操作。

（14）按照汽车倒车数码雷达 PCB 设计，布局结果（参考效果图）如图 5-3-11 所示。

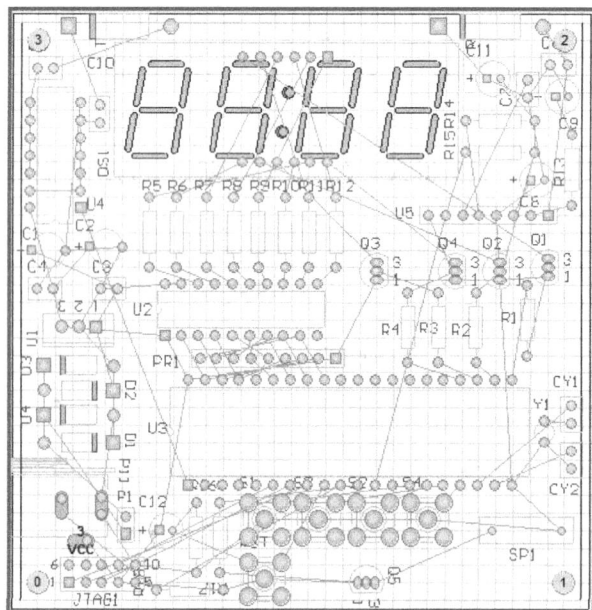

图 5-3-11　汽车倒车数码雷达 PCB 布局图

（15）为了使电路板设计更加整齐美观，在元器件布局中常常需要对元器件进行对齐操作。下面以 R5～R12 电阻为例，说明对齐的操作。现将 R5～R12 电阻区域范围放大，效果如图 5-3-12 所示。用肉眼特别仔细观察，可以看出彼此间距（左右）还是有些差别的。

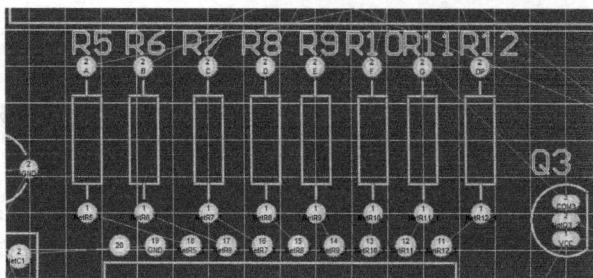

图 5-3-12 R5～R12 电阻区域

😊 **特别注释**

为了突出设置过程与操作效果，将汽车倒车数码雷达 PCB 背景颜色变深。操作方法同前，此处不再重述。

（16）通过按"Shift"键与鼠标左键单击组合，将 R5～R12 电阻全部选取，如图 5-3-13 所示。

（17）单击"Utilities"（公用项目）工具栏中的 ➡ · "Alignment Tools"工具栏下的"元器件水平间距均等"工具按钮，或按"Shift+Ctrl+H"组合键。"元器件对齐"的操作过程如图 5-3-14 所示。

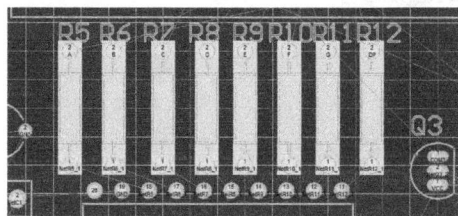

图 5-3-13 R5～R12 电阻全部选取效果

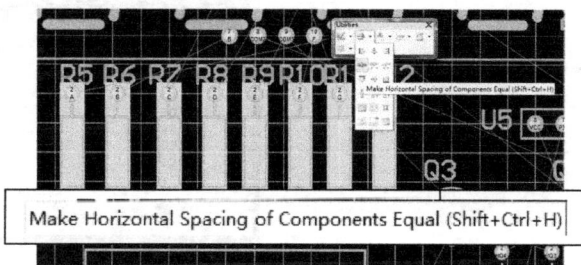

图 5-3-14 "元器件对齐"的操作过程

（18）结果如图 5-3-15 所示，对比观察图 5-3-12，这样更显得规范整齐。

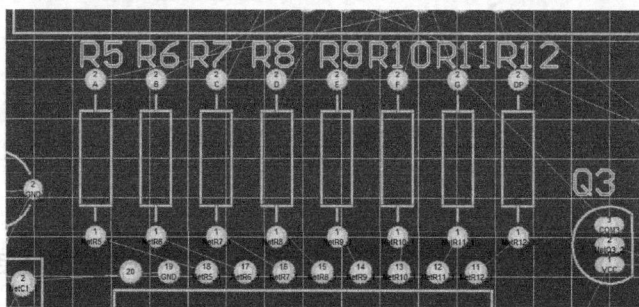

图 5-3-15 设置后的 R5～R12 电阻区域

（19）最终完成的汽车倒车数码雷达 PCB 布局设计，如图 5-3-16 所示。

（20）单击"View"→"Board In 3D"菜单命令，结果生成 3D 效果，如图 5-3-17 所示。

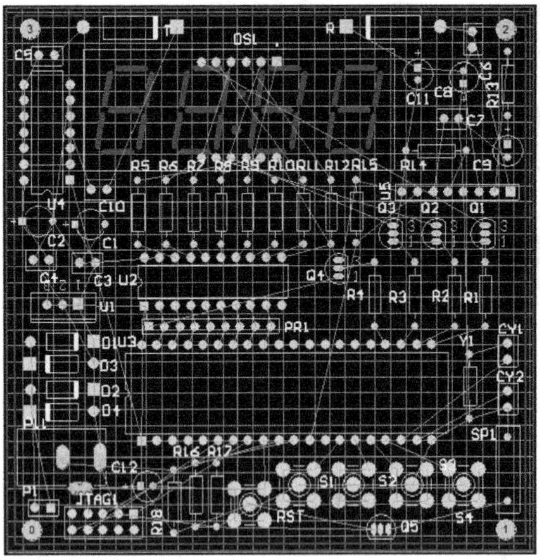

图 5-3-16　最终完成布局 PCB 效果图 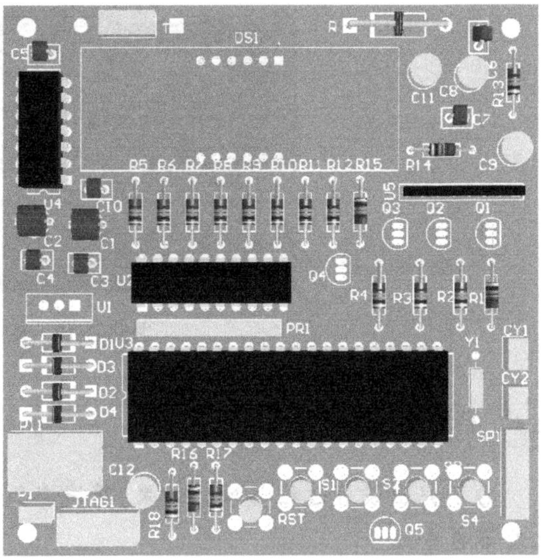　　　图 5-3-17　最后完成布局 PCB 3D 效果图

😊 **特别注释**

在生成如图 5-3-17 所示的 PCB 3D 仿真板图的时候，系统会弹出没有 3D 模型的器件说明对话框，如图 5-3-18 所示，这些并不影响实际制作。单击"OK"按钮即可。

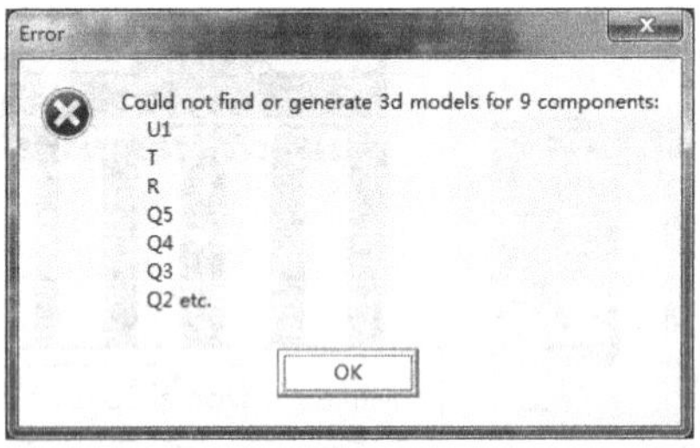

图 5-3-18　没有 3D 模型的器件说明对话框

任务二　元器件封装变更操作及常规编辑

一般电路设计中，均离不开元器件的常规编辑操作。在任务一的手工布局操作中，对元器件及序号旋转和位置摆放，就是常规编辑的一种。接下来进一步掌握元器件的其他常规编辑操作方法。

做中学

在 PCB 布局操作过程中，不会一帆风顺，尤其对于初学者，如发现电容 C1 的封装不合适，即原理图中的元器件选择有问题，具体修改操作步骤如下。

（1）现退回到汽车倒车数码雷达 PCB 布局窗口，发现如图 5-3-19 所示的窗口中电容 C1 封装类型大小不合适，其实际所用的电容 C1 为体积较小的 25V/470μF，故将其修改。

（2）双击 C1 元件，打开"C1 属性编辑"对话框，如图 5-3-20 所示。

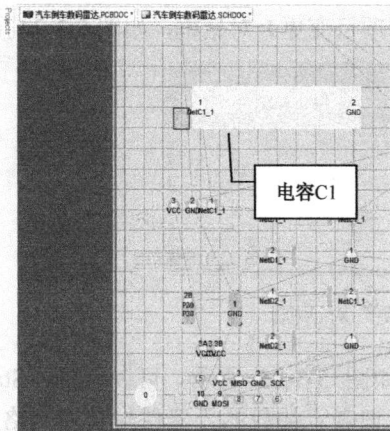

图 5-3-19　电容 C1 封装类型

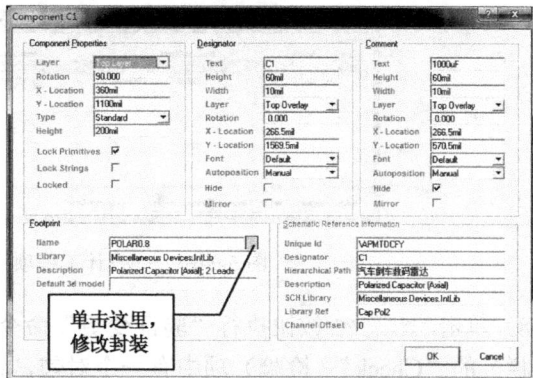

图 5-3-20　"C1 属性编辑"对话框

☺　**特别注释**

在如图 5-3-20 所示的元器件属性编辑对话框中，可以设置元器件属性、标识符、元器件注释和其他相关参数。其中包括元器件封装、所处的工作层面、旋转角度、锁定、坐标位置、文本及文本的高度和宽度等具体内容。

（3）将鼠标移动到如图 5-3-20 所示的对话框中的"Footprint"区域下，单击"Name"命名位置后的　浏览库元器件封装名按钮。打开如图 5-3-21 所示的"Browse Libraries"窗口。

（4）在当前默认的基本元器件库中，选择合适的 C1 封装，如图 5-3-22 所示。

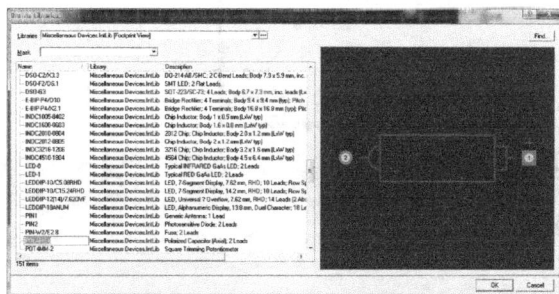

图 5-3-21　"Browse Libraries"窗口

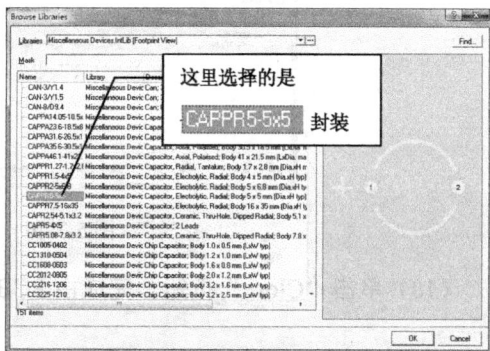

图 5-3-22　选择合适的 C1 封装

（5）单击"OK"按钮，返回"C1 属性编辑"对话框，再单击"OK"按钮，返回"PCB"布局编辑窗口。

（6）接下来，再利用 Protel 系统下的设计同步器反过来更新"汽车倒车数码雷达.SCHDOC"原理图文件。单击"Design"→"Update Schematics in 汽车倒车数码雷达.PRJPCB"菜单命令，如图 5-3-23 所示。

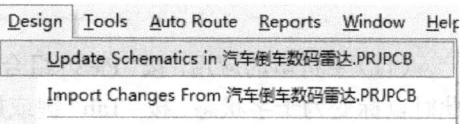

图 5-3-23　菜单选择

157

（7）将弹出"Engineering Change Order"（设计工程项目变更）对话框，如图 5-3-24 所示。

图 5-3-24 "设计工程项目变更"对话框

（8）单击 Validate Changes 按钮执行"验证变更"命令，如图 5-3-25 所示。可以看到"Status"（状态栏）的"Check"（检验）项中有一个对勾，该标识表示加载的元器件封装和网络是正确的。

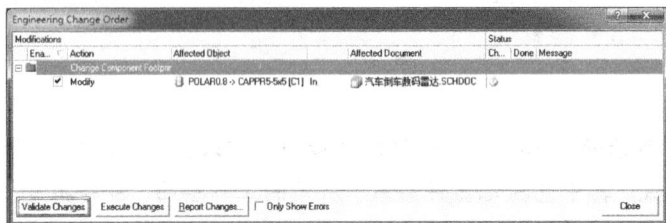

图 5-3-25 "验证变更有效"对话框

（9）单击 Execute Changes 按钮"执行变更"，即可将网络表和元器件封装载入"汽车倒车数码雷达.SCHDOC"文件中，"执行变更"对话框如图 5-3-26 所示。

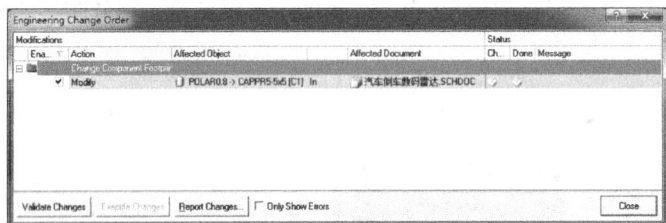

图 5-3-26 "执行变更"窗口

（10）单击"Close"按钮，完成由 PCB 到原理图的更新。

😊 **特别注释**

在如图 5-3-26 所示的窗口中，同样可以单击"Report Changes"按钮，生成"C1 封装变更明细报表"，内容与操作可参考项目二生成变更明细报表。结果如图 5-3-27 所示。

（11）字符串的应用。按"P+S"组合键，可以放置一个字符串，例如，输入"radar truck"。此时鼠标变为十字状态，按"Tab"键或放置默认"String"字符串后，双击它，将弹出"String 属性编辑"对话框，在"Properties"区域的"Text"后面编辑框内输入"radar truck"，如图 5-3-28 所示。

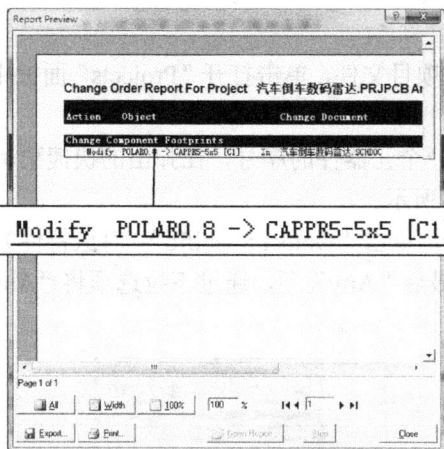

图 5-3-27 C1 封装变更明细报表

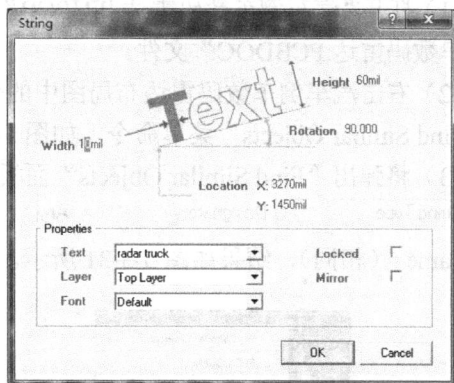

图 5-3-28 设置 "radar truck" 字符串对话框

😊 **特别注释**

字符串和前面介绍过的尺寸标注都是没有电气特性的图件，对电路的连接没有任何影响，与原理图中的文本框的作用类似，只起提示作用。

在 "String" 对话框中还可以设置：字符的 Height（高度）、Width（宽度）、Rotation（旋转角度）、Location X：坐标、Y：坐标（坐标位置）。

在 "Properties" 属性区域还可以设置：Locked（锁定）、Mirror（镜像）、Layer（层）、Font（字体）。

（12）单击将 "radar truck" 字符串放置在合适的位置即可。PCB 及 3D 仿真板视图如图 5-3-29 所示。

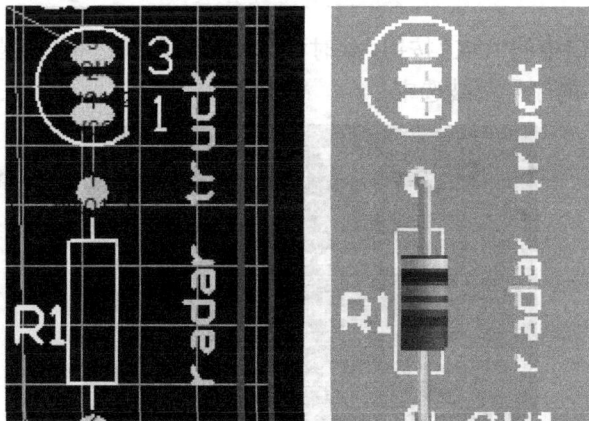

图 5-3-29 radar truck PCB 及 3D 仿真板视图

任务三 元器件 PCB 集群编辑操作

做中学

在第三单元的原理图设计中，对多个元器件进行过集群编辑操作。在 PCB 设计中，方法

159

可以说完全相同。

（1）打开"汽车倒车数码雷达.PRJPCB"工程项目文件，单击打开"Projects"面板中"汽车倒车数码雷达.PCBDOC"文件。

（2）右击汽车倒车数码雷达布局图中的任意一个元器件的序号，在弹出的快捷菜单中选定"Find Similar Objects"菜单命令，如图 5-3-30 所示。

（3）将弹出"Find Similar Objects"面板窗口，单击"Object Specific"（对象特性）范围下的 | String Type | Designator | Any | ▼ 最后"Any"项，通过下拉选项将"Any"改为"Same"（相同），结果如图 5-3-31 所示。

图 5-3-30 选定"Find Similar Objects"菜单命令　图 5-3-31 设置"Find Similar Objects"面板窗口

☺ **特别注释**

在如图 5-3-31 所示的"Find Similar Objects"面板窗口中，注意到"Text Width"（字符宽度）值为 0.254mm，"Text Hight"（字符高度）值为 1.524mm，说明当前 PCB 使用的是公制单位，若需要变换成英制单位，可以参考项目一任务一中如图 5-1-5 所示的设置即可。

（4）单击该面板窗口中的"OK"按钮，此时汽车倒车数码雷达布局图显示效果如图 5-3-32 所示，结果所有元器件的序号都被选中。

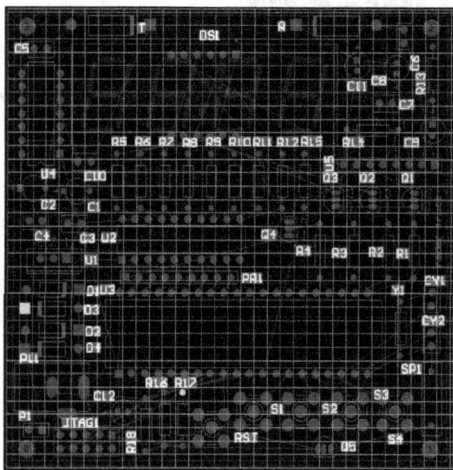

图 5-3-32 元器件序号都被选中效果图

（5）编辑窗口同时显示"Inspector"面板窗口，此时修改"Graphical"（对象图形属性），将"Text Hight"（字符高度）值改为 1.3mm，将"Text Width"（字符宽度）值改为 0.2mm，结果如图 5-3-33 所示。

（6）在该面板窗口，修改完字符高度值和字符宽度值后，按"Enter"键（回车键），结果汽车倒车数码雷达布局图显示效果如图 5-3-34 所示，所有元器件的序号都已经变小。

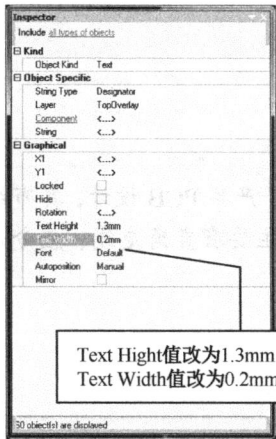

图 5-3-33　设置"Inspector"面板窗口　　　　图 5-3-34　元器件序号都被变小效果图

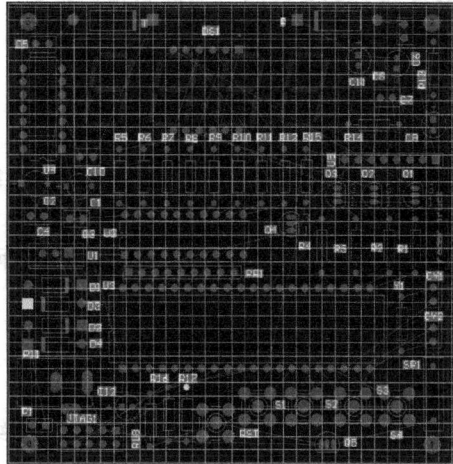

（7）单击 PCB 编辑窗口右下角的 Clear 按钮，取消掩膜功能。

（8）此时的 PCB 编辑图元器件序号显示效果不明显（默认序号的颜色问题），为突出效果，单击"Design"→"Board layers & color"菜单命令，在弹出的"Board layers and colors"（板层和颜色）对话框中修改"Silkscreen Layers"（丝印层）区域框中"Top Layers"（顶层丝印层）颜色（颜色定为 219），操作方法同前，结果如图 5-3-35 所示。

（9）单击"OK"按钮，最后 PCB 编辑图元器件序号显示效果如图 5-3-36 所示。

图 5-3-35　"Board layers and colors"（板层和颜色）对话框　　　图 5-3-36　元器件序号最终显示效果

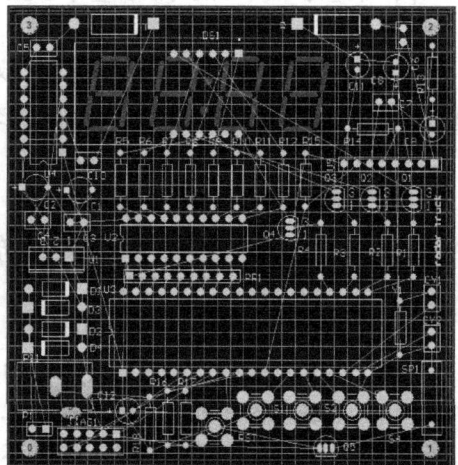

项目四　倒车雷达PCB布线操作

学习目标

（1）熟悉PCB走线的规律与操作。

（2）熟练掌握自动布线的一般常用规则设置，掌握自动布线操作步骤与方法，熟悉印制电路板的布线原则。

问题导读

PCB如何走线？

走线的好坏将直接影响到整个系统的性能，大量的电子产品PCB设计，其布线在高速运行的PCB（电子产品）上是相当的重要。在实际布线中，主要有直角走线、差分走线、蛇形线等三种。

知识拓展

走线规律和布线细说

（1）走线规律。

① 走线方式：尽量走短线，特别是对小信号而言，10mil左右。

② 走线形状：同一层走线改变方向时，应走斜线。

③ 电源线与地线的设计：40～100mil，高频线用地线屏蔽。

④ 多层板走线方向：相互垂直，层间耦合面积最小；禁止平行走线。

（2）布线细说。

在PCB产品设计中，布线（Layout）是PCB设计工作者最基本的工作技能之一，更是完成产品设计的核心步骤之一。可以说前面的电路板规划、PCB环境参数设置、PCB布局等工作，都是为布线而做的。在整个PCB设计中，以布线的设计过程限定最高、技巧最细、工作量最大。

① PCB布线的分类：单面布线、双面布线和多层布线。

② PCB布线的方式：自动布线及交互式布线。这一点很类似于自动布局与手工布局。

知识链接

布线的注意事项

（1）专用地线、电源线宽度应大于1mm。

（2）其走线应成"一"字形排列，方便分布电流平衡。

（3）尽可能地缩短高频器件之间的连线，减少它们之间的分布参数和相互信号干扰。

（4）某些元器件可能有较高的电位差，应加大它们的间距，避免放电引起意外短路。

（5）尽量加大电源线宽度，减少环路电阻，电源线、地线的走向和数据传递方向一致，有助于增强抗干扰能力。

（6）当频率高于100kHz时，趋肤效应就十分严重了，高频电阻增大。

（7）高频电路布线的引线最好采用全直线，需要转折时，可用45°折线或圆弧转折。

任务一 PCB 布线设置

做中学

任何电路设计到这时，其实可以进行默认的 PCB 布线了，为了进行更佳的 PCB 布线与电路运行，必须进行一般性的布线设置。这里进行设置的内容主要包括：

① 元器件之间布线安全间距设置为 8mil，而电源和接地网络布线安全间距为 12mil；

② 设置布线转角为圆弧方式，布线拓扑结构为 "Daisy-MidDriven" 方式；

③ 设置普通导线的典型宽度为 12mil，最小和最大宽度分别设置为 9mil 和 15mil；

④ 将电源和接地导线宽度设置为 25mil；

⑤ 设置优先级："Power" 网络导线布线优先级为 1，一般导线布线优先级为 2。

汽车倒车数码雷达 PCB 布线设置的具体操作步骤如下。

（1）打开 "汽车倒车数码雷达.PRJPCB" 工程项目文件，单击打开 "Projects" 面板中 "汽车倒车数码雷达.PCBDOC" 文件。

（2）单击 "Design" → "Rules（规则）" 菜单命令，打开 "PCB Rules and Constraints Editor" （元器件布局设计规则设置）对话框，如图 5-4-1 所示。

（3）单击左侧目录树结构中 "Electrical"（电气规则）选项，对话框右侧如图 5-4-1 所示。

（4）双击右侧列表中的 "Clearane" 项，在 "Minimum Clearance" 栏中输入 "8mil"，对话框设置结果如图 5-4-2 所示。

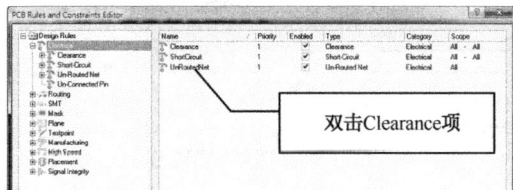

图 5-4-1　电气规则设置对话框

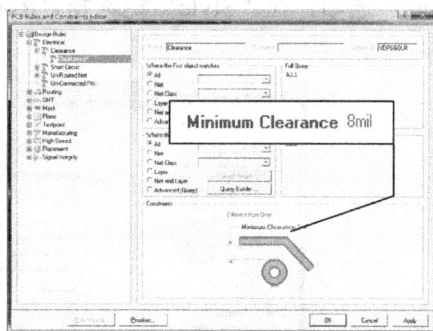

图 5-4-2　"设置布线安全间距"对话框

☺ 特别注释

在如图 5-4-2 所示的对话框中，可以单击 "Apply" 按钮，立即执行，使设置生效。

（5）在 "Clearane" 选项上单击，在弹出的子菜单中选择 "New Rule"（新建规则）命令，如图 5-4-3 所示，结果如图 5-4-4 所示，新建的规则名称为 "Clearance_1"。

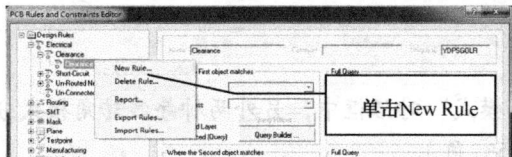

图 5-4-3　单击新建规则命令对话框

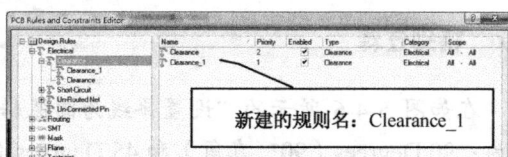

图 5-4-4　新建的规则 Clearance_1

（6）单击左侧目录树结构中"Clearance_1"选项，在"Name"栏中输入新建规则的名称"Power"，在"Where the First object matches"栏选中"Net"选项，然后在其后的下拉列表中选择"VCC"；在"Where the Second object matches"栏选中"Net"选项，然后在其后的下拉列表中选择"GND"；在"Minimum Clearance"栏中输入"12mil"，单击"Apply"按钮使设置生效。结果如图 5-4-5 所示。

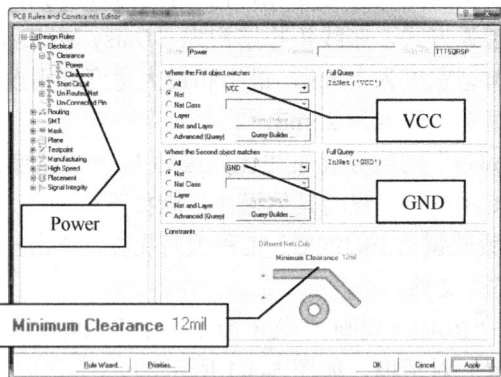

图 5-4-5　新建"Power 设计规则"对话框

（7）依次单击打开左侧目录树结构中"Routing"（布线）→"Routing Corners"→"Routing Corners"选项，在"Style"栏选择"Rounded"（导线转角为圆弧模式），结果如图 5-4-6 所示。

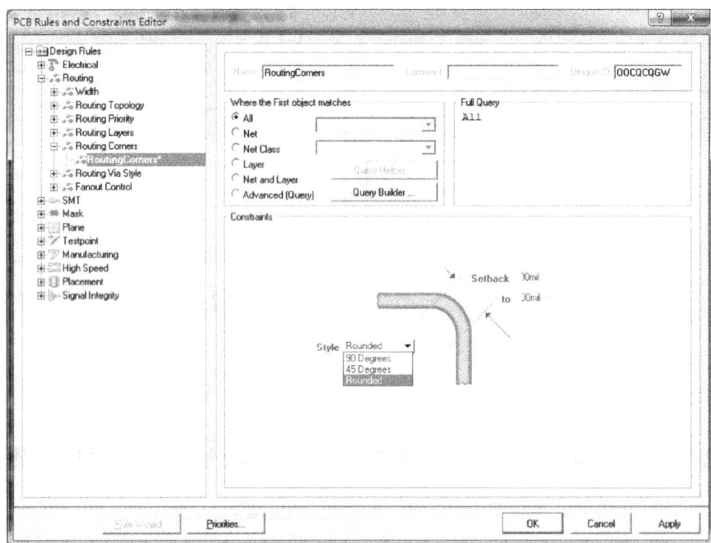

图 5-4-6　"设置导线模式"对话框

特别注释

在如图 5-4-6 所示的"设置导线为圆弧转角模式"对话框中，另外两种导线转角模式分别为：90 Degrees（90° 直角）和 45 Degrees（45° 角）。

（8）依次单击打开左侧目录树结构中"Routing"（布线）→"Routing Topology"→"Routing Topogy 选项，在"Topology"栏选择"Daisy-MidDriven"命令，即可将布线拓扑结构设置为"Daisy-MidDriven"，结果如图 5-4-7 所示。同样可以单击"Apply"按钮使设置生效。

（9）依次单击打开左侧目录树结构中"Routing"（布线）→"Width"→"Width"选项，在"Preferred Width"（典型宽度）栏填入"12mil"（导线典型宽度设置为12mil），在"Min Width"（最小的宽度）栏和"Max Width"（最大的宽度）栏分别填入"9mil"和"15mil"，结果如图 5-4-8 所示。同样可以单击"Apply"按钮，立即使设置生效。

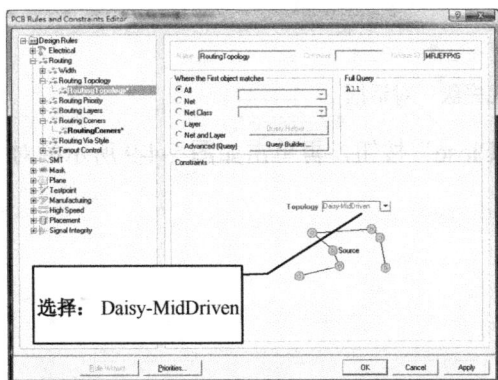

图 5-4-7　"设置布线拓扑结构"对话框　　　　图 5-4-8　"设置导线宽度"对话框

（10）添加新导线规则，电源网络导线命名为"VCC"，设置电源网络宽度为"25mil"；同理，添加新导线规则，接地网络导线命名为"GND"，设置电源网络宽度为"25mil"，结果如图 5-4-9 所示。

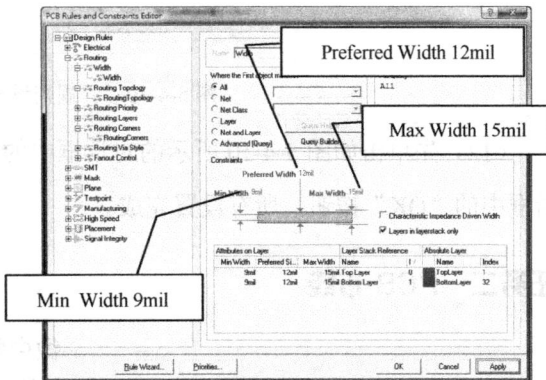

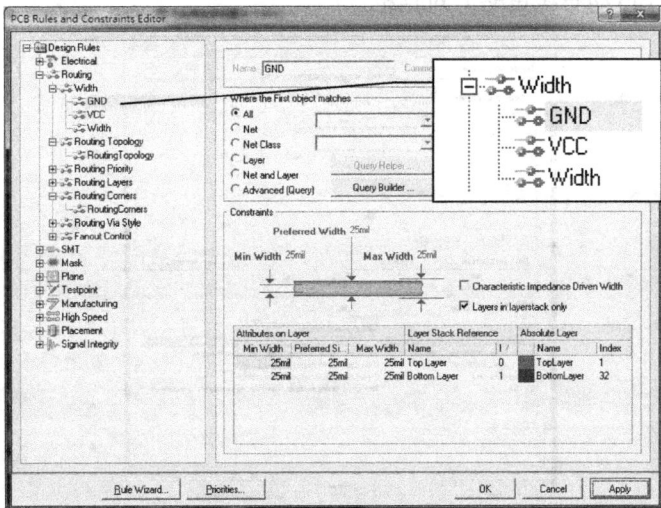

图 5-4-9　设置电源、接地导线宽度对话框

（11）单击如图 5-4-9 所示的对话框中最下边一行的靠左边第二个"Priorities"（优先级）按钮，在弹出的"Edit Rule Priorities"对话框中，显示了"Rule Type"（规则类型）、"Priority"（优先级）、"Enabled"（有效）、"Name"（规则名称）、"Scope"（范围）、"Attributes"（属性）等，优先级的顺序通过单击下面的"Decrease Priority"（降序）、"Increase Priority"（升序）

改变 VCC、GND、Width 三种规则的前后顺序，如图 5-4-10 所示。

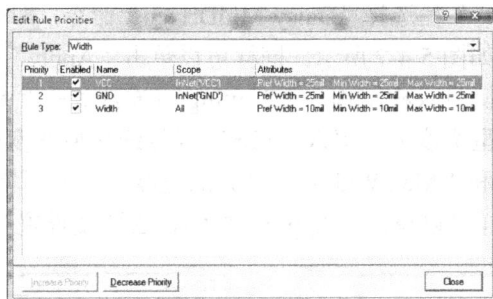

图 5-4-10　"规则设置优先级"对话框

（12）先单击如图 5-4-10 所示的对话框中的"Close"按钮，再单击如图 5-4-9 所示的对话框中的"OK"按钮，所有设置完成。

任务二　PCB 布线

做中学

下面结合汽车倒车数码雷达 PCB 设计，使用自动布线，采用 Protel 系统默认布线规则设置与单面 PCB 环境设置。

（1）打开"汽车倒车数码雷达.PRJPCB"工程项目文件，单击打开"Projects"面板中的"汽车倒车数码雷达.PCBDOC"文件。

（2）单击"Auto Route（自动布线）"→"All"菜单命令，弹出如图 5-4-11 所示的"Situs Routing Strategies"（自动布线策略）对话框。

图 5-4-11　"自动布线策略"对话框

（3）在如图 5-4-11 所示的对话框中，单击 Route All 按钮，即可进入自动布线命令，此时系统会自动启动 Situs（自动布线器）对电路进行自动布线。同时，弹出"Messages 布线过程"的信息面板窗口，过一段时间（与计算机运行速度有关），最终反馈给设计者一个布线完成的综合性的 Messages 信息面板窗口，如图 5-4-12 所示。

图 5-4-12　Messages 信息面板窗口

😊 **特别注释**

注意如图 5-4-12 所示的颜色信息一行文字，意思是"共 159 条导线，布线 159 条，布线完成 100%，共用时 9 分 29 秒"。其他信息，请读者自行阅读并分析。

如果对自动布线结果不满意，可以单击"Tools"→"Un-Route（撤消布线）"→"All"菜单命令，即可撤消所有已经完成的布线。

（4）自动布线结束后，汽车倒车数码雷达 PCB 窗口显示结果如图 5-4-13 所示。

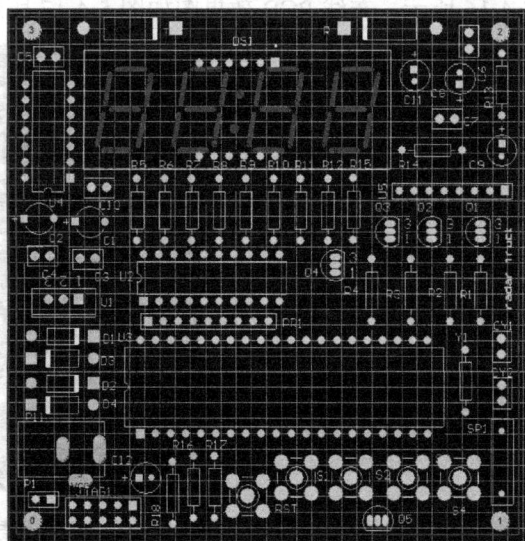

图 5-4-13　汽车倒车数码雷达布线结果效果图

（5）单击"View"→"Board In 3D"菜单命令，结果生成 3D 效果，正面如图 5-4-14 所示，拖动面板，反面如图 5-4-15 所示。

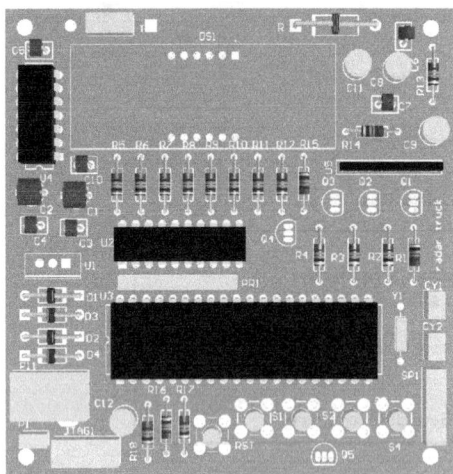

图 5-4-14　正面 3D 仿真视图

图 5-4-15　反面 3D 仿真视图

至此，自动布线就 100%完成了。

☺ **特别注释**

因为考虑到布线规则的设置与纯单面板布线可能会遇到很多方面问题，而且在较复杂的 PCB 设计中，走线更多、更复杂，单面板明显满足不了设计要求，必须采用双面板，甚至多层板布线。在双面板中可以应用更多布线规则设置，大大减少了对电路 PCB 设置的限制。

（6）继续按照任务一中的第四点规则，重新设置当前默认布线规则，将电源和接地导线宽度设置为 25mil，按照任务一中的设置方法（这里不再重复），再重新自动布线，Messages 布线反馈信息结果如图 5-4-16 所示，布线 PCB 效果图如图 5-4-17 所示。

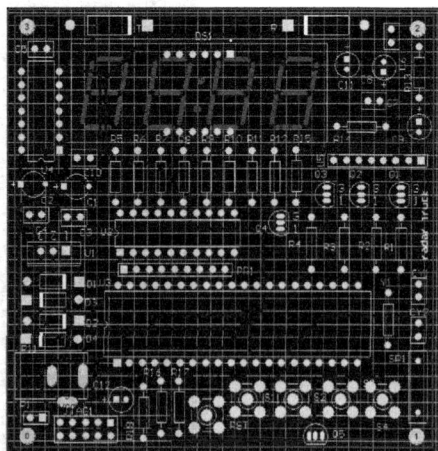

图 5-4-16　Messages 布线反馈信息

图 5-4-17　电源和接地导线宽度设置为 25mil 布线效果图

😊 **特别注释** _____

为突出效果，Board Color 作了调整（设置方法同前），电源和接地导线宽度设置为 25mil。设计者要充分考虑到单面板、导线占用空间、安全间距等诸多问题。右击如图 5-4-16 所示信息的任意处，在弹出的快捷菜单中选择"Save"命令，可以保存为*.txt 文件。

_____

（7）验证第四点规则布线设置，此时双击任意一条粗导线，结果如图 5-4-18 所示。

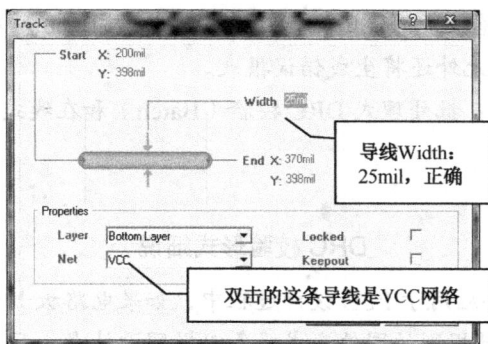

图 5-4-18　设置正确对话框

查看 Messages 信息反馈，修改布线规则后，很可能由于设置具体参数不当，PCB 布线并没有 100%完成，差了某些导线。解决方法通常会有多个，手工布线则是必然，这方面操作细节将在下一单元的任务中重点介绍。

项目五　倒车雷达电路 PCB 检查

⭕ **学习目标**

（1）熟悉印制电路板的设计规则检查方法。
（2）学会查阅错误信息并能找出错误的原因，进行修改。

⭕ **问题导读**

你有，我能省吗？

一天早晨，SCH 与 PCB 见面了。

SCH 说："老弟，这要去哪儿？见上一面可真不容易呀！也不感谢我一声，没有我的把关（规则与检查），你肯定设计制作不出来。难得出来了，聊聊吧！"。

PCB 说："真是感谢！有你老兄在把关，我就胜利一半！不行，我还要抓紧时间去检查，彻底过关。回头再聊！"

SCH 说："一半？！得了，别太认真，我的规则与检查，那可是全方面的、立体的，你尽可放心，你制出板不就完事啦！走，陪我玩玩去，还检什么查！"

PCB 说："你有是你的（规则与检查），我可还有杀手锏呢！我的检查更严格、更规范，像食品安全一样，不合格，会害人的，我可马虎不得，走了，回头见"。

SCH 说："等等，我也去见识见识……"。

知识拓展

DRC（电路板设计规则校验）

在电路板设计布线完成之后，应当对电路板进行仔细的设计规则检验（Design Rules Check，简称 DRC），系统根据布线规则设置来检查整个 PCB，以确保电路板上所有的网络连接正确无误，并符合电路板设计规则和产品设计要求，同时在所有出现错误的地方将使用 DRC 出错标志标记出来，此外还将生成错误报表。

DRC 校验分两种形式：批处理式 DRC 校验（Batch）和在线式 DRC 校验（Online）。

知识链接

DRC 校验形式细说

在线式 DRC 校验主要应用于 PCB 设计过程中，如果电路板上有违反设计规则的操作，Protel 系统将会使违反设计规则的图件变成绿色以提醒设计者，而且当前的操作也不能继续进行。

批处理式 DRC 校验主要应用于 PCB 设计完成以后，对整个电路板进行一次全方位的设计规则校验，凡是与 PCB 设计规则冲突的设计也将变成绿色以提醒设计者。

在执行 DRC 设计校验之前，同样需要对设计校验项目进行相应设置，一般的 PCB 设计都要求对以下几个方面进行 DRC 设计校验。

- ❖ Clearance：安全间距方面限制设计规则校验。
- ❖ Width：导线设计宽度限制设计规则校验。
- ❖ Un-Routed Net：未布线网络限制设计规则校验。
- ❖ Short-Circuit：电路短路设计规则校验。

这些校验项目与 PCB 设计规则都具有一一对应的关系，所以在检查时，若与设计规则项目有冲突，就会被检验出来。

任务一 DRC 设计校验

做中学

（1）打开"汽车倒车数码雷达.PRJPCB"工程项目文件，单击打开"Projects 面板中"汽车倒车数码雷达.PCBDOC 文件。

（2）单击选择"Tools（工具）"→"Design Rule Check（设计规则检查）"菜单命令，或使用"T+D"组合键，启动"Design Rule Checker"对话框，如图 5-5-1 所示。

（3）在如图 5-5-1 所示的对话框中，单击取消右侧面板上的"Internal Plane Warnings"和"Verify Shorting Copper"两个复选框，保留前三个。

（4）单击如图 5-5-1 所示的对话框左下角的 Run Design Rule Check... 按钮，系统将进行 DRC 设计规则校验，同时系统将自动切换到生成设计规则校验报表文件窗口，如图 5-5-2 所示。

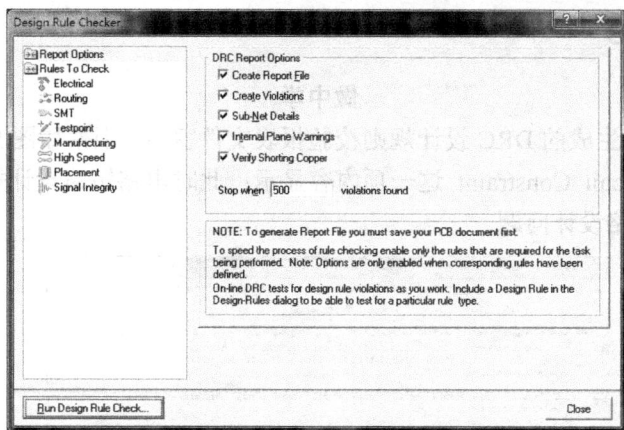

图 5-5-1 "Design Rule Checker"对话框

图 5-5-2 规则校验生成扩展名为 DRC 的文件报表

（5）系统还自动激活"Messages 信息反馈"面板窗口（如果没有自动弹出，可以手工打开，操作方法同前，不再重述），结果如图 5-5-3 所示。

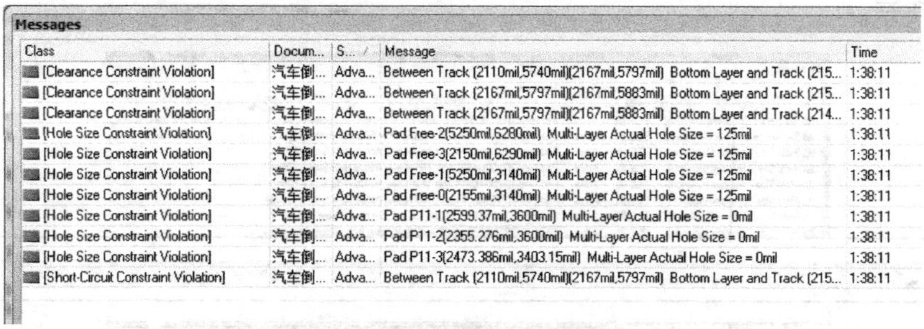

图 5-5-3 "Messages 信息反馈"面板窗口

任务二 修改 PCB

做中学

（1）浏览任务一生成的 DRC 设计规则校验报表文件窗口，观察如图 5-5-4 放大镜所示的信息内容。Short-Circuit Constraint 这一项内容显示：此时电路短路设计规则校验出有 Track（导线）存在电路短路设计问题。

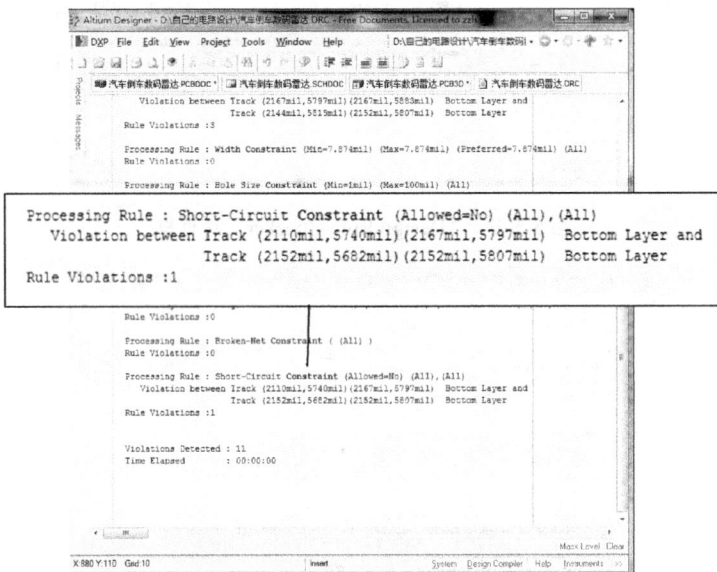

图 5-5-4 Short-Circuit Constraint 内容显示

😊 **特别注释**

通过浏览如图 5-5-2 所示的 DRC 报表文件，也许 Broken-Net Constraint、Clearance Constraint 等也都存在一定的问题，都需要修改，尤其对于初学者。

解决问题主要是先看清相关内容，涉及布局、布线、设计的电气规则等哪个方面问题，再重新布局、布线、设置规则等一系列操作，将其一一耐心解决。

（2）再激活"Messages 信息反馈"面板，双击如图 5-5-5 所示的界面中第一行，系统自动切换到 PCB 编辑窗口对应电路违反设计规则的地方，是芯片 U4 引脚布线短路，PCB 窗口如图 5-5-6 所示。

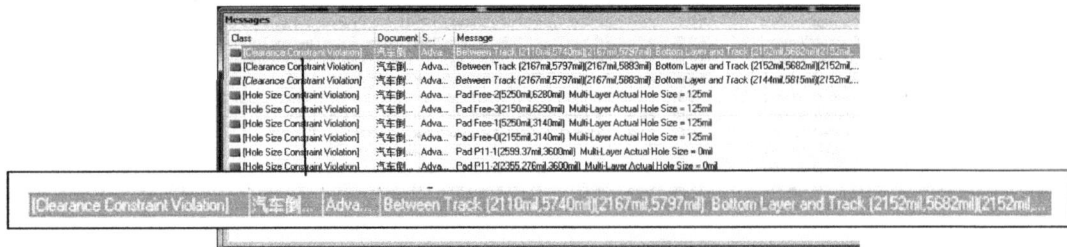

图 5-5-5 双击 Messages 信息窗口第一行

图 5-5-6　PCB 违反设计规则的芯片 U4

（3）选中 U4 芯片，如图 5-5-7 所示，向右移动适当距离，如图 5-5-8 所示。

（4）重新执行布线，结果如图 5-5-9 所示。

图 5-5-7　选中 U4 芯片

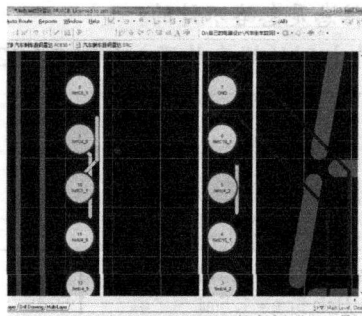

图 5-5-8　向右移动适当距离

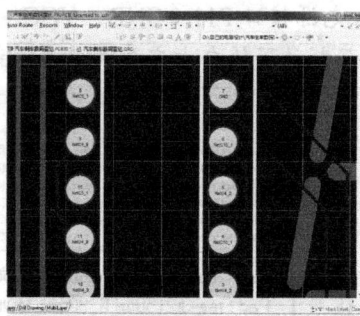

图 5-5-9　重新布线后的 U4 芯片

（5）重新执行一遍 DRC 设计校验，再查看"Messages"消息反馈面板中这个短路违规设计项是否已被消除，结果应如图 5-5-10 所示。PCB 的设计任务结束。

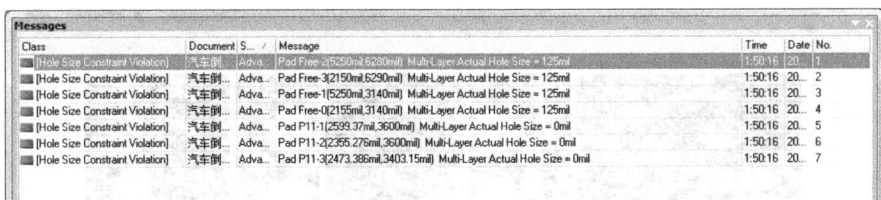

图 5-5-10　Messages 信息反馈窗口

（6）单击更新生成的汽车倒车数码雷达设计规则校验报表文件，结果显示如图 5-5-11 所示的窗口，通过对比如图 5-5-4 所示的内容，可以很清楚地看到，这个 U4 引脚设计违规修改已完成。

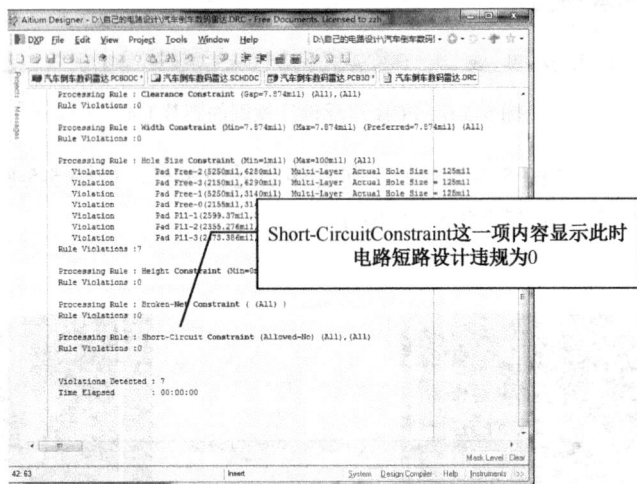

图 5-5-11　"汽车倒车数码雷达.DRC"报表文件

😊 **特别注释**

通过修改布局，重新布线，上面生成的"汽车倒车数码雷达.DRC"报表内容，涉及 Violations Detected：7，这七项内容，关于强制放置的自由安装孔 Pad Free（用四个相同的焊盘放置）、电源接口 P11（GND、VCC、P30）等信息是忽略不计的。

关于强制放置的自由安装孔 Pad Free（用四个相同的焊盘放置）如图 5-5-12 所示。

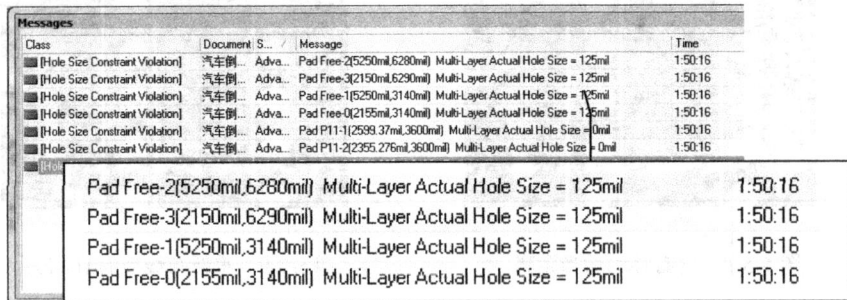

图 5-5-12　四个相同的焊盘

技能重点考核内容小结

（1）能准确规划电路板和相关工作参数定义。
（2）熟悉电路板基本工作环境的设置。
（3）能对电路元器件封装进行常规操作及属性编辑。
（4）能利用网络表更新 PCB，掌握创建新的元器件封装库及元器件库的载入操作方法。
（5）能绘制转角导线，会放置焊盘等操作。
（6）会进行 PCB 的 DRC 设计校验，会修改 PCB。
（7）掌握元器件的自动布局与手工编辑调整。
（8）熟悉布线规则设置的方法，掌握自动布线的操作方法及 PCB 检查。

习题与实训

一、填空题

1. 在 Measurement Unit 选项卡下可以设置 Unit 测量单位_____或_____。

2. _____可以设置电气格点范围，使系统在给定范围内自动搜索电气节点。

3. PCB 上的线路被称作_____或_____，并用来提供 PCB 上零件的电路连接。

4. 通常在 PCB 上面会印上文字与符号（大多是白色的），以标示出各零件在板子上的位置，该层叫_____。

5. 可以采用_____、_____和_____的方法来设计 PCB 图。

6. 在 PCB 中过孔有_____、_____和_____三种形式。

7. _____只是一种形式上的连线，它只是形式上表示出各个焊点间的连接关系，没有电气的连接意义。_____则是根据飞线指示的焊点间连接关系布置的，具有电气连接意义。

8. _____包含了元器件的外形轮廓及尺寸大小、引脚数量和布局（相对位置信息）以及引脚尺寸（长短、粗细或者形状）等基本信息。

9. 把元器件封装放置在 PCB 上的过程称为_____。

10. PCB 布线分类：_____、_____、_____。

二、选择题

1. 在 PCB 图纸设置中，_____选项决定是否显示图纸。
   A. Electrical Grid
   B. Component Grid
   C. Visible Grid
   D. Display Sheet

2. 在 PCB 中，元器件的封装是放在_____。
   A. 机械层　　　　B. 丝印层　　　　C. 信号层　　　　D. 禁止布线层

3. 焊盘（pad）不可以设置为_____形状。
   A. 方形　　　　B. 圆形　　　　C. 六角形　　　　D. 八角形

4. PCB 图在打印时，颜色设置不支持的选项是_____。

A．自定义　　　　B．灰度　　　　　C．单色　　　　　　D．彩色

5．PCB 页面设置面板中，可以设置的项目有_____。

　　A．纸张大小及打印方向　　　　　B．比例模式及比例系数

　　C．颜色　　　　　　　　　　　　D．矫正系数

6．用于定义电路板的电气边界工作层是_____。

　　A．机械层　　　　B．丝印层　　　C．禁止布线层　　　D．信号层

三、判断题

1．主要用于放置元件和布线的是机械层（Mechanical Layer）。　　　　（　　）

2．用于制造、安装标注和说明的是丝印层（Silkscreen Layer）。　　　（　　）

3．电源线和地线的宽度要合适，专用地线、电源线宽度应大于 1mm。　（　　）

4．尽可能缩短高频器件之间的连线，减少它们之间分布参数和相互信号干扰。（　　）

5．完全可以将自制库元器件封装报表以"．html"扩展名文件输出，以方便浏览。（　　）

6．不同的元器件可以有相同的封装形式。　　　　　　　　　　　　　　（　　）

7．电子元器件（俗称零件）焊盘是指实际电子元器件焊接到电路板时引脚的外观和焊盘焊点的位置。　　　　　　　　　　　　　　　　　　　　　　　　　　　　（　　）

8．Short-Circuit Constraint 这一项内容显示：此时电路导线设计太短，设计规则校验出来有 Track（导线）存在这类设计问题。　　　　　　　　　　　　　　　　　　（　　）

四、简答题

1．PCB 印制电路板设计的一般步骤？

2．PCB 结构及基本元素有哪些？

3．FILES 面板中利用向导快速生成规范的 PCB 面板主要分为哪几个步骤？

4．PCB 布局的一般顺序和规则有哪些？

五、实训操作

实训一　OTL 分立元件功率放大器 PCB 设计

1．实训任务

（1）PCB 尺寸规格：60.6mm×50.5mm（X×Y），边框距离为 1.3mm。

（2）要求双层布线，导线线宽为 0.5mm。四个角安装孔（也可根据实际安装框架设计），Radius（半径）为 1.5mm，Width（线宽）为 0.5mm。

（3）进一步熟悉元器件封装及参数的设置。

（4）电子元器件布局参照原理图。

2．任务目标

（1）理解并掌握电路板导线属性的设置。

（2）掌握 OTL 分立元件功率放大器由原理图到 PCB 设计的全过程。

（3）培养学生独立发现问题、分析问题、解决问题的能力。

3．原理图准备（参考第二单元习题与实训）

4．实训操作

按要求设计的 OTL 分立元件功率放大器 PCB 参考效果图如图 5-1 所示，PCB 实物图如

图 5-2 所示。

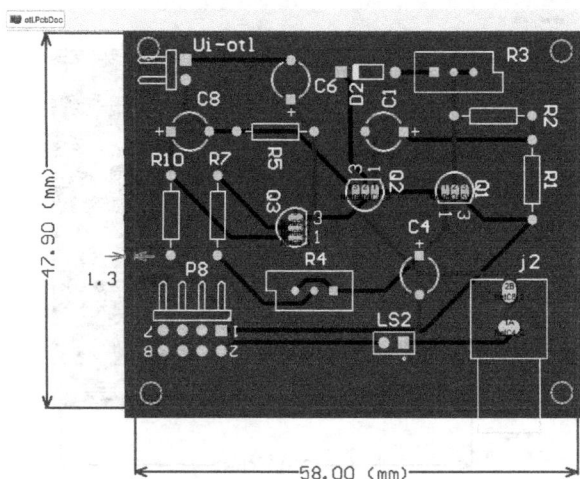

图 5-1 OTL 分立元件功率放大器 PCB 效果图

图 5-2 OTL 分立元件功率放大器 PCB 及安装实物图

实训二 绘制 LM386 集成音频功率放大器 PCB 图

1. 实训任务

（1）学生自行设计填写：PCB 尺寸规格：_____，边框距离_____。双层布线，导线线宽_____。

（2）设计 Via（过孔）（也可根据实际安装位置而定），设置 Hole Size 的值为 2mm（注意等于 X、Y 值）。

（3）进一步熟悉集成元器件封装库添加与搜索操作。

（4）电子元器件布局参照原理图。

2. 任务目标

（1）进一步理解并掌握电路板导线、过孔、焊盘属性的设置。

（2）掌握 LM386 集成音频功率放大器由原理图到 PCB 设计的全过程。

（3）培养学生独立对比思考问题，实际处理问题的能力。

3. 原理图准备（参考第二单元习题与实训）

4. 实训操作

最终按要求设计的 LM386 集成音频功率放大器 PCB 参考效果图如图 5-3 所示，PCB 实物图如图 5-4 所示。

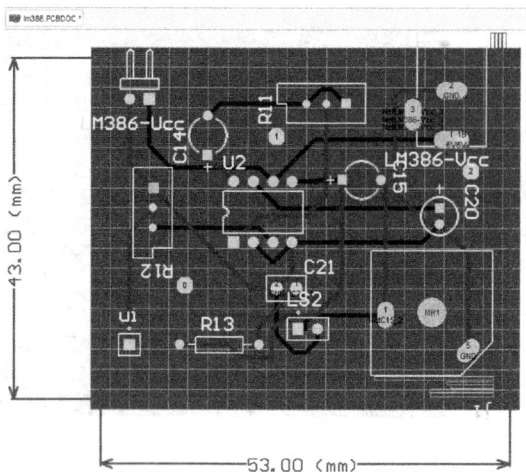

图 5-3　LM386 集成音频功率放大器 PCB 效果图

图 5-4　LM386 集成音频功率放大器 PCB 及安装实物图

实训三　绘制各种 PCB 布局图

1. 任务与要求

（1）新建一个 PCB 文件。通过元器件库快速添加元器件，如图 5-5 所示。

（2）调整元器件位置。按如图 5-6 所示的布局图放置元器件。

（3）编辑元器件。

① 对比图 5-6，删除图 5-5 中多余的元器件。

② 对比图 5-5，添加元器件到图 5-6 中。

③ 按照图 5-6，编辑所示元器件序号，所有元器件序号高度为 95mil，宽度为 5mil。（建议用集群编辑的方法）。

④ 编辑 C1 中 2 号焊盘为八角形。焊盘各层插入字符串"PCB70611"，字体为默认，高度为 95mil，宽度为 10mil。

（4）放置安装孔。如图 5-6 所示，在机构层 1 放置安装孔（Arc），半径为 83mil，线宽为 2mil。

操作提示：（a）通过"Place"菜单下的"Arc"和"Full Circle"（整圆法）放置圆弧。（b）"Arc"放置又可分为中心法是"Center"，边缘法是"Edge"，任意角度边缘法是"Any Angle"。

（5）保存上述操作结果，文件名为"X7-0611.PCBDOC"。

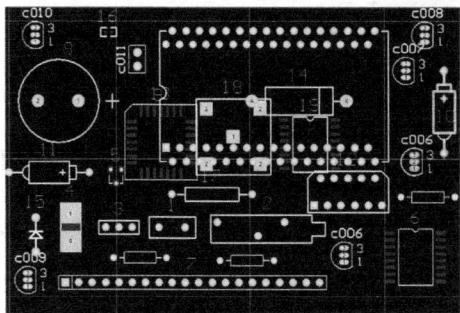

图 5-5 元器件散件布局

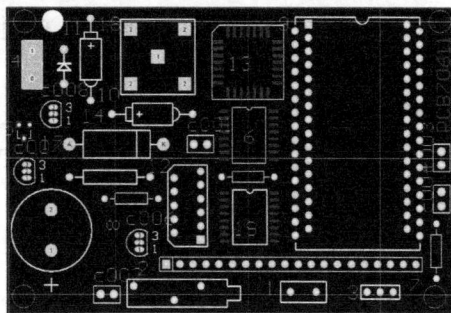

图 5-6 元器件布局后

2. 附加题

模拟完成以下纯布局 PCB 图,(操作步骤参考任务与要求 1~5)。

(1) 数字网线测试仪如图 5-7 所示。

(本产品为 2010 年全国职业院校"亚龙杯"电子产品装配与调试技能竞赛试题)

(2) 汽车测速测距及倒车提示如图 5-8 所示。

(本产品为 2009 年全国职业院校"亚龙杯"电子产品装配与调试技能竞赛试题)

图 5-7 数字网线测试仪布局实物图

图 5-8 汽车测速测距及倒车提示布局实物图

(3) 迎宾记录器如图 5-9 所示。

(本产品为 2009 年"天华杯"全国电子专业人才设计与技能大赛试题)

图 5-9 迎宾记录器布局实物图

实训四　自制 PCB 元件封装库

任务与要求

将某集成电路芯片封装为双列直插（DIP-12），封装的引脚间距、焊盘大小、双列间距、芯片长度等精确尺寸如图 5-10 所示。

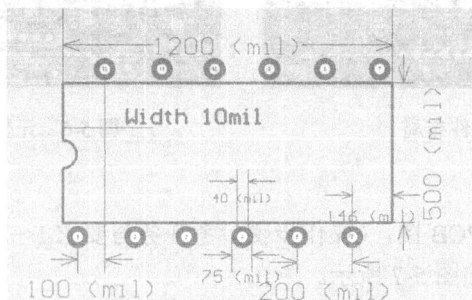

图 5-10　整个 DIP-12 芯片各项参数的精确尺寸

第五单元实训综合评价表

班级		姓名		PC 号		学生自评成绩	
操作	考核内容		配分	重点评分内容			扣分
1	手工规划电路板		15	根据印制板结构尺寸画出边框			
2	PCB 规则参数设置		5	进行线宽、线距、层定义、过孔、全局参数的设置等			
3	设置电路板工作层面		5	层面的管理、类型、设置			
4	创建新的元器件封装		15	使用向导创建元件封装，会设置规定元器件的具体参数			
5	PCB 绘图工具的使用		15	绘制导线、圆弧或圆；放置焊盘、过孔、字符串、初始原点			
6	元器件的自动布局与手工编辑调整		20	参照原理图，结合机构进行布局，检查布局			
7	自动布线与手工调整布线		15	参照原理图进行预布线，检查布线是否符合电路模块要求，修改布线，并符合相应要求			
8	PCB 的检查		5	能处理一般性的错误，及时更新			
9	生成元器件的各种报表电路板的打印输出		5	会用 Excel 电子表格输出 PCB 电路板及封装库报表			
反馈	设计完成较好的是什么？						
	操作存在的问题有哪些？						
教师综合评定成绩			教师签字				

工程项目 PCB 高级设计

本单元综合教学目标

了解印刷电路板 PCB 层次概念，熟悉层次设计参数及规则，熟悉印刷电路板 PCB 层次编辑环境，掌握 PCB 工作层参数设计和系统管理。进一步掌握 PCB 手工布局、手工布线的操作方法，理解 PCB 板上各元器件间正确交互布线的意义。掌握电路板敷铜设计的目的和作用，能进行电路板敷铜的设置和设计操作。了解 PCB 菲林纸的打印和 PCB 制板后期处理的一般操作步骤。

岗位技能综合职业素质要求

1. 进一步掌握印刷线路板板层设置。
2. 熟练进行 PCB 手工布局操作。
3. 掌握 PCB 手工布线的一般操作方法。
4. 会进行 PCB 板敷铜操作。
5. 可以进行 PCB 菲林纸的打印环境设计（具备条件的）。
6. 可以进行 PCB 板的制作及后期处理（具备条件的）。

项目一　电路板层的设计管理

学习目标

（1）进一步熟悉 PCB 工作层的定义及参数设置。

（2）掌握 PCB 编辑器工作环境参数的具体设置。

问题导读

PCB 距离我们有多远？

在第五单元中已经介绍了电路板相关的基础知识。现列举如下：

（1）PCB 单面板，如图 6-1-1 所示的 555 门铃电路 PCB 板，参考第二单元课后习题最终设计成的 PCB 板。

（2）PCB 双面板，如图 6-1-2 所示的汽车棚门禁 PCB 主板。

（3）多层板，它距离我们最近。例如，计算机主板、内存条等，现在一般都有 4 层以上。由华硕研发出的最新迷你小主板，堪称艺术品。Maximus VII Impact(M7I)是玩家国度中的最新 ITX 规格迷你小主板，能在 17cm×17cm 狭窄的空间内放入高端主板，如图 6-1-3 所示。

图 6-1-1　555 门铃 PCB 实物图　　图 6-1-2　汽车棚门禁 PCB 主板（正面）

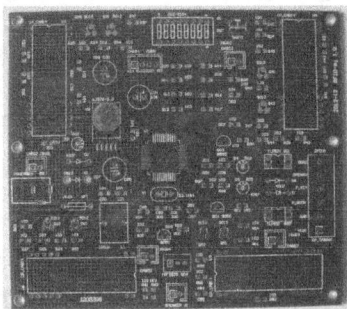

图 6-1-3　17cm×17cm 计算机主板

如何管理电路板层面？如何合理地设置板层？如何设计更复杂的电路板？这些都将是深入学习 Protel 需要面对的问题。

PCB 工作层面在 Layer Stack Manager（图层堆栈管理器）中设置，有 3 种方法启动它：

（1）执行菜单命令："Design"→"Layer Stack Manager"。

（2）右击，在弹出的快捷菜单中选择："Options"→"Layer Stack Manager"。

（3）使用快捷键：按"D+K"组合键进入图层堆栈管理器对话框。

◯ 知识拓展

PCB 的尺寸与层

PCB 大小要适中，PCB 板子过大，则印制导线长，阻抗增加，不仅抗噪声能力下降，成本也会提高；PCB 板子过小，则散热不好，同时易受临近线条干扰。

PCB 中"层（Layer）"的概念不是虚的，而是在印刷板材料本身实实在在存在的各负其责的各个铜箔层。现在，手机、平板电脑等高科技数码产品中，由于电子线路的元器件高密集安装，设计防干扰和布线等特殊要求，PCB 不仅有上下两面供走线，在 PCB 的中间还设有能被特殊加工的夹层铜箔，例如，PC 主板所用的印板材料多在 4 层以上。上下位置的表面层与中间各层需要连通的地方用"过孔（Via）"来沟通解决。需要说明的是，一旦选定了所用 PCB 板的层数，务必关闭那些未被使用的层，以免走弯路。

◯ 知识链接

学习 Board Layers and Colors 设置对话框

单击"Design"→"Board Layers & Colors"菜单命令，弹出"Board Layers and Colors"（板层和颜色）设置对话框，如图 6-1-4 所示。其各项含义如下：

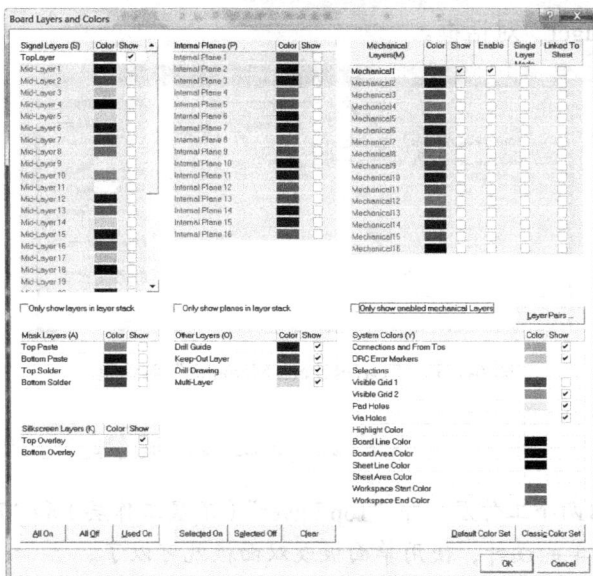

图 6-1-4 "Board Layers and Colors" 设置对话框

（1）Signal Layers（信号层）

（2）Internal Layers（内部电源/接地层，也叫内电层）

（3）Silkscreen Layer（丝印层）

（4）Mechanical Layers（机械层）

（5）Solder Mask（阻焊层）

（6）Paste Mask（锡膏防护层）

（7）Keep-Out Layer（禁止布线层）

（8）Multi Layer（复合层）

（9）Drill Guide （导空层）

（10）Drill Drawing（孔位图层）

（11）Connections and From Tos（连接板层）

（12）DRC Error Markers（电气错误信息提示层）

（13）Pad Holes（焊盘孔层）

（14）Via Holes （过孔层）

（15）Visible Grid1（第一可视栅格层）

（16）Visible Grid2（第二可视栅格层）

（17）Board Line Color（板线颜色）

（18）Board Area Color（板面颜色）

任务 PCB 工作层与管理

做中学

本项目的任务重点涉及双面板及多层板的规划和相关设置。

（1）首先，新建一个名为"Do"的工程项目文件，再新建一个 PCB 文件，命名为"Do.PCBDOC"。

（2）单击"Design"→"Layer Stack Manager"菜单命令，即可进入如图 6-1-5 所示

的"Layer Stack Manager"对话框。

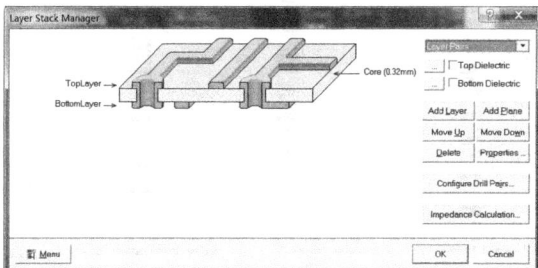

图 6-1-5 "Layer Stack Manager"对话框

☺ **特别注释**

在图 6-1-5 中给出两个工作层，即"Top Layer"（顶层工作层）和"Bottom Layer"（底层工作层），作为一个简单的设计，使用单面板或双面板就可以了。

单击图 6-1-5 左下角的 🖳 Menu （菜单）按钮，即可弹出如图 6-1-6 所示的快捷菜单。将鼠标移到 Example Layer Stacks ▸（系统提供一些实例电路样板供用户选择），如图 6-1-7 所示为 PCB 类型。

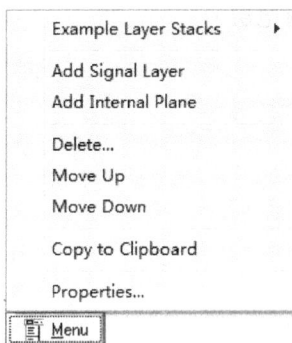

图 6-1-6 Menu 菜单

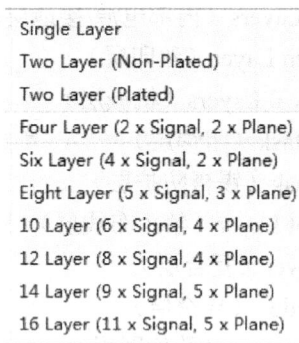

图 6-1-7 PCB 类型

（3）完成设置后，单击"OK"按钮关闭对话框。这就是系统默认的双层 PCB 电路板。

（4）新增加一电源层操作如下：在如图 6-1-5 所示的"Layer Stack Manager"对话框中，单击"Top Layer"层，然后单击"Add Plane"按钮，即可执行新建内电源板层的命令。此时，"Layer Stack Manager"对话框中 PCB 板层示意图就变成如图 6-1-8 所示的板层效果。注意："No Net"，意为没有网络标号。只要双击它，在打开的"Edit Layer"对话框中进行具体电源的标号设置即可。但在这里，因为还没有进行 Do 的 PCB 具体设计，此时还没有电源标号可以选择。

（5）新增加一个普通信号层：在图 6-1-8 中，单击"Add Layer"按钮，此时，"Layer Stack Manager"对话框中 PCB 板层示意图就变成如图 6-1-9 所示的板层效果。

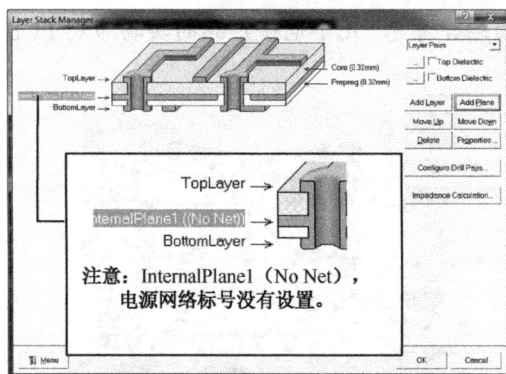

图 6-1-8　新增加一个电源层对话框

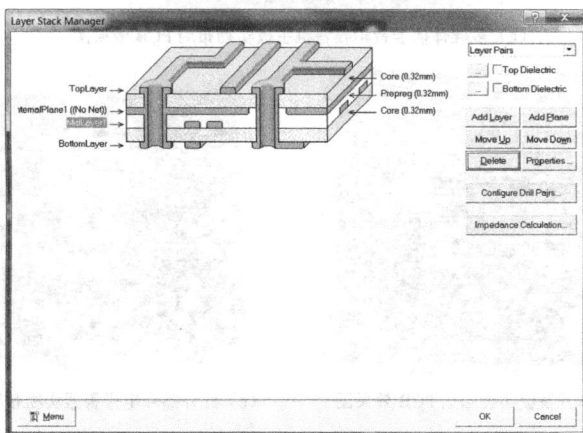

图 6-1-9　新增加一个信号层对话框

（6）最后保存全部编辑文件并退出。

项目二　汽车棚门禁 PCB 交互设计操作

○ 学习目标

（1）学会对指定电子元器件的交互布局的操作方法，使 PCB 板的布局更合理更完美。

（2）掌握交互布局的关键操作步骤。

（3）学会对指定电子元器件的交互布线的操作方法，使 PCB 板的布线更合理、更符合特定要求。

（4）掌握交互布线的关键操作步骤。

○ 问题导读

电子元器件实物布局如何考虑？

Protel 虽然具有自动布局的功能，但并不能完全满足一些电路的工作需要，要根据具体情况，先采用手工布局的方法优化调整部分元器件的位置，再结合自动布局完成 PCB 的整体设计。布局的合理与否直接影响到产品的寿命、稳定性、EMC（电磁兼容）等，必须从电路板的整体布局、布线的可通性和 PCB 的可制造性、机械结构、散热、EMI（电磁干扰）、可靠性、信号的完整性等方面综合考虑。几个电子产品的实物布局 PCB 效果图如图 6-2-1（a）～（c）所示。

（a）多媒体插卡音箱收音机主板实物布局 PCB 效果图

（b）单片机基本开发板实物布局 PCB 效果图

（c）红外热释电报警器实物布局 PCB 效果图

图 6-2-1　实物布局 PCB 板效果图

电子元器件实物布局时，一般应先放置与机械尺寸有关的固定位置的元器件，再放置特殊的和较大的元器件，最后放置小元器件。同时，要兼顾布线方面的要求，高频元器件的放置要尽量紧凑，信号线的布线才能尽可能短，从而降低信号线的交叉干扰等。

知识拓展

布局遵循的原则提高篇

首先，根据电子产品设计要求及开发制作成本，充分考虑 PCB 尺寸。其次，确定特殊元器件的位置。最后，根据电路的功能单元，对电路的全部元器件进行布局。

另外，布局还应考虑以下原则：

（1）尽可能缩短高频元器件之间的连线，设法减少它们的分布参数和相互间的电磁干扰。

（2）带强电的元器件应尽量布置在调试时手不易触及的地方。

（3）热敏元件应远离发热元器件。重量超过 15g 的元器件，应当用支架加以固定焊接。

（4）对于电位器、可调电感线圈、可变电容器、微动开关等可调元器件的布局应考虑整机的结构要求。若是机内调节，应放在印制电路板上方便调节的地方；若是机外调节，其位置要与调节旋钮在机箱面板上的位置相适应。

（5）电路板面尺寸大于 200mm×150mm 时，应考虑电路板所能够承受的机械强度。留出印制电路板的定位孔和固定支架所占用的位置。

（6）尽可能按照电路的流程来安排各个功能电路单元的位置，使布局便于信号流通，注意以每个功能电路的核心元器件为中心，围绕它来进行布局。

（7）位于电路板边缘的元器件，离电路板边缘一般不小于 2mm。电路板的最佳形状为矩形，长宽比为 3 : 2 或 4 : 3。

◯ 知识链接

混合信号 PCB 设计

混合信号 PCB 设计是一个复杂的过程，设计时要注意以下几点：

（1）将 PCB 尽最大限度分区为独立的模拟电路部分和数字电路部分。

（2）合理的单元功能电路及元器件布局，实现模拟和数字电源分割布局。

（3）注意 A/D 转换器跨分区放置。

（4）不要对地进行分割。在 PCB 的模拟电路部分和数字电路部分下面敷设统一地。

（5）在电路板的所有层中，数字信号只能在电路板的数字部分布线。

（6）在电路板的所有层中，模拟信号只能在电路板的模拟部分布线。

（7）布线不能跨越分割电源面之间的间隙。

（8）采用正确的布线规则。

任务一　汽车棚门禁交互布局操作

单片机工作电路中其系统中较为复杂的部分是时钟电路部分，一般晶振要尽量地靠近主控芯片，走线越短越好，才能使其时间频率工作稳定、准确。晶振下最好不走线，尤其是高速信号线。单片机芯片的 XTAL1 和 XTAL2 引脚，即晶体引脚均为高阻引脚，必须小心处理，需确保晶体与 XTAL1、XTAL2 引脚之间的连线距离尽量地短。

现在，已经完成了汽车棚门禁电路设计即"Door.PRJPCB"工程文件，如图 6-2-2 所示。

接下来，我们以汽车棚门禁电路"Door.PCBDOC"设计为例，具体进行晶振电路部分交互布局。

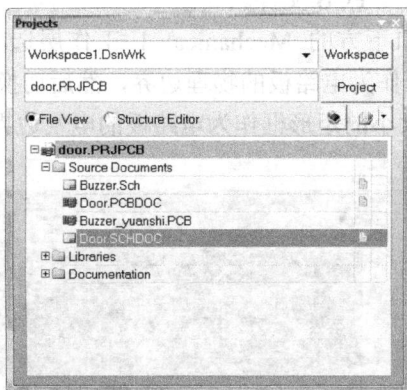

图 6-2-2　Door.PRJPCB

做中学

（1）新建"Door.PRJPCB"工程项目文件，建立"Door.SCHDOC"，并最终完成原理图的检查与修改，各元器件库均已添加，如图 6-2-3 所示。

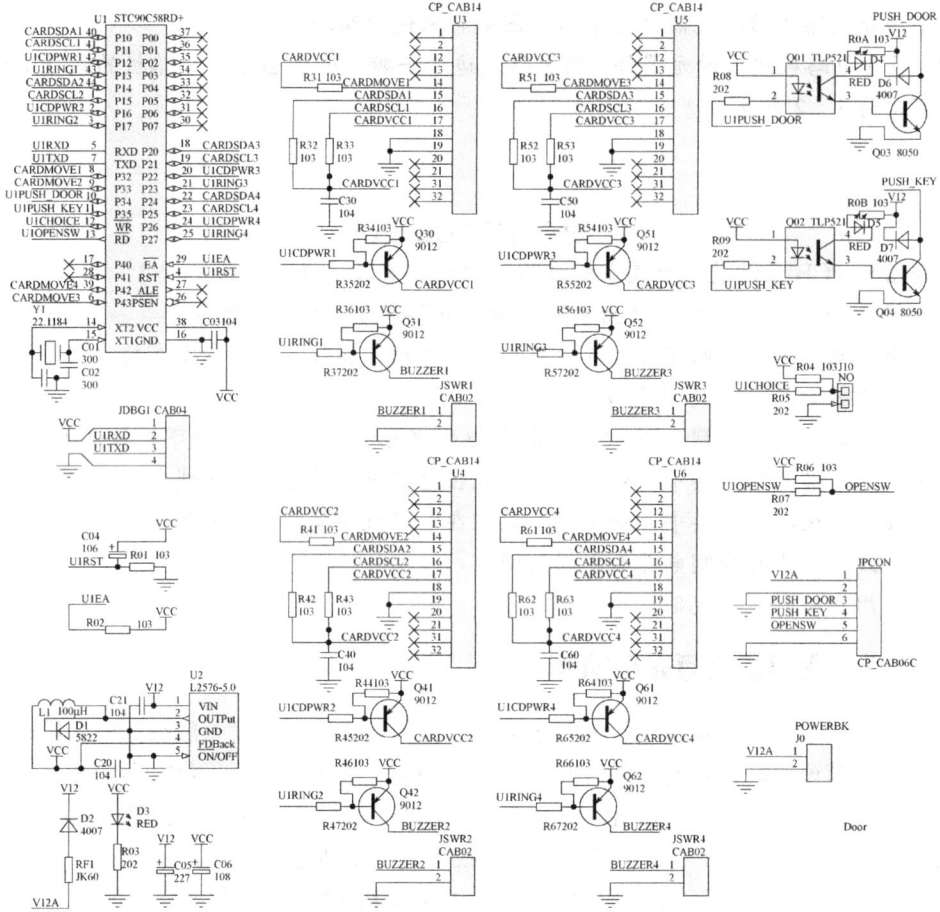

图 6-2-3　新建"Door.SCHDOC"文件

（2）新建"Door.PCBDOC" PCB 文件。

（3）单击 PCB 编辑窗口下方的 Mechanical 1 工作层选项标签，根据坐标绘制一个 125mm×110mm 大小的矩形框作为电路板的物理边界，然后切换到禁止布线层，在物理边界中绘制一个 123mm×108mm 大小的矩形框作为电路板的电气边界。结果如图 6-2-4 所示。

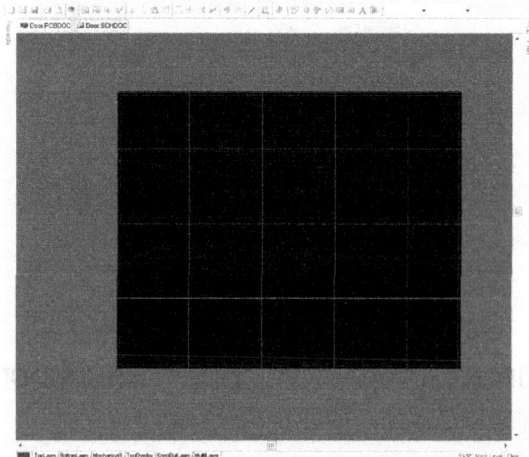

图 6-2-4　电路板规划图

😊 **特别注释**

还可以在定义完禁止布线层之后，单击"Design"→"Board Shape"→"Redefine Board Shape"菜单命令，此时光标变成十字形状，工作窗口变成绿色，系统进入定义 PCB 板外形的命令状态。依据步骤 3 具体数值，即重新定义的电路板边界，绘制一个矩形。

（4）单击"Place"→"Pad"菜单命令，进行放置焊盘（作为安装孔，孔径及 X/Y-Size 为 3.3mm）。操作同上一单元，此处不再重述。结果如图 6-2-5 所示。

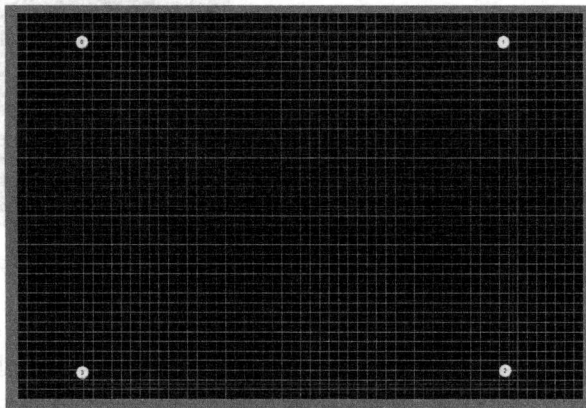

图 6-2-5 放置四个安装孔效果图

（5）单击"Door.SCHDOC"文件，返回原理图编辑环境。单击"Design"→"Update PCB Document Door.PCBDOC"菜单命令，系统将弹出如图 6-2-6 所示的"Engineering Change Order"（设计工程项目变更）对话框。

（6）单击 Validate Changes 按钮执行"验证变更"命令，如果系统没有报错，则单击 Execute Changes "执行原理图变更"按钮，可将网络表和元器件载入"Door.PCBDOC"文件中，"执行变更过程"对话框如图 6-2-7 所示。如果系统报错，则需要关闭该对话框，回到原理图编辑器对原理图进行修改，然后再次执行更新 PCB 命令。

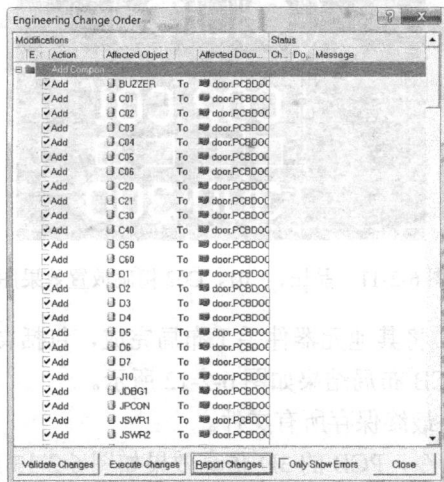

图 6-2-6 "设计工程项目变更"对话框

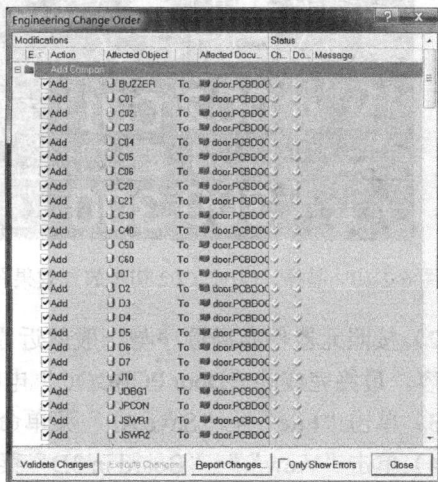

图 6-2-7 "执行变更过程"对话框

（7）元器件封装和网络表载入到 Door.PCBDOC 编辑器中的结果，如图 6-2-8 所示。

（8）单击左下角的"Door"的"Room"，并直接按"Del"键将其删除。接下来进行手工交互布局。

（9）考虑之前提到单片机晶振电路工作的重要性，先对其进行交互布局操作。将单片机 STC90C58RD+、晶振、贴片电容移至电路板中心，如图 6-2-9 所示。

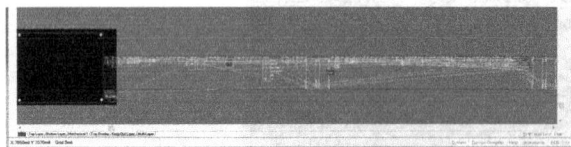

图 6-2-8　载入元器件封装后窗口显示效果

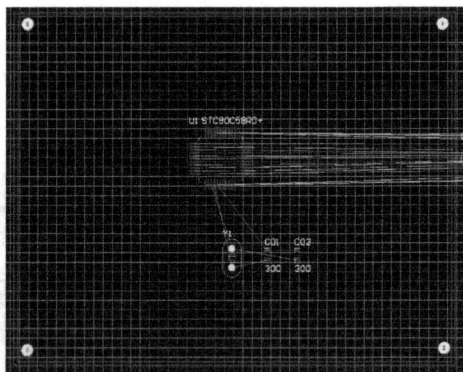

图 6-2-9　单片机晶振电路部分准备预布局

（10）根据单片机芯片的 14、15 引脚（XTAL1、XTAL2 引脚）位置，依次放置 Y1 晶振、C01、C02，按空格键，改变其元件方向，就近放置在单片机芯片引脚处，如图 6-2-10 所示。

（11）精细布局 Y1、C01、C02（有时，肉眼很难分辨）。仔细看 PCB 布局图，将其放大，观察它们飞线并不够竖直，而且电容 C01、C02 顶端并没有对齐。一方面参考飞线方向及长短。另一方面移动 Y1、C01、C02，将飞线拉竖直。再选择 C01、C02 两电容，通过单击"Edit" → "Align"菜单命令，在子菜单下选择"Align Top"命令，精确放置结果如图 6-2-11 所示。

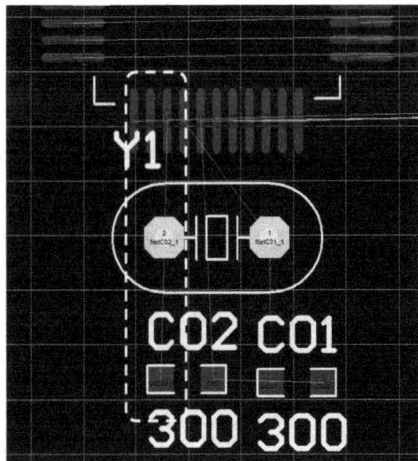

图 6-2-10　晶振、C01、C02 初步放置效果图　　图 6-2-11　晶振、C01、C02 精确放置效果图

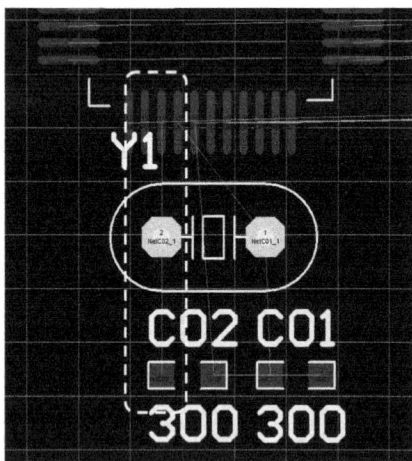

（12）按照元器件布局顺序与一般就近原则，将其他元器件手工布局完成，包括文字标注等内容。最终完成的"Door.PCBDOC"电路 PCB 布局结果如图 6-2-12 所示。

（13）单击"File" → "Save All"菜单命令，最终保存所有文件。

（14）单击"View" → "Board in 3D"菜单命令，PCB 的 3D 仿真效果如图 6-2-13 所示。

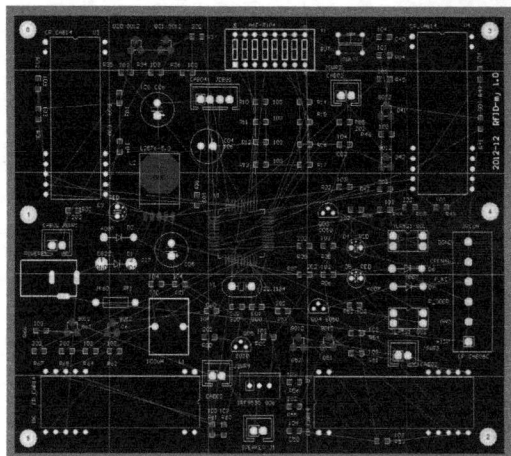

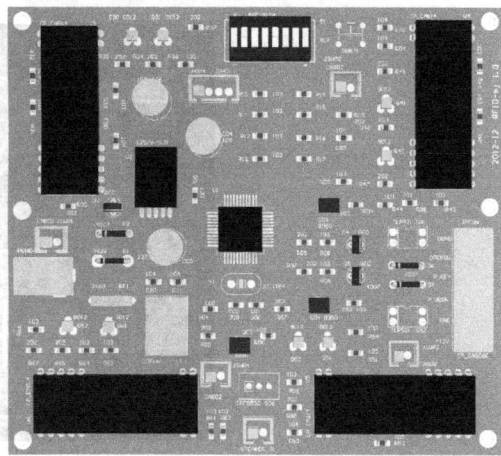

图 6-2-12　最终完成汽车棚门禁 PCB 的布局完成效果图　图 6-2-13　最终完成 PCB 的 3D 仿真效果图

总之，时钟电路要处理好，其布线也较为关键，所有安排一律从优，要特殊照顾。

任务二　汽车棚门禁交互布线操作

做中学

下面来手工完成汽车棚门禁单片机芯片 14、15 引脚到晶振的导线连接设计，且锁定。

（1）打开汽车棚门禁电路"Door.PRJPCB"工程项目文件，单击打开"Projects"面板下的"Door.PCBDOC"文件。

（2）单击"Wiring"工具栏中的 按钮或单击"Place"→"Interactive Routing"菜单命令，即可进入放置导线命令状态，此时光标变为十字形状。

（3）移动光标到 14 引脚焊盘上，待光标变为小圆圈时，单击鼠标左键即可确定导线的起点在该脚上。如图 6-2-14 虚线圈所示。

（4）移动光标至 Y1 的 2 脚焊盘处，单击即可确定导线的终点，然后右击退出绘制导线命令，导线连接结果如图 6-2-15 所示。

（5）同理完成 15 引脚到 Y1 第 1 引脚的导线连接。结果如图 6-2-16 所示。

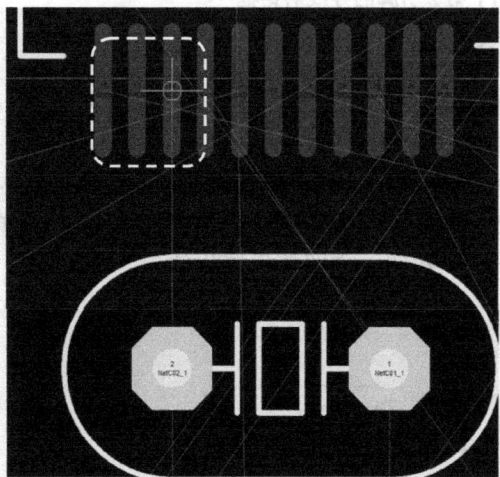

图 6-2-14　捕获到 14 引脚焊盘

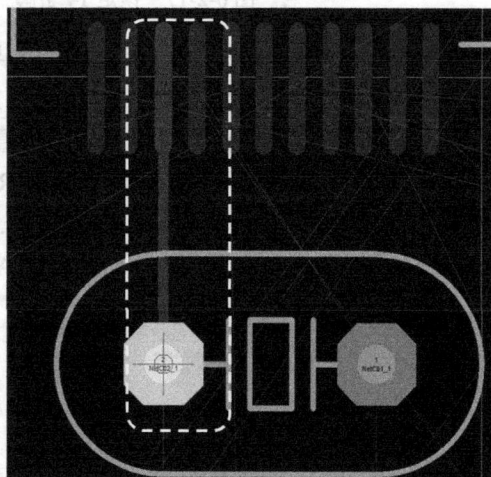

图 6-2-15　完成 14 引脚到 2（Y1）焊盘导线连接

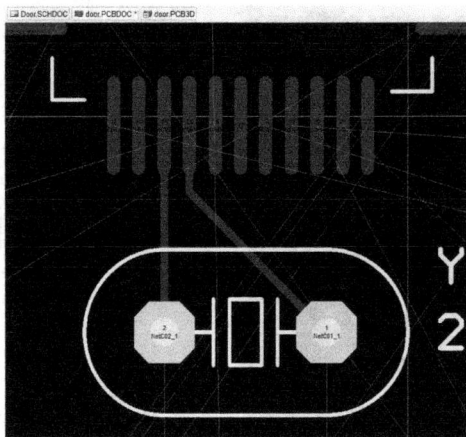

图 6-2-16　完成 14、15 引脚到 Y1 的导线连接

😊　**特别注释**

绘制导线过程中，在适当位置处通过单击鼠标左键即可实现导线的转角，按"Space"（空格）键可以改变导线的转角位置，更多详细内容参见前面单元关于转角导线的介绍。

（6）双击 14 引脚与 Y1 第 2 引脚的导线，打开"Track"对话框，选择"Locked"复选框，完成导线锁定操作，即表示此线在将来的自动布线中保持不变。对话框如图 6-2-17 所示。

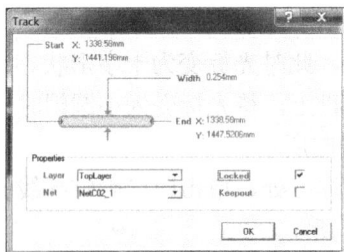

图 6-2-17　锁定 14 引脚到 Y1 第 2 引脚的导线对话框

（7）同理完成 15 引脚到 Y1 第 1 引脚的导线锁定。

（8）导线规则设置。单击"Design"→"Rules（规则）"菜单命令，打开"PCB Rules and Constraints Editor"（元器件布局设计规则设置）对话框。

（9）依次单击打开左侧目录树结构中"Routing（布线）"→"Width"→"Width"选项，在"Preferred Width"（典型宽度）栏填入"0.254mm"，在"Max Width"（最大宽度）栏填入 2.0mm，结果如图 6-2-18 所示。可以单击"Apply"按钮，立即使设置生效。

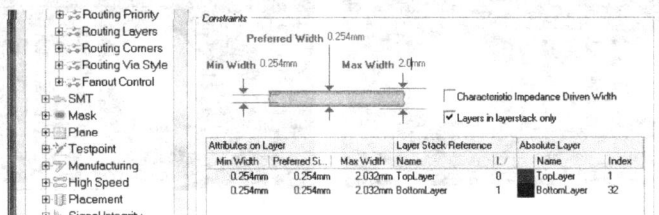

图 6-2-18　"Width 设置"对话框

（10）接下来，其余导线全部自动布线，单击"Auto Route"→"All"菜单命令，单击 [Route All] 按钮，进行自动布线，结果如图 6-2-19 所示。

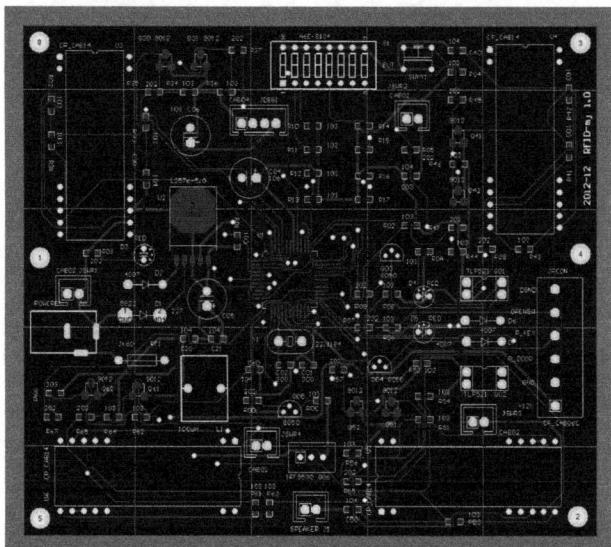

图 6-2-19　汽车棚门禁电路 PCB 自动布线结果

特别注释

每次自动布线的结果可能不同（如个别元器件调整位置），设计者可以多进行几次自动布线，然后做一对比，选择最满意的一次。

（11）最后，还可以调整自动布线的结果。例如，调整绕远的导线、转直角的导线。

项目三　汽车棚门禁电路板的敷铜设计

学习目标

（1）熟悉设置敷铜参数。
（2）掌握 PCB 敷铜具体操作步骤，能进行合理的包地操作。

问题导读

PCB 敷铜设计这一步可以省略吗？

简单电子产品 PCB 板敷铜设计过程可以省略。但是，随着电子产品设计的"水涨船高"，PCB 整体设计尤其是在 PCB 的设计过程中，为了提高系统的抗干扰能力和考虑通过大电流等因素，通常需要放置大面积的电源和接地区域，电路板敷铜设计就显得非常必要了。

知识拓展

加上敷铜设计

如图 6-3-1 所示为汽车棚门禁电路 PCB 底层敷铜面板效果图。主板电路有 RFID 模块控制部分电路，需要很好的无线信号传输保证，提高系统的抗干扰能力，电路左边整个区域很明显要加上敷铜设计。

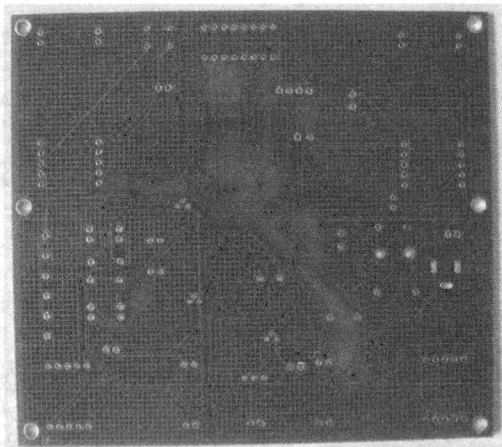

图 6-3-1　汽车棚门禁 PCB 主板（底面）敷铜效果图

Protel 提供了绘制填充区来实现这一功能。通常的填充方式有两种：矩形填充（Fill）和多边形填充。多边形填充是把大面积的铜箔处理成网线状，而矩形填充仅是完整保留铜箔。初学者设计过程中，在计算机上往往看不到二者的区别，实质上，只要你把 PCB 图面放大后就一目了然了。这里要强调的是，前者在电路特性上有较强的抑制高频干扰的作用，适用于需做大面积填充的地方，特别是把某些区域当做屏蔽区、分割区或大电流的电源线时尤为合适。后者多用于一般的线端部或转折区等需要小面积填充的地方。

○ 知识链接

换个角度更美

在 PCB 编辑状态下，按"P+G"组合键，弹出"Polygon Pour"（敷铜）对话框，可以进行敷铜的放置与属性编辑，如图 6-3-2 所示。

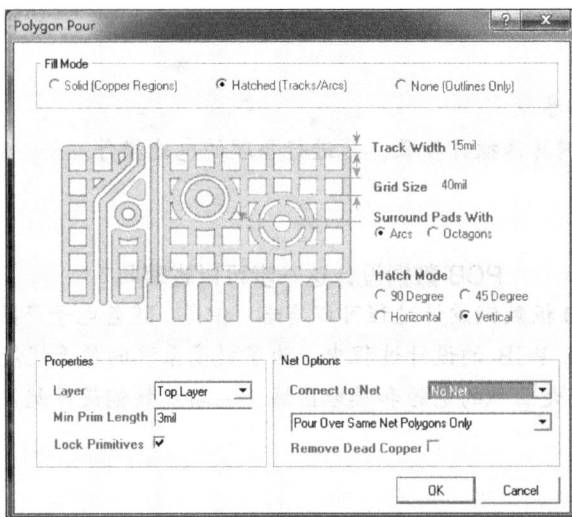

图 6-3-2　"Polygon Pour"（敷铜）对话框

在该对话框中，可以选择的"Fill Mode"（填充模式）有三种：Solid［实心填充（铜区）］、Hatched［阴影线化填充（导线/弧）］及 None［无填充（只有边框）］。

（1）对于"Solid"填充模式，可设置是否删除岛，进行弧形逼近以及设置是否删除凹槽。

（2）对于"Hatched"填充模式，可以设置围绕焊盘的形式、多边形填充区的网格尺寸、导线宽度及所处的层等参数。

① "Surround Pads With"（围绕焊盘）有两种形式可供单选，分别为弧形（Arcs）和八角形（Octagons），实际敷铜后焊盘的两种环绕方式效果如图 6-3-3（a）和图 6-3-3（b）所示。

（a）弧形 Arcs　　　　　　　　　　　（b）八角形 Octagons

图 6-3-3　焊盘的两种环绕方式效果图

② "Hatch Mode"（阴影线化填充模式）有四种形式可供单选，分别为"90 Degree"（90°填充）、"45 Degree"（45°填充）、"Horizontal"（水平填充）和"Vertical"（垂直填充）。

（3）对于"None"（无填充）模式，可以设置导线宽度，以及围绕焊盘的形状。

任务一　汽车棚门禁 PCB 敷铜参数设置

下面结合汽车棚门禁电路工程项目设计，进行对电路地线的敷铜操作。

做中学

（1）打开汽车棚门禁电路"Door.PRJPCB"工程项目文件，双击打开"Projects"面板下的"Door.PCBDOC"文件。

（2）单击"Tools"→"Un-Route"→"Net"菜单命令，此时光标变成十字状态，将光标移至任意一段地线（连接 GND 导线）上，如图 6-3-4 所示。

（3）单击即可完成删除所有地线网络的布线，此时汽车棚门禁电路 PCB 图变成如图 6-3-5 所示效果，自动布线的地线没了，变回飞线状态。

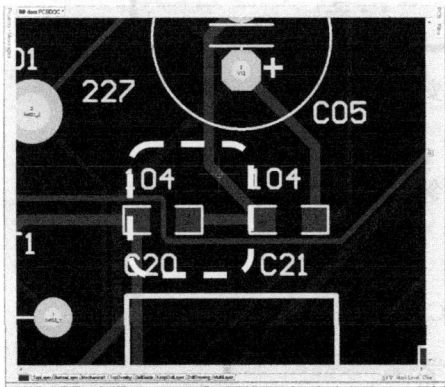

图 6-3-4　删除 GND 导线　　　　　　　　　图 6-3-5　删除地线后的 PCB 效果图

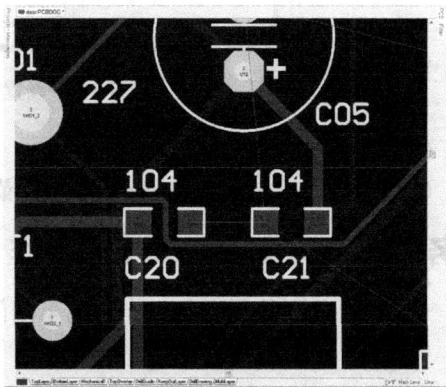

（4）单击"Design"→"Rules…"菜单命令，进入电路板设计规则设置对话框，依次单击打开左侧目录树结构中"Plane"→"Polygon Connect Style"→"Polygon Connect"设置规则选项，设置敷铜与其在相同网络标号元器件的"Connect Style"（连接方式）为 Direct Connect ▼。

设置敷铜"连接方式"对话框如图 6-3-6 所示。

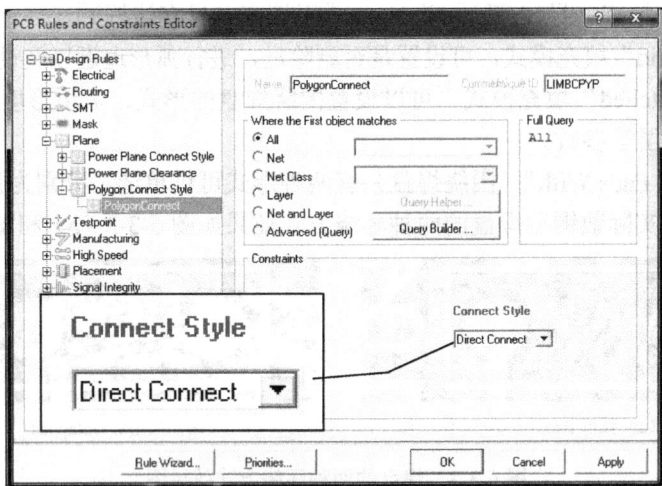

图 6-3-6　设置敷铜"连接方式"对话框

（5）单击打开左侧目录树结构中"Power Plane Clearance"→"Plane Clearance"设置规则选项，将安全间距设置为 0.5mm，如图 6-3-7 所示。

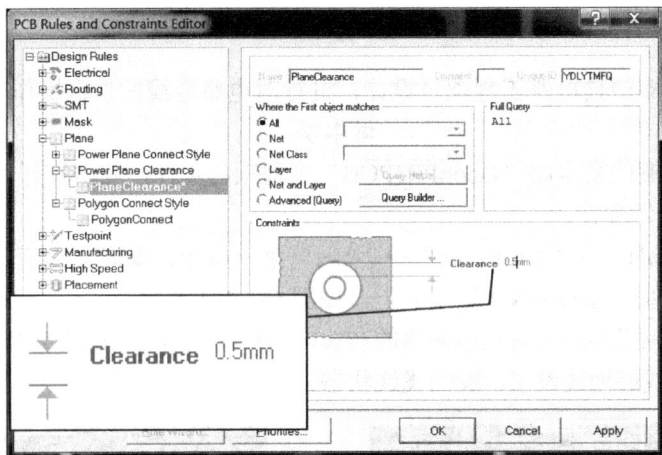

图 6-3-7　设置敷铜"安全间距"对话框

（6）单击"OK"按钮。

（7）单击"File"→"Save　ALL"菜单命令，将文件保存。

任务二　汽车棚门禁 PCB 敷铜操作

完成了前面几项准备工作，汽车棚门禁 PCB 就可以进行敷铜的操作了。

做中学

（1）单击"Place"→"Polygon Pour"菜单命令或按"P+G"组合键，弹出"Polygon Pour"（敷铜）对话框，设置敷铜相关参数，如图 6-3-8 所示。

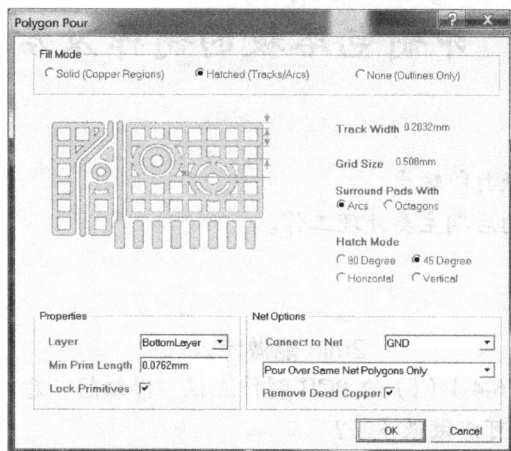

图 6-3-8　设置"Polygon Pour"对话框

😊 **特别注释**

➤ 在该对话框中，Fill Mode（填充模式）选择"Hatched"[阴影线化填充（导线/弧）]。
➤ Surround Pads With（围绕焊盘）设置为"弧形"（Arcs）。
➤ Hatch　Mode"（阴影线化填充模式）选择"45 Degree"（45°填充）。
➤ Grid Size 为"40mil"，Track Width 为"15mil"，Min Prim Length 为"3mil"，"Connect
to Net"接到地线。
➤ Layer 选择"Bottom Layer"。
➤ 下拉选择"Pour Over All Same Net Objects"选项。
➤ 选中"Remove Dead Coper"复选项。

（2）设置好敷铜的属性后，鼠标变成十字光标状，将鼠标移动到"Keep-out Layer"（禁止布线层）其中任意一个角的内侧位置，单击鼠标确定放置敷铜的起始位置。再移动鼠标依次到另外三个角的内侧位置单击，确定敷铜范围（矩形封闭区域），即选中整个电路板。

（3）敷铜区域选择好后，右击鼠标退出放置敷铜状态，系统自动运行敷铜并显示敷铜结果，如图 6-3-9 所示。

（4）同步骤（2）、（3），进行"Top Layer"同样的敷铜操作，结果如图 6-3-10 所示。

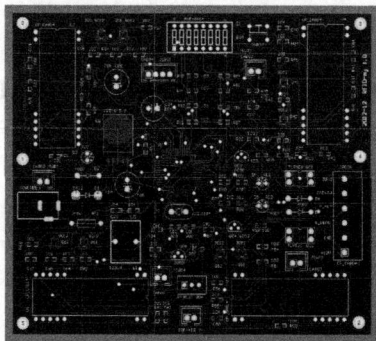

图 6-3-9　汽车棚门禁电路 PCB 底层敷铜结果

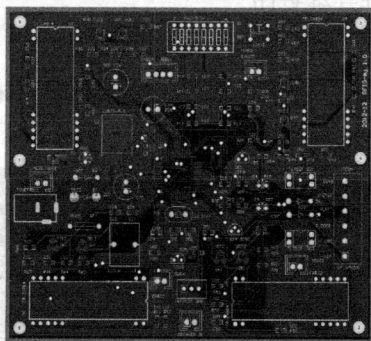

图 6-3-10　汽车棚门禁电路 PCB 顶层敷铜结果

项目四　印制电路板的制作及后期处理

学习目标

（1）学会 PCB 菲林纸打印输出。

（2）熟悉 PCB 制板的后期主要处理工作。

问题导读

2min 能做什么？

看图 6-4-1（a）～图 6-4-1（f）的 PCB 制作流程，仔细想一想？（参考第一单元 555 门铃电路）是不是我们真的可以做很多了？

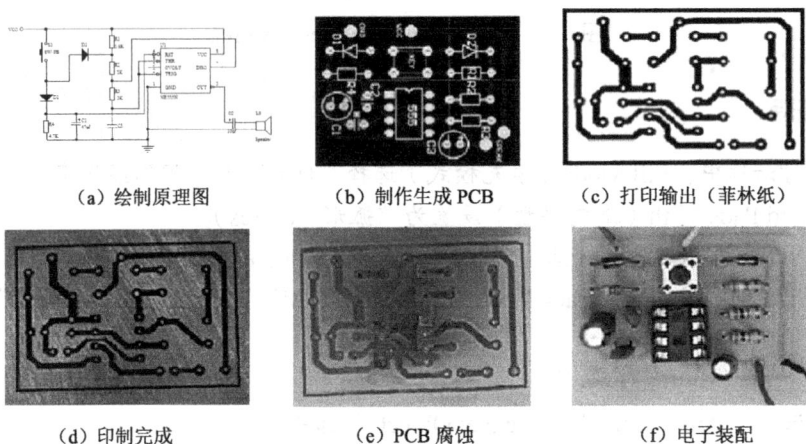

（a）绘制原理图　　　（b）制作生成 PCB　　　（c）打印输出（菲林纸）

（d）印制完成　　　（e）PCB 腐蚀　　　（f）电子装配

图 6-4-1　PCB 制作流程

知识拓展

20min 能做什么？

（1）图形设计输出≤3min。

打开 PROTEL 设计的电路原理图和 PCB 设计文件，将设计好的电路板图形通过打印机打印出来，设置过程参考第三单元的项目五。最好选用高质量的喷墨打印机或激光打印机，要注意保持线路的完好性。使用材料：普通 A4 打印纸打印测试，测试正确后，使用硫酸纸或光绘菲林纸打印。

（2）选板裁定≤2min。

选择与线路板设计大小相符的光印板，将光印板取出，如图 6-4-2 所示，利用（STR-CBJ 型）线路板裁板机，可根据裁板机上的精确刻度进行裁切，余下的放置于常温暗处进行保存。

图 6-4-2　取出的光印板

（3）快速制板≤15min（这里以 STR-FII 环保型快速制板系统做说明）。

① STR-FII 制板系统如图 6-4-3 所示，主要包括两大部分：主机及透明塑料操作区。主机部分主要有：真空曝光区、制板工作区。

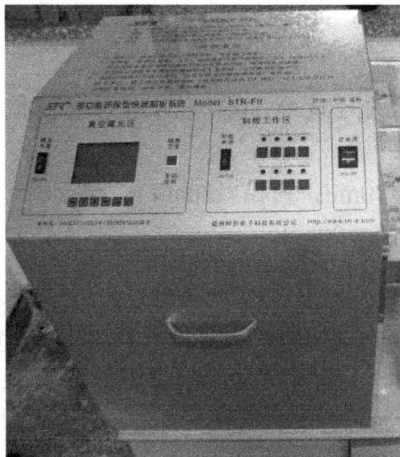

图 6-4-3　STR-FII 环保型快速制板系统

② 透明塑料操作区主要由显影、过孔、蚀刻共 4 个槽组成，其中蚀刻分为 A、B 两个槽，每个槽边上都有标示指向说明，如图 6-4-4 所示。

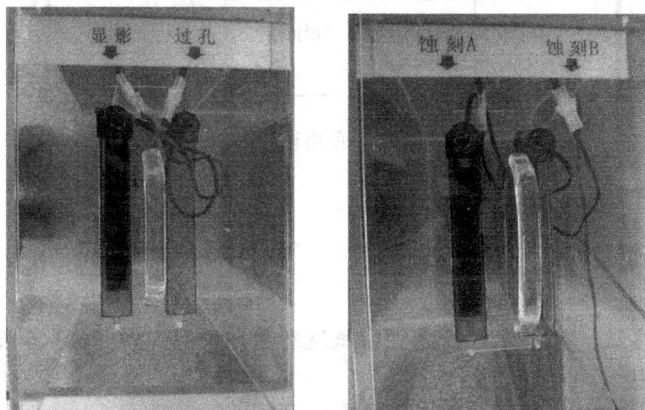

图 6-4-4　透明塑料操作区

○ 知识链接

200min 能做什么？

做 = 学习 + 实践 + 反思 + 总结 ≤ 再学习 + 再实践 + 再反思 + 再总结
　　= 操作技能水平 ≤ 综合能力
　　= 200min ≤ 2min + 20min

任务一　PCB 菲林纸的打印

打印菲林纸是整个电路板制作过程中至关重要的一步，建议用激光打印机打印，以确保打印的高质量。制作单面板中需打印一层，而双面板就需要打印两层。下面就菲林纸打印过程，说明其操作步骤。

做中学

（1）修改准备好 PCB 图。在 PCB 图的顶层和底层分别画上边框，边框尺寸、位置要求即上下层边框重合起来，以替代原来禁止布线层的边框，确保曝光时上下层能对准。

☺ **特别注释** ────────────────────────────────

为确保 PCB 焊盘和引线孔尺寸适中，确保钻孔较精确，不影响将来电气连接，建议如下设置：

➤ 直插器件引线孔外径≥70mil，内径≤20mil。

➤ 过孔外径为 50mil，内径≤20mil。

──

（2）打印设置。注意对顶层、底层 PCB 输出设置，但在这里是输出双层面板，一方面注意打印尺寸设置默认为1：1，另一方面要将顶层设置为"Holes"及"Mirror"（镜像），底层直接打印即可。顶层设置窗口如图 6-4-5 所示。

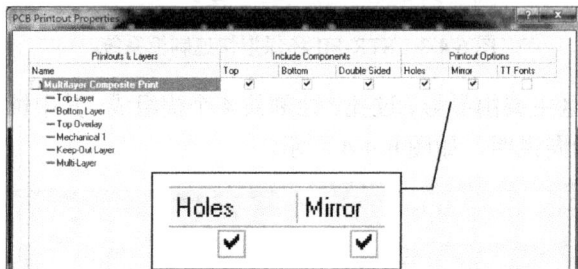

图 6-4-5　顶层设置窗口

（3）将 PCB 图顶层、底层分别打印输出。

☺ **特别注释** ────────────────────────────────

为防止浪费菲林纸，可以先用精通打印纸进行打印测试，待 PCB 各层打印正确无误后，再用菲林纸打印输出。

打印的时候要注意，Top 层要选择镜像打印，Bottom 层直接打印就可以了，这样做的目的是为了让菲林的打印面（碳粉面/墨水面）紧贴着感光板的感光膜。如图 6-4-6 所示是一张打印好的菲林纸。

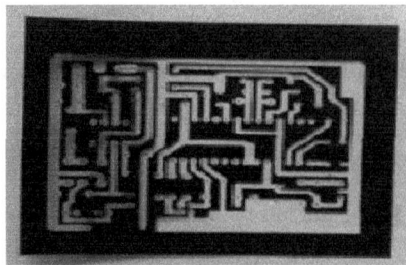

图 6-4-6　打印好的一张菲林纸

任务二　PCB 制板后期处理操作

菲林纸打印好以后，接下来准备进行曝光操作。用 STR-FII 环保型快速制板系统进行曝光工艺，操作简便，而且曝光时间极短，可在 60～90s 之内完成全部曝光工作。

做中学

1. 曝光操作

（1）打开抽屉式曝光系统，将真空扣扳手以大拇指推向外侧扳，如图 6-4-7 所示。往上翻以打开真空夹，将光印板置于真空夹的玻璃上并与吸气口保持 10cm 以上的距离，然后在光印板上放置图稿，图稿正面贴于光印板之上，将双面板的两张原稿对正后将左右两边用胶带贴住，再将光印板插入原稿中，然后压紧真空夹扳手，以确保真空，如图 6-4-8 所示。

图 6-4-7　打开抽屉式曝光系统

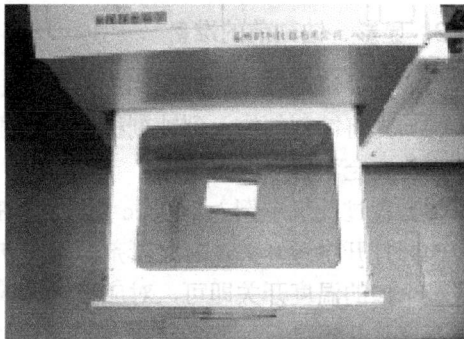

图 6-4-8　光印板上放置好图稿

（2）打开电源开关，显示屏上出现功能字幕，如图 6-4-9 所示。

① 按"▦"键，选择您所需要的功能，如：上曝光灯、下曝光灯等。

② 按"↑"、"↓"、"➡"键选择功能的设置，上曝光灯：开、下曝光灯：开、抽真空泵：开、曝光时间：90s。

③ 设置好所需要的功能后，按"▦"键，回到主屏幕。

④ 按"▦"键，开始曝光，警报声响起后，说明已曝光完成，按任一键返回。

⑤ 如果线路不够黑，请勿延长时间，以免线路部分渗光，建议用两张图稿对正贴合以增加黑度。曝光时间为 170～200s。

（3）曝光好后，将真空扣往外扳并轻轻往上推，当真空解除后，即可轻松取出已曝光好的光印板，如图 6-4-10 所示。

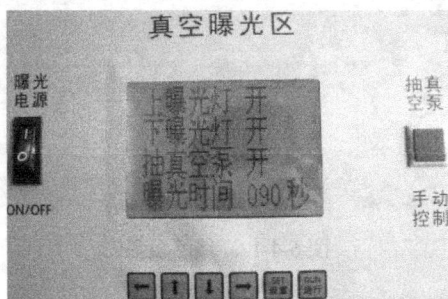

图 6-4-9　显示屏上出现功能字幕

图 6-4-10　曝光结束

201

特别注释

➢ 避免于 30cm 以内直视灯光，如有需要请戴太阳眼镜保护。

➢ 更换保险丝时请先将旁边的电源线插头拔掉，以免触电。保险丝为 5A（100～120V），3A（200～240V）。

➢ 请勿使用溶剂擦拭曝光机的透明胶面以及面板文字。

➢ 本机光源长时间使用后会逐渐减弱（与日光灯同），请酌增秒数。

➢ 计算机绘图、COPY，或照相底片以反向（绘图面与光印膜而接触）为佳。

➢ 断线、透光或遮光不良的原稿请先以签字笔修正。

2．显影、蚀刻前的准备

（1）将显影剂按 1∶20 配比加入清水，溶解后为显影液。

（2）先将蚀刻剂加入到蚀刻机中，再加清水至 30cc，用玻璃、木棒、筷子或塑料棒予以搅拌，待完全溶解后即可使用。

（3）在过孔机中倒入 2000cc 的过孔药剂。

（4）打开电源开关，对显影剂、蚀刻剂、过孔剂进行加热，如果只用一个蚀刻槽，只需打开一个槽的温度开关即可，对应按：▨、▨、▨ 下面的红色开关键 ▨。制作双面板时须开启过孔恒温。

（5）当液体温度达到设定的温度时，温度计上的红灯会熄灭。这时打开空气泵，按绿色开关键 ▨，让液体保持流动状态。

3．显影操作

（1）将上述曝光好的线路板，放入显影机的显影液内，如图 6-4-11 所示。

（2）约 1～3s 后，可见绿色光印墨微粒散开，直至线路全部清晰可见且不再有微粒冒起为止，如图 6-4-12 所示。

（3）总时间约为 5～20s，否则即为显影液过浓或过稀及曝光时间长短影响。

图 6-4-11　线路板放入显影机　　　　　　图 6-4-12　线路板显影

4．蚀刻操作

把显像完成的光印板用塑料夹夹住，放入蚀刻槽内至完全蚀刻好，全程只需 6～8min（全程清晰可见）。取出并用清水洗净，光印板蚀刻完成结果如图 6-4-13 所示。

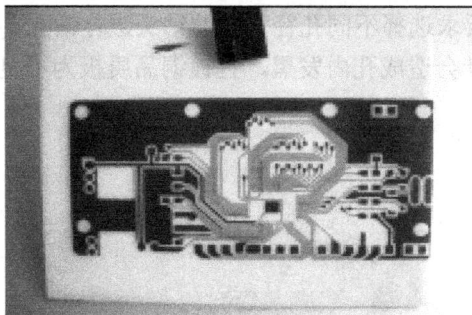

图 6-4-13　光印板蚀刻完成结果

:) **特别注释**

制作双面板，双面光印板的曝光、显影、蚀刻操作步骤与上面的展示过程（制作单面板）完全一致，蚀刻好后再进行防镀、钻孔及过孔前处理。

准备好制作双面板的辅助材料：

A. 各种液剂：防镀液、表面处理剂、活化剂、剥膜剂、预镀剂，如图 6-4-14 所示。

B. 毛刷 1 支。

C. 塑胶平底浅盆。

图 6-4-14　各种液剂

5. 防镀操作

把防镀剂均匀地涂到双面板上，反复 3～4 次，放在通风处风干，如图 6-4-15（a）和图 6-4-15（b）所示。

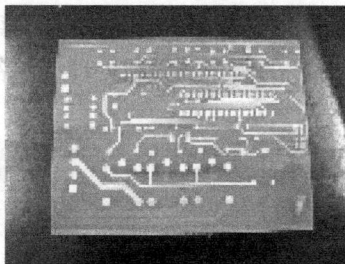

（a）涂防镀剂　　　　　（b）风干后

图 6-4-15　防镀操作

6. 钻孔操作

双面板风干后，根据要求选择不同孔径大小的钻头进行钻孔，如图 6-4-16 所示。请务必使用钨钢钻针，一般碳钢针会造成孔内发黑，且镀铜品质极为不良。

图 6-4-16　钻孔操作

7. 过孔前处理

完全严格按照操作手册规程进行操作即可。

☺ 特别注释

➤ 在这几个关键步骤的操作中，板子、刷子、盆子均需清水即时洗净。

➤ 清洗完的板子，每次均需轻轻拍击，把孔内的水分拍击出来。

➤ 用手指压光印板时请勿压到孔洞。

➤ 除剥膜及镀前处理外，刷涂主要是让药水进到孔内与孔壁反应，板面上药水并无作用。

➤ 每道工序做完，请尽快水洗并移到下一步骤。

➤ 药水无毒性但含酸碱，请戴手套，勿穿棉质衣物，不慎碰到眼睛，请用清水冲洗 5min 左右。

技能重点考核内容小结

（1）熟练掌握印刷线路板板层选项设置。

（2）熟练掌握 PCB 手工布局、布线操作。

（3）能进行合理的 PCB 板敷铜设置与操作。

（4）能正确设置打印环境并输出 PCB 菲林纸（具备条件的）。

（5）能独立进行 PCB 板的制作及后期处理（具备条件的）。

习题与实训

一、填空题

1. 在印刷板材料本身实实在在存在的、各负其责的铜箔称为_____。

2．为方便电子元器件的安装和电路的维修，在 PCB 上下两表面印刷上所需要的标志图案和文字代号称为_____层。

3．Protel 有_____个信号层，有_____个内电层。

4．单击_____菜单下的"Full Circle"（整圆法）菜单命令，进入放置圆弧即安装孔状态。

5．常认为如果数字逻辑电路的频率达到或者超过 45MHz～50MHz，而且工作在这个频率之上的电路已经占到了整个电子系统一定的比例（比如说 1/3），就称为_____。

6．单击"Place"→"Interactive Routing"菜单命令，即可进入放置_____命令状态，此时光标变为十字形状。

二、选择题

1．下面选项表示信号层的是（　　）。

    A．Mechanical Layer   B．Silkscreen

    C．Signal Layer   D．Internal Layer

2．设计 PCB 板尺寸的当前层为（　　）。

    A．Mechanical 1   B．Silkscreen

    C．Signal Layer   D．Internal Layer

3．少于 100 个元器件自动布局设置选项为（　　）。

    A．Statistical Placer   B．Cluster Placer

    C．Signal Layer   D．Internal Layer

三、判断题

1．"Auto Route"（自动布线）"Net"菜单命令表示对指定的网络进行自动布线。（　　）

2．布线设置时尽量加宽电源、地线宽度，最好是电源线比地线宽，它们的关系是：地线＜电源线。 （　　）

3．通常的 PCB 电路设计中，为了提高电路板的抗干扰能力，在电路板上没有布线的空白区间铺满铜膜。 （　　）

四、简答题

1．PCB 板上敷铜的作用是什么？

2．Protel 的"Polygon Pour"（敷铜）对话框通常有哪几种模式？

3．PCB 板后期制作主要包括哪些操作过程？

五、实训操作

实训一　设置五层电路板

1．实训任务

按要求完成五层电路板设置。

2．任务目标

（1）熟悉并掌握 PCB 相关菜单及工具栏的使用。

（2）掌握 PCB 的"Layer Stack Manager"设置管理操作。

（3）培养学生独立操作、解决问题的能力。

3. 实训操作

（1）PCB 板尺寸规格：80.0mm×80.0mm（X×Y），边框距离 1.5mm。

（2）要求设置五层电路板：三层信号层，夹 VCC 和 GND 两个内电层。

要求最终设计完成五层 PCB 板。

实训二　汽车倒车数码雷达 PCB 板的敷铜设计

1. 实训任务

按要求完成汽车倒车数码雷达 PCB 板的敷铜设计。

2. 任务目标

（1）掌握 PCB 板敷铜参数的设置。

（2）熟悉并掌握 PCB 敷铜设计。

（3）培养学生善于思考、发现问题、解决实际问题的能力。

3. PCB 准备

参考第四单元汽车倒车数码雷达图。

4. 实训操作

（1）敷铜设置要求："90 Degree Hatched"（90°阴影线化填充），围绕焊盘分别为弧形（Arcs）、选择"Remove Dead Coper"复选项、选择"Pour Over All Same Net Objects"项，连接到的网络为"GND"，"Grid Size"为"40mil"，"Track Width"为"10mil"。

（2）进行敷铜后的 3D 仿真输出。

最终完成设计的汽车倒车数码雷达 PCB 敷铜参考如图 6-1 所示，3D 仿真参考如图 6-2 所示。

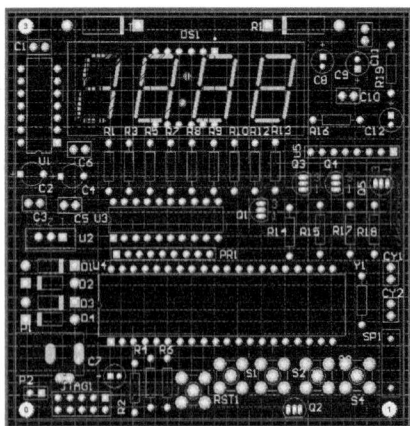

图 6-1　PCB 敷铜效果图

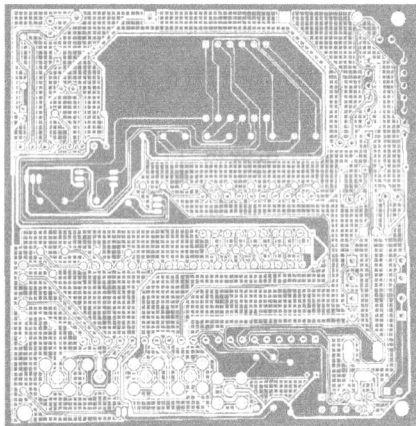

图 6-2　3D 仿真效果图

实训三　模拟两路循环彩色信号灯敷铜设计

1. 实训任务

参考第四单元课后习题实训二电路原理图，完成循环彩灯 PCB 敷铜设计，参考 6-3 所示各图。

2. 设置要求（重点参考）

（1）电阻、瓷片电容封装可以采用 SMD 形式。

（2）锁定焊盘（四个焊盘坐标精准）、LED、U5、U6、U7。

（3）元器件布局排列整齐。

（4）电气安全间距设置为 15mil。

（5）进行双层布线。

（6）敷铜设置："90 Degree Hatched"（90°阴影线化填充），围绕焊盘分别为八角型，选择"Remove Dead Coper"复选项，选择"Pour Over All Same Net Objects"项，连接到的网络为"VCC"，"Grid Size"为"50mil"，"Track Width"为"15mil"。

（7）3D 仿真输出。

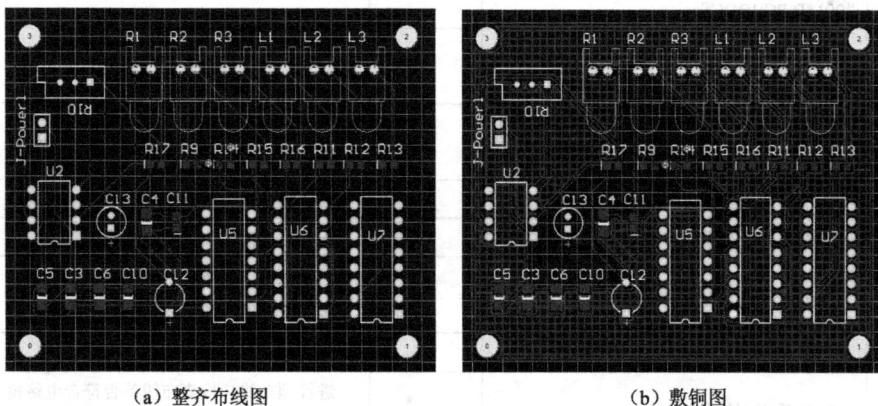

（a）整齐布线图   （b）敷铜图

图 6-3　循环彩灯 LED PCB 设计参考效果图

实训四　绘图员职业资格认证（电路 PCB 设计部分）模拟考试

1. 实训任务

按要求完成印刷电路板设计（满分 25 分）。

2. 设计要求

（1）打开第三单元工程项目文件，命名为"2014.PRJPCB"文件，在其下新建一个 PCB 文件，命名为"2014B.PCBDOC"。

（2）PCB 尺寸设置为 75mm×65mm，采用插针式元件，两层布线。

（3）根据如图 6-4 所示的封装信息，给 LS7812 制作一个封装库，并添加在 LS7812 上。

（4）电路板中焊盘与走线的安全距离为 8mil。GND 在底层走线且线宽为 40mil，GND 在顶层走线且线宽为 30mil，其余线宽为 15mil。

（5）要求 PCB 元件布局合理，符合 PCB 设计规则。

（6）要求设计、编辑、检查等操作过程正确、规范。

DIM	MIN	MAX
* A	0.45	0.55
B	1.65	1.95
C	0.90	1.50
D	0.45	0.60
* E	6.40	6.80
* F	5.20	5.60
G	2.20	2.80
H	—	2.30
I	—	0.90
J	—	0.80
K	5.20	5.50
L	1.40	1.60

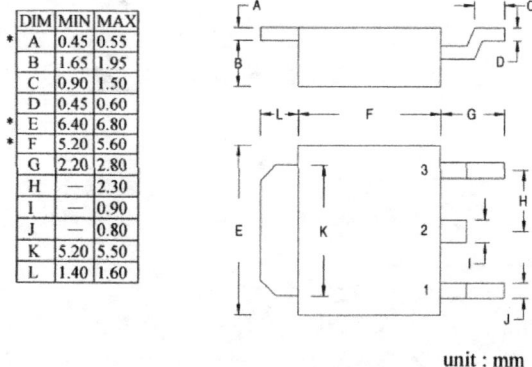

unit : mm

图 6-4　LS7812 封装参考信息

绘图员职业资格（电路 PCB 设计部分）模拟考试评价表

省市地区		考点校名		PC 号		考试时间	
考核内容			配分	重点评分内容			扣分
电路 PCB 设计			25	按照题目要求完成设计			
1	创建 PCB 文件：打开项目文件，命名为"2014.PRJPCB"，新建 PCB 文件命名为"2014B.PCBDOC"		2	文件建立正确			
2	PCB 尺寸设置：75mm×65mm，采用插针式元件，两层布线		2	设置数据正确，两层设计正确			
3	创建 PCB 库元器件封装库：（根据所给封装信息）		5	创建库元件封装正确，具体参数符合要求			
4	布线的设置与操作		2	按要求正确完成走线设置			
5	电路板安装孔设计		1	正确设置 Arc，准确放置圆弧			
6	PCB 手工布局及集群编辑		7	ST Operational Amplifier.INTLIB 库添加正确，设计符合要求			
7	创建网络表		1	正确创建网络表文件，内容正确			
8	PCB 手工调整布线		3	进行预布线，检查布线是否符合电路模块要求，修改布线，并符合设计要求			
9	PCB 综合检查		2	对元器件参数、布局、布线等能处理一般性的错误，及时更新			
综合评定成绩				教师签字			

电子线路仿真操作

了解 Protel 的仿真功能，熟悉 Protel 常用仿真元器件及激励源的设置方法，掌握 Protel 电子线路仿真分析的选择与参数设置的方法，学会建立和调用仿真元器件封装库的基本操作方法，学会使用静态工作点分析、交流小信号分析等仿真分析方法。基本掌握模拟电路仿真操作。

岗位技能综合职业素质要求

1. 熟练掌握 Protel 建立仿真的操作步骤。
2. 会进行典型电子线路仿真设计参数设置的操作方法。
3. 能对仿真结果进行验证分析。
4. 基本掌握整流电路仿真设计与运行分析操作。

项目一 电子线路仿真的基本操作

学习目标

（1）掌握绘制仿真电路原理图的方法。
（2）掌握仿真元器件库的建立与仿真库的装载操作。
（3）学会对仿真器的设置与运行。

问题导读

什么是电子仿真技术？

电子仿真技术是在电子 CAD 技术基础上发展起来的通用软件系统，是指以计算机为辅助设计工作平台，融合了应用电子技术、计算机技术、信息处理技术及智能化、网络化技术的最新成果，进行电子产品的自动设计及开发研究。

知识拓展

Protel 仿真特点

（1）较全面的分析功能。用户可以根据电路仿真器所提供的功能，分析设计电路的各方面性能，如电路的直流工作点和瞬态分析、交流小信号分析、直流扫描分析等特性。
（2）丰富的信号源。其中包括基本信号源：直流电压源、直流电流源、正弦电压信号源、脉冲电压源、正弦电流源、脉冲电流信号源等。

（3）典型的仿真模型库。Protel 提供了大量的模拟和数字仿真元器件库。

（4）友好的操作界面。无需手工编写电路网表文件，系统将根据所画电路原理图自动生成网表文件并进行仿真。通过对话框完成电路分析各参数设置。可同时显示多个信号波形，方便观察波形信号。

● 知识链接

Protel 电路仿真

Protel 为用户提供了功能全面、使用方便的仿真器，它可以对电子技术中经常涉及的稳压电路（含整流、滤波）、555 多谐振荡器、单稳态电路、施密特触发器、各种功率放大器等绘制的仿真电路原理图进行即时仿真操作，数据验证以及方便电路检验。如图 7-1-1 所示是半波整流滤波电路和桥式整流电路仿真原理图，仿真运行结果如图 7-1-2 所示，波形对比十分清楚。

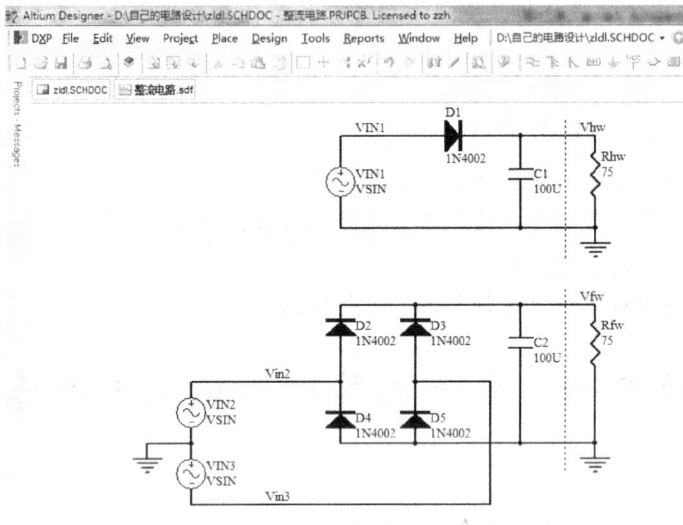

图 7-1-1　半波整流滤波电路和桥式整流滤波电路仿真原理图

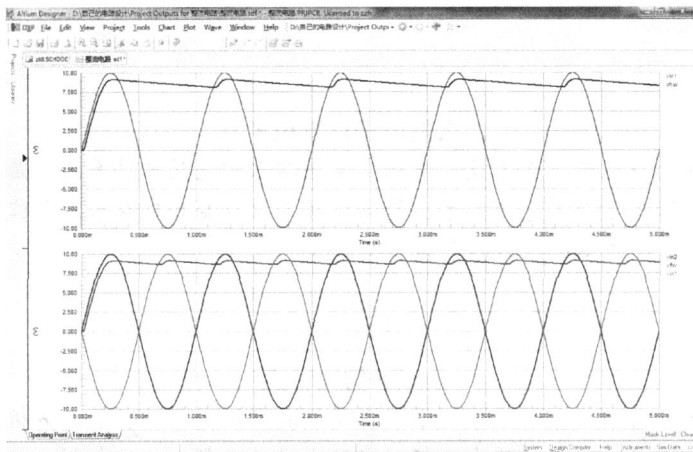

图 7-1-2　仿真运行结果

任务一　建立仿真文件操作

做中学

（1）打开 Protel，单击"File"→"New"→"Design Workspace"新建一个工程项目组文件，如图 7-1-3 所示。

（2）单击"File"→"Save Design Workspace"菜单命令，将其保存为"电路仿真.DSNWRK"。

（3）然后，再新建立一个工程项目：依次单击"File"→"New"→"Project"→"PCB Project"菜单命令，生成工程项目文件，将其保存为"整流电路.PRJPCB"，结果如图 7-1-4 所示。

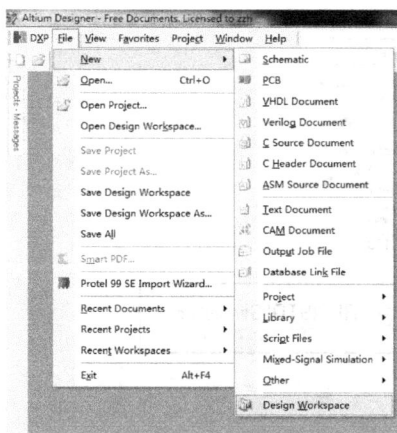

图 7-1-3　新建工程项目组　　　　　图 7-1-4　建立"整流电路.PRJPCB"后窗口

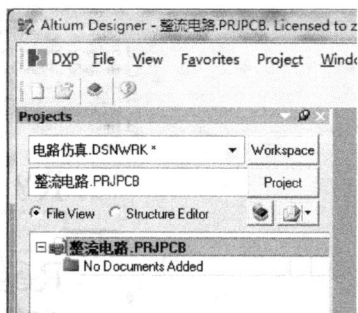

211

😊 特别注释

➤ 快捷菜单操作：在新建一个工程项目文件后，可以右击工程图标，如图 7-1-5 所示，在弹出的快捷菜单中选择"Save Project"命令。在出现的"保存"对话框中，填写工程文件的名字后单击保存，就完成了对当前工程文件的保存。（要注意保存路径）

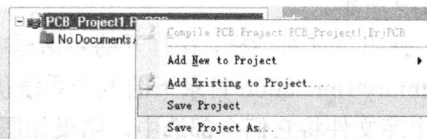

图 7-1-5　在弹出的快捷菜单中选择"Save Project"命令

（4）新建仿真原理图，单击"File"→"New"→"Schematic"菜单命令，如图 7-1-6 所示。

（5）单击"保存"按钮，保存文件名为"ZLDL.SCHDOC"，"Projects"面板窗口如图 7-1-7 所示。

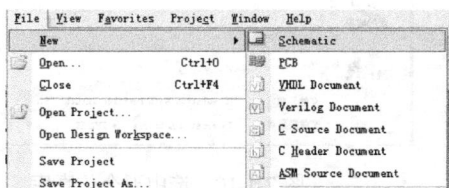

图 7-1-6　新建仿真原理图　　　　　图 7-1-7　"Projects"面板窗口

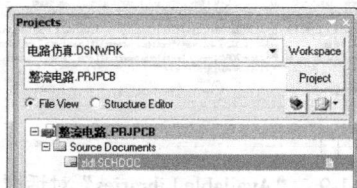

任务二 仿真元器件库操作

完成任务一之后，进入绘制仿真电路图阶段，绘制方法与编辑设置同理于第三单元操作，但是元器件的选择，是必须具有"Simulation"仿真特性的才可以，保障电子线路仿真工作正常运行。

做中学

（1）打开基本元器件库，从里面可以查找要使用的仿真元器件，在元器件的属性栏中我们也可以找到它，如图 7-1-8 所示的电阻是具有"Simulation"仿真特性的电阻。

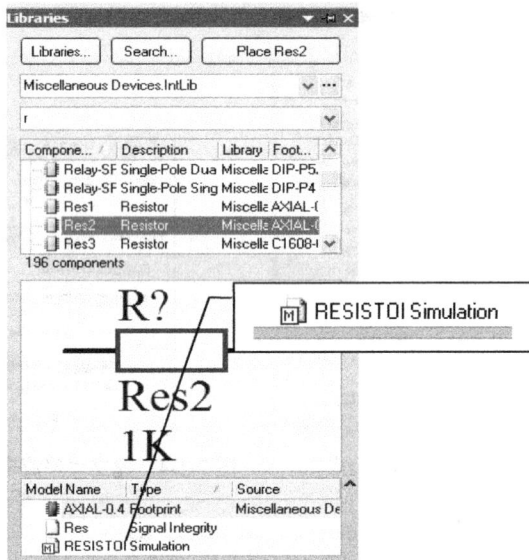

图 7-1-8 具有"Simulation"仿真特性的电阻

（2）单击库面板窗口中的 Libraries... 按钮，弹出"Available Libraries"对话框，进行加载或删除仿真库操作，如图 7-1-9 所示。

（3）单击 Install... 按钮，弹出打开对话框，在打开的对话框中找到目标仿真库，如 Protel 安装目录下的 Altium2004\ Library\simulation 目录下的五个系统仿真库，按"Shift"键单击第一个库文件，再单击最后一个库文件将它们全部选中，结果如图 7-1-10 所示。

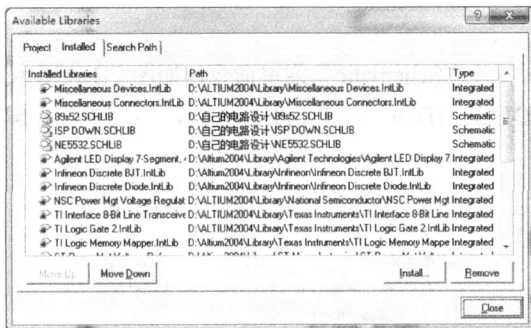

图 7-1-9 "Available Libraries"对话框

图 7-1-10 选中五个仿真库

特别注释

➢在如图 7-1-10 所示的对话框中，注意文件类型扩展名应该是 ".INTLIB"。

（4）单击"打开"按钮，即完成了这五个仿真库的添加操作，结果如图 7-1-11 所示。

（5）单击"Close"按钮，在"Libraries"面板窗口中就可以看到目标仿真库文件，如图 7-1-12 所示。

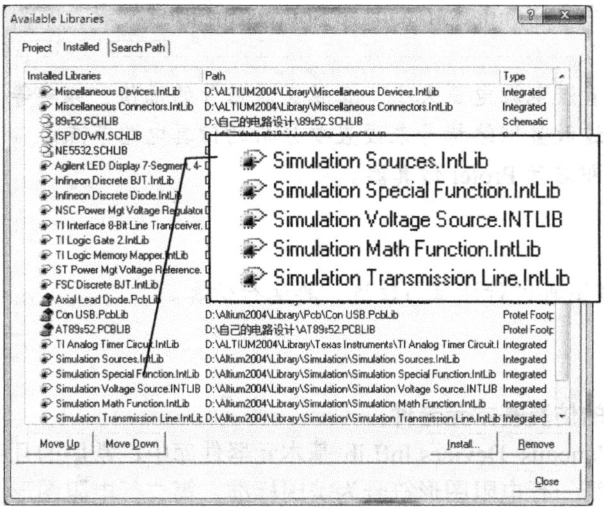

图 7-1-11　添加五个仿真库后的对话框

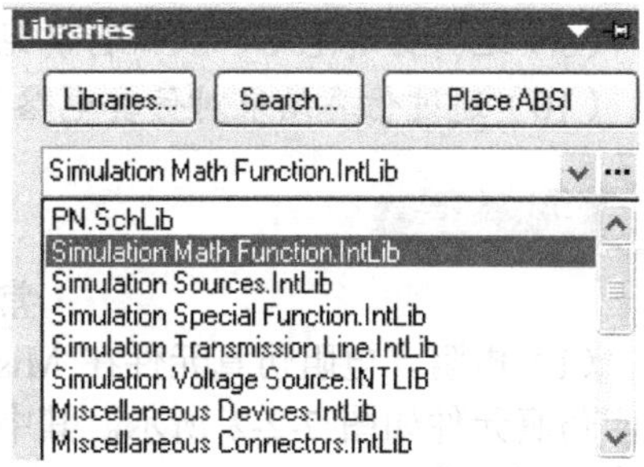

图 7-1-12　展开"Libraries"面板窗口

项目二　仿真电路设计与电源激励源操作

学习目标

（1）学会设计半波整流滤波电路、桥式整流滤波电路仿真电路原理图，掌握定位仿真元器件库的方法。

（2）掌握常用的交流仿真激励源。

问题导读

制作 PCB，100%成功率可以吗？

Protel 的仿真运行不像第一单元中其他仿真软件具备仿真用的各种实验仪器仪表，但 Protel 同样可以对电路进行典型电子线路仿真运行和电路性能的分析和校验。采用电路仿真可以提高电子线路的设计质量和可靠性，做到 100%设计成功，降低反复实际焊接、调试的费用，减轻设计者的工作量，缩短产品研发周期。如图 7-2-1 所示是整流滤波稳压 PCB 实物图。整流滤波稳压电路经仿真数据验证，制成实际的 PCB 后作为电源模块为小功放、循环彩灯、报警电路等电路供电十分稳定。

图 7-2-1　整流滤波稳压 PCB 实物图

○ 知识拓展

Protel 中典型电子线路仿真基本步骤

（1）建立原理图文件，当然也可以建立自由的原理图文件。

（2）添加所需的元器件库。

（3）准备好仿真电路原理图，放置元器件开始绘制，并设置元器件的仿真参数。绘制过程与绘制普通电路原理图相同。

（4）放置仿真实验用各种激励源。仿真过程中要使用的激励源可从激励源元器件库 Simulation Sources.IntLib 或电压源元器件库 Simulation Voltage Source.IntLib 中提取，常用的信号源也可以从仿真激励源工具栏中选取。

（5）设置激励源的仿真参数，如交直流电源电压大小，正弦交流信号的幅值、频率等。

（6）设置仿真电路的仿真节点。通过放置网络标号来设置要分析的仿真电路节点。

（7）打开"仿真参数设置"对话框即启动 Protel 仿真器。

（8）选择仿真方式并设置仿真参数。

（9）运行仿真电路，获得仿真结果。

（10）通过仿真结果对仿真电路原理图再进行调试与改进，再运行仿真。

○ 知识链接

常用的仿真基本元器件

（1）电阻。电阻仿真元件在 Miscellaneous Devices.IntLib 基本元器件库中，常用的几种电阻仿真元件如图 7-2-2 所示。其中，第一行电阻图形符号为美国标准，第二行电阻图形符号为欧洲标准。

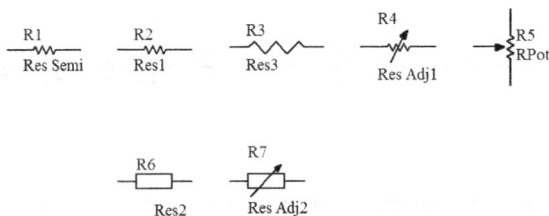

图 7-2-2　常用电阻仿真元件

（2）电容。有瓷片电容、电解电容之分，常用电容仿真元件如图 7-2-3 所示。

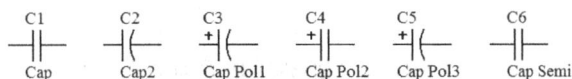

图 7-2-3　常用电容仿真元件

（3）二极管。有多种可用于仿真的二极管，几种常用的二极管仿真元件如图 7-2-4 所示。

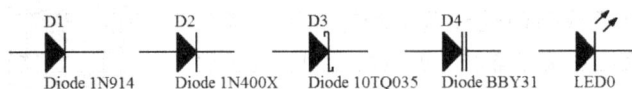

图 7-2-4　常用二极管仿真元件

（4）三极管、场效应管。基本元器件库中或其他生产商的*BJT.IntLib 元器件库中含有多种可以用于仿真的三极管、场效应管，常用的几种三极管、场效应管仿真元件如图 7-2-5 所示。

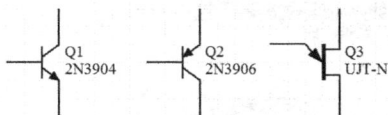

图 7-2-5　常用三极管、场效应管仿真元件

更多类型的电子元器件，像电感、晶振、变压器、集成电路等的仿真元器件，读者可以看基本元器件库或其他元器件库。

任务一　仿真电路原理图设计

做中学

（1）打开 Projects 面板窗口中的"ZLDL.SCHDOC"仿真原理图。

（2）打开基本元器件库，分别放置仿真二极管、仿真电阻，分别绘制半波整流滤波电路、桥式整流滤波电路，结果如图 7-2-6 所示。绘制过程同前面单元介绍，这里不再赘述。

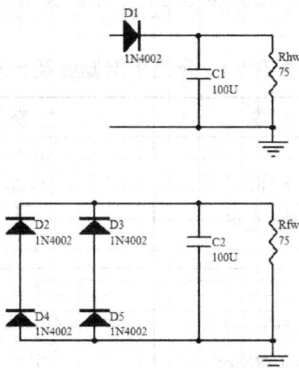

图 7-2-6　半波、全波整流滤波电路仿真图

😊　**特别注释**

➢ 在绘制如图 7-2-6 所示的仿真原理图时，注意电容及电阻属性的编辑，其 Value 值都相等。如 C1=C2=100μF，Rhw=Rfw=75Ω，这样对比仿真结果才有意义。

（3）绘制完半波、全波整流滤波电路仿真图后，单击"File→Save"菜单命令，将文件保存。

任务二　电路电源与激励源操作

做中学

（1）启动 Protel，单击"File"→"Recent Projects"菜单命令，将弹出最近访问的工程项目文件---"D:\自己的电路设计\整流电路.PRJPCB"，如图 7-2-7 所示。

（2）双击"Projects"面板窗口中的"ZLDL.SCHDOC"仿真原理图，将其打开。

（3）打开"Libraries"面板窗口，单击选择"Simulation Sources.IntLib"激励源元器件库。在其面板窗口中可以看到库中的激励源，如图 7-2-8 所示。

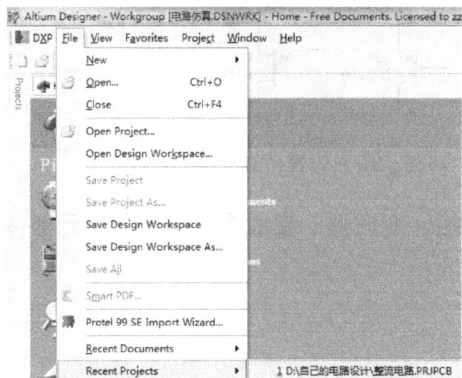

图 7-2-7　最近访问的工程项目文件窗口　　　　图 7-2-8　打开激励源元器件库

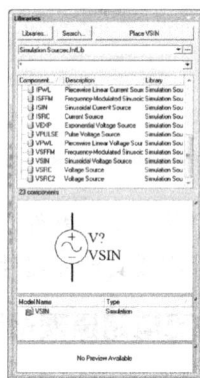

☺ **特别注释**

➢ Simulation Sources.IntLib 库中常用的激励源及含义见表 7-2-1。

表 7-2-1　常用的激励源及含义

激励源	含义	激励源	含义
NS? (=ns) .NS	.NS 元件：设置节点电压	IC? (=ic) .IC	.IC 元件：设置瞬态分析的初始条件
V? VSRC	VSRC：直流电压激励源	I? ISRC	ISRC：直流电流激励源
V? VSIN	VSIN：正弦波电压激励源	I? ISIN	ISIN：正弦波电流激励源
V? VPULSE	VPULSE：脉冲电压激励源	I? IPULSE	IPULSE：脉冲电流激励源
V? VSFFM	VSFFM：电压调频波	I? ISFFM	ISFFM：电流调频波
V? VEXP	VEXP：指数函数电压源	I? IEXP	IEXP：指数函数电流源

➢ 在仿真时，软件中激励源都默认为理想工作状态下的，即电压源的内阻都认为是零，而电流源的内阻都认为无穷大。

（4）单击如图 7-2-8 所示的面板窗口中的 [Place VSIN] 按钮，依次放置在半波整流滤波电路、桥式整流滤波电路原理图正弦波电压激励源信号输入位置，用导线连接完整，并将它们的序号依次编辑为 VIN1、VIN2、VIN3，结果如图 7-2-9 所示。

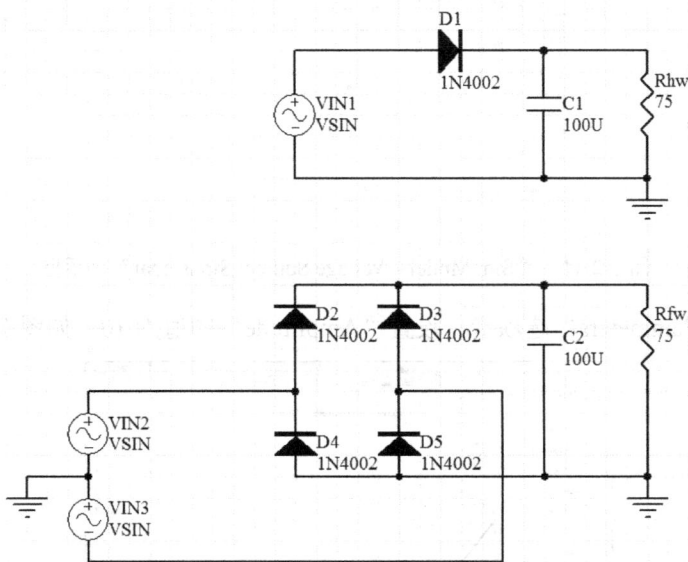

图 7-2-9　添加三个激励源的两个仿真电路图

😊　**特别注释**

➢ 双击 VSIN（正弦波电压）激励源，将弹出"Component Properties"（元件属性）对话框，如图 7-2-10 所示。

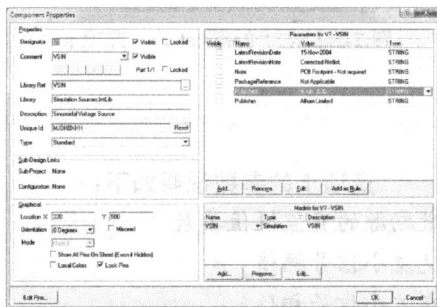

图 7-2-10　"Component Properties"对话框

➢ 通过"Designator"后面的编辑框，编辑修改其序号 V?为 VIN1。另外两个，同 VIN1 设置操作过程。

（5）双击 [Models for V? - VSIN] 区域下的"Simulation"类型选项，打开"Sim Model – Voltage Source/Sinusoidal"对话框。如图 7-2-11 所示。

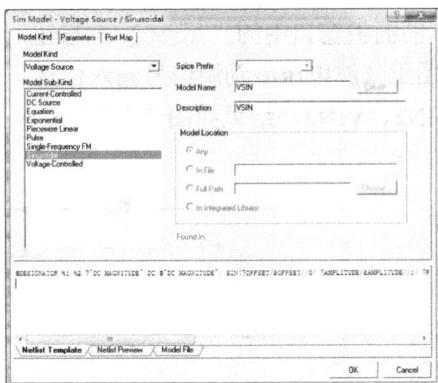

图 7-2-11　"Sim Model – Voltage Source/ Sinusoidal" 对话框

（6）选择 "Parameters" 选项卡，设置 "Amplitude" 的值为 10，如图 7-2-12 所示。

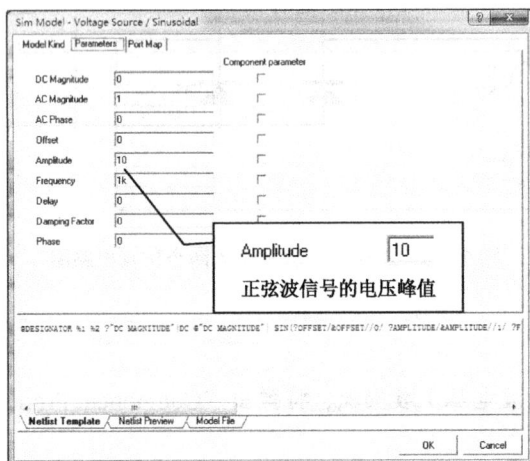

图 7-2-12　"Parameters" 选项卡

☺　**特别注释**

选项卡的参数说明如下：

- ➤ DC Magnitude　　激励源的直流幅值参数
- ➤ AC Magnitude　　交流小信号幅值
- ➤ AC Phase　　　　交流小信号相位
- ➤ Offset　　　　　正弦波信号上叠加的直流分量
- ➤ Amplitude　　　正弦波信号的电压或电流的峰值
- ➤ Frequency　　　正弦波信号频率
- ➤ Delay　　　　　初始时刻的延时时间
- ➤ Damping Factor　用于设置阻尼因子
- ➤ Phase　　　　　用于设置正弦波的初始相位

（7）设置完如图 7-2-12 所示的 "Parameters" 选项卡窗口后，单击 "OK" 按钮，再单击 "OK" 按钮，返回仿真原理图编辑状态下。

（8）单击"Place"→"Net Label"菜单命令或按"P+N"组合键，鼠标变成十字形的网络标号放置状态，对照如图 7-1-1 所示的仿真电路原理图，依次放置 VIN1、Vhw、VIN2、VIN3、Vfw。结果如图 7-2-13 所示。

（9）单击"Utilities"（公用）工具栏中"Utility Tools"工具按钮下"Line"工具，分两次绘制辅助分析线（对两个整流滤波仿真电路输出端提示作用），如图 7-2-14 所示。

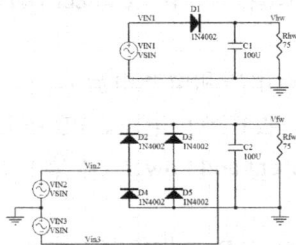

图 7-2-13　放置网络标号效果图　　图 7-2-14　绘制辅助分析线

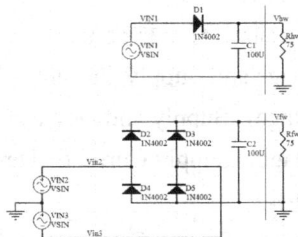

（10）单击"File"→"Save"菜单命令，保存文件。

项目三　电路仿真节点设置与直流扫描分析

学习目标

（1）熟悉为了分析仿真电路而添加电路仿真节点的必要性。

（2）掌握直流扫描分析参数设置及对仿真节点的信号变化进行测试，并分析验证结果。

问题导读

半波整流电路及电路工作波形图

在《电子技术基础与技能》《电子线路》等相关教材中，都会学到如图 7-3-1 所示的半波整流电路及电路工作波形图。

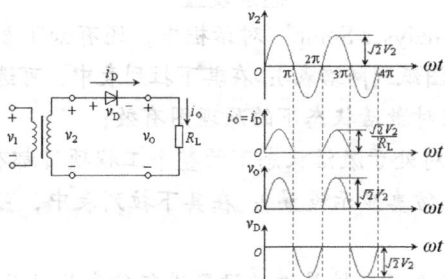

图 7-3-1　半波整流电路及电路工作波形图

知识拓展

放置电路工作节点与常规设置

1．放置电路工作节点

在 Protel 系统下，在仿真电路中分析输入/输出相关各点的信息时，通常是在电路上放置网络标号，其操作过程与方法和前面单元中关于网络标号的添加与设置完全相同。

2. 常规设置（General Setup）

单击"View"→"Toolbars"→"Mixed Sim"菜单命令，启动仿真工具栏，单击仿真工具栏上的 仿真分析设置按钮，将弹出"Analyses Setup"（常规仿真参数设置）对话框，如图 7-3-2 所示。在对话框中要进行仿真分析的常规设置，其中"Collect Data For"（收集数据为）选项的下拉列表框中有 5 种类型：

（1）Node Voltage and Supply Current（收集节点电压和电源电流）。

（2）Node Voltage，Supply and Device Current（收集节点电压、电源和元件上的电流）。

（3）Node Voltage，Supply Current，Device Current and Power（收集节点电压、电源和元件上的电流以及功率）。

（4）Node Voltage，Supply Current and Subcircuit VARs（收集节点电压、电源电流以及子电路上的电压或电流）。

（5）Active Signals（收集激活信号，主要包括元器件上的电流、功耗等的节点电压）。

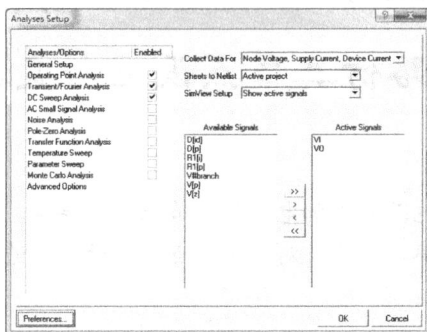

图 7-3-2 "Analyses Setup"设置对话框

知识链接

继续设置

在如图 7-3-2 所示的"Analyses Setup"对话框中，还有如下参数可以设置：

（1）"Sheets to Netlist"（图纸到网络表）：在其下拉列表中，可选择生成网络表原理图范围。

① "Active sheet"项仅对激活状态下的原理图有效；

② "Active project"项对处于激活状态下的整个工程项目都有效。

（2）"Sim View Setup"（仿真显示设置）：在其下拉列表中，可以对信号的显示选项进行设置。

① "Keep last setup"项表示保持最近的设置进行仿真并显示；

② "Show active signals"项表示将显示激活信号。

（3）"Available Signals"（可用信号）区和"Active Signals"（活动信号）区，如图 7-3-3 所示。

① 按钮表示单击它可以把"Available Signals"列表框内的所有信号移到"Active Signals"列表框内。

② 按钮表示在左侧"Available Signals"列表框内单击某一个信号后，再单击 按钮，即可把此信号添加到"Active Signals"列表框内。

③ ┤< 按钮┤与 >├作用相反。

④ ┤<< 按钮├与 >>┤作用相反。

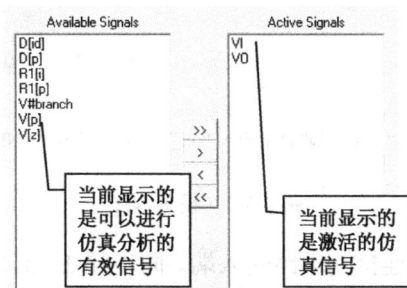

图 7-3-3　设置信号区域

任务一　电路仿真节点设置

做中学

下面先做一个半波整流电路的实验，使学习的过程简明、直观。其他电路仿真实验照此进行。

（1）启动 Protel，单击"File"→"New"→"Schmatic"菜单命令，新建仿真电路原理图，将其保存在"D:\自己电路设计"文件夹中，命名为"PN.SCHDOC"。完成半波整流仿真电路绘制，并添加正弦波电压激励源等，结果如图 7-3-4 所示。

（2）单击"Utilities"（公用）工具栏中 ⏚ ˙（电源信号源类）图标，选择其下的"Place Arrow style power port"命令即可，如图 7-3-5（a）所示；鼠标自动拖动如图 7-3-5（b）所示的图标"GND"，按"Tab"键，弹出如图 7-3-6 所示的对话框。

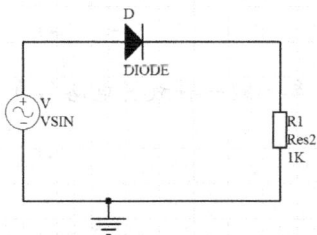

（a）选择"Place Arrow style power port"　（b）鼠标自动拖带"GND"

图 7-3-4　半波整流仿真电路　　　　图 7-3-5　选择信号源

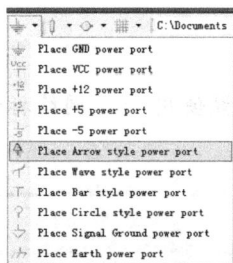

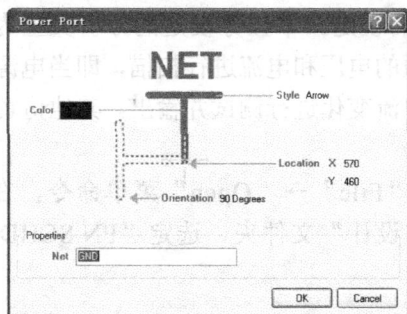

图 7-3-6　"Power Port"对话框

（3）在弹出的对话框中"Net"后面的编辑框中输入"Vi"，如图 7-3-7（a）所示，然后单击"OK"按钮，可以看到如图 7-3-7（b）所示的鼠标图标。

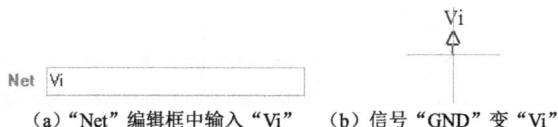

（a）"Net"编辑框中输入"Vi"　　　　（b）信号"GND"变"Vi"

图 7-3-7　设置 Net

（4）此时，拖动鼠标将其连接到电路输入端。同步骤 2～3，将"Vo"连接到电路输出端。电路仿真节点设置完成效果如图 7-3-8 所示。

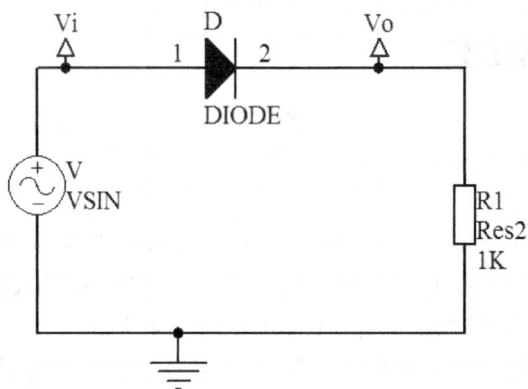

图 7-3-8　电路仿真节点设置完成效果图

☺ **特别注释**

➤ 通常电路仿真节点设置使用 （网络标号），这里多介绍一种放置电路仿真节点的方法。

任务二　直流扫描分析

做中学

在如图 7-3-2 所示的"Analyses Setup"对话框中，其左侧的"Analyses/Options"区域内可以进行各种仿真分析类型的设定。本任务设定的分析类型为直流扫描分析（DC Sweep Analysis），主要功能是对电源的电压和电流进行扫描，即当电源的电压或电流发生变化时，对设置的各个节点的电压或电流变化进行测试并输出。其他仿真分析类型将在项目四中做详细介绍。

（1）启动 Protel，单击"File"→"Open"菜单命令，在打开的对话框中，将查找范围定位到"D:\自己的电路设计"文件夹，选定"PN.SCHDOC"，如图 7-3-9 所示，单击"打开"按钮。

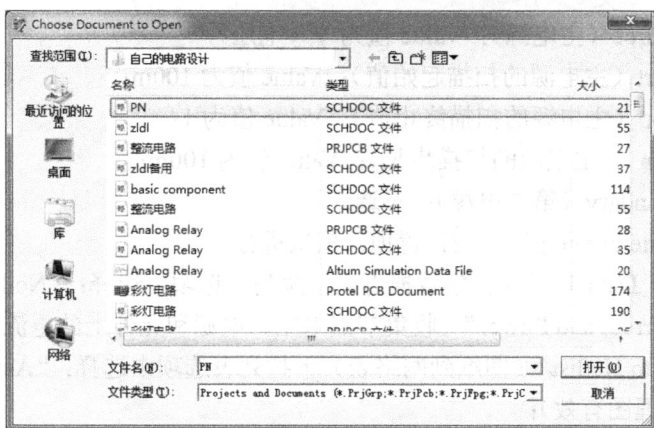

图 7-3-9　选定 "PN.SCHDOC" 对话框

（2）单击 "Design" → "Simulate" → "Mixed Sim" 菜单命令，如图 7-3-10 所示。

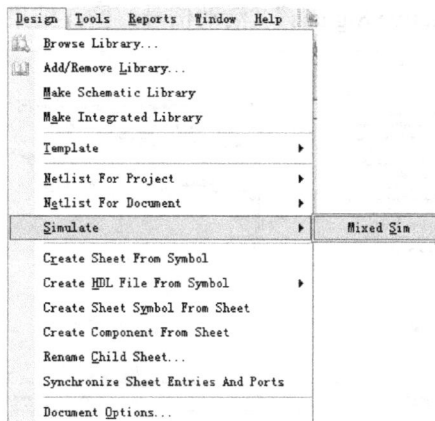

图 7-3-10　确定 Mixed Sim 菜单命令项

（3）在弹出的 "Analyses Setup" 对话框中，单击选择 "DC Sweep Analysis" 仿真类型后的复选框，其他类型不选，如图 7-3-11 所示。

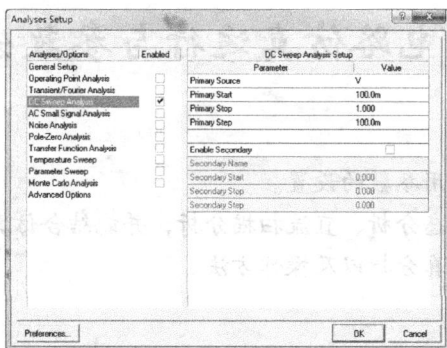

图 7-3-11　"DC Sweep Analysis" 仿真类型设置对话框

（4）在如图 7-3-11 所示的 "DC Sweep Analysis" 仿真类型设置对话框中，在右侧的 "DC Sweep Analysis Setup" 一栏中，进行如下设置，结果如图 7-3-11 所示。

① Primary Source（主电源）：Value 值为 V（电压）；

② Primary Start（主电源的扫描起始值）：Value 值为 100m；

③ Primary Stop（主电源的扫描终止值）：Value 值为 1；

④ Primary Step （主电源的扫描步长）：Value 值为 100m；

⑤ Enable Secondary（第二电源）：不选。

（5）单击"General Setup"常规设置项。依次进行：

① 在"Collect Data For"（收集数据为）下拉列表选项中选择："Node Voltage，Supply Current，Device Current and Power"（收集节点电压、电源和元件上的电流以及功率）；

② 在"Sheets to Netlist"（图纸到网络表）下拉列表选项中选择："Active sheet"项（仅对激活状态下的原理图有效）；

③ 在"Sim View Setup"（仿真显示设置）下拉列表选项中选择："Show active signals"项（表示将显示激活信号）；

④ 将"Available Signals"（可用信号）区中的输入/输出信号定为："Vi、Vo"，通过单击按钮，将它们添加到"Active Signals"（活动信号）区，结果如图 7-3-12 所示。

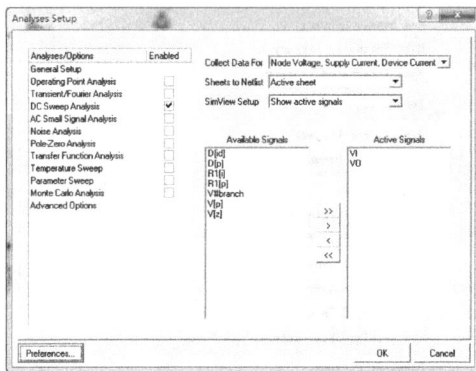

图 7-3-12　"Vi、Vo"信号设置完成对话框

（6）单击"OK"按钮，完成直流扫描分析即电路初始电压设置的操作。

至此，真正进入仿真运行倒计时阶段。

项目四　电路仿真运行与参数分析操作

学习目标

（1）学会电路仿真器常用参数的设置。

（2）熟练掌握对电路瞬态分析、直流扫描分析，并能结合仿真结果进行数据分析。

（3）学会对模拟电路仿真分析以及操作方法。

问题导读

如何进行电路仿真运行及结果分析

在学习了前面各个项目与任务操作之后，现在要进行电路仿真运行及结果分析，如何进行呢？

⬤ 知识拓展

重点仿真分析类型介绍

1. Operating Point Analysis（静态工作点分析参数设置）

静态工作点分析在《电子技术基础与技能》、《电子线路》等相关教材中都讲述得再清楚不过了，可是学习起来还是有难度，就是因为理论性较强，虽有公式计算，但百闻不如一见。

2. "Transient/Fourier Analysis"（瞬态分析/傅里叶分析参数设置）

瞬态分析是最基本最常用的仿真分析方式。瞬态分析是时域分析，用于获得电路中节点电压、支路电流或元器件功率等的瞬时值，即被测信号随时间变化的瞬态关系，它很类似于用示波器观察电路输入/输出等波形。

"Transient/Fourier Analysis"（瞬态分析/傅里叶分析的仿真）设置对话框如图 7-4-1 所示。

3. DC Sweep Analysis （直流扫描分析参数设置）

详见项目三介绍。

4. AC Small Signal Analysis （交流小信号分析参数设置）

交流小信号分析常用于获得放大器、滤波器等电路的幅频特性和相频特性等，与《电子技术基础与技能》、《电子线路》等相关教材中讲述内容一致。交流小信号分析也是一种很常用的仿真分析方法。"交流小信号分析的仿真参数设置"对话框如图 7-4-2 所示。

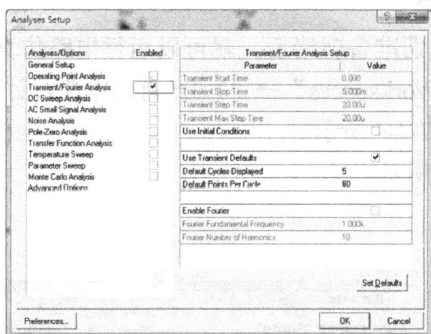

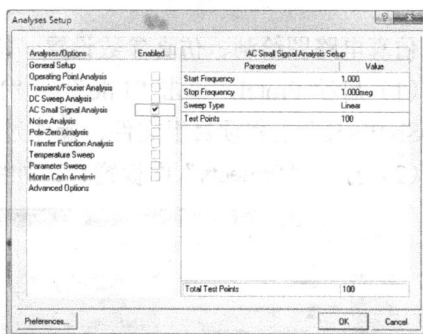

图 7-4-1　"Transient/Fourier Analysis"设置对话框　图 7-4-2　"AC Small Signal Analysis"设置对话框

⬤ 知识链接

常用仿真分析类型介绍

1. Noise Analysis（噪声分析参数设置）

噪声分析主要用来测量产生噪声的电阻或半导体器件，它同交流分析一起进行。

2. Transfer Function Analysis（传递函数分析参数设置）

传递函数分析主要用来计算电路输入阻抗、输出阻抗以及直流增益。

3．Temperature Sweep（温度扫描分析参数设置）

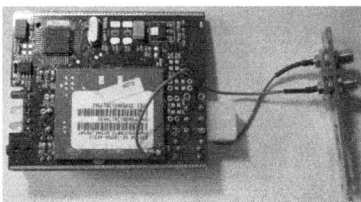

图 7-4-3　深水探测器实物图（核心 PCB）

仿真元器件的参数都假定是常温值，但电路中的元器件的参数随温度变化而变化，如半导体器件就易受温度变化的影响，性能会出现不小的变化。温度扫描分析就是模拟环境温度变化时电路性能指标的变化情况，这对环境温度有严格要求的电子产品，是十分重要的。如图 7-4-3 所示的深水探测器等。

在进行瞬态分析、交流小信号分析和直流扫描分析时，启用温度扫描分析即可获得电路中有关性能指标随温度变化的情况。

4．Parameter Sweep（参数扫描分析参数设置）

参数扫描分析用来分析电路中某一元器件参数变化时对电路性能的影响，常用于确定电路中某些关键元器件的精确取值。

5．Monte Carlo Analysis（蒙特卡罗分析参数设置）

蒙特卡罗分析是使用随机数发生器按元器件值的概率分布来选择元器件，然后对电路进行模拟分析，它常与瞬态分析、交流小信号分析结合使用，来预算出电路性能的统计分布规律以及电路成品率和生产成本等。

任务一　整流电路仿真运行

做中学

仿真电路图绘制、仿真参数设置、检查等一切准备就绪后，就可以运行电路仿真了。

（1）启动 Protel，单击"File"→"Recent Workspaces"→"1 D:\自己电路设计\电路仿真.DSNWRK"工程项目组文件，操作过程如图 7-4-4 所示。

（2）打开"Projects"面板窗口，如图 7-4-5 所示。

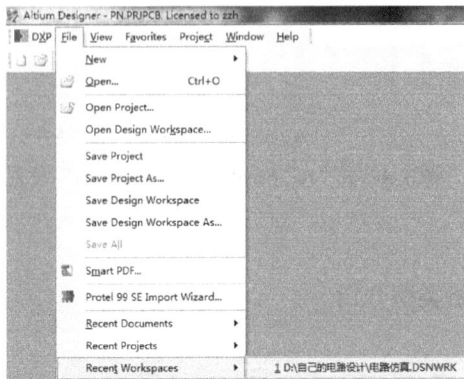

图 7-4-4　打开电路仿真.DSNWRK 过程效果图

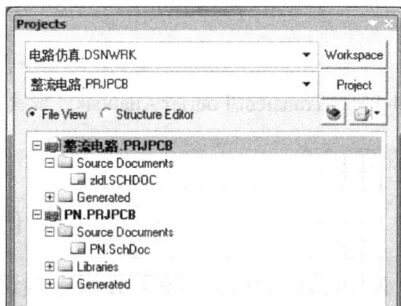

图 7-4-5　"Projects"面板窗口

😃 **特别注释**

➢ 在"File"→"Recent Workspaces"菜单项下的子菜单中，列出最近保存操作过的 9 个工程项目组文件。这里之所以选择此方法，接下来看第 2 步"打开 Projects 面板窗口"，一看你就明白了，文件操作很方便。

➢ 当然，也可以不用打开"电路仿真.DSNWRK"工程项目组文件，直接打开"D:\自己电路设计"文件夹下的"整流电路.PRJPCB"工程项目文件。

（3）双击"zldl.SCHDOC"（即打开如图 7-2-16 所示的两个仿真电路原理图）。

（4）单击仿真工具栏中的 按钮，即可进入电路仿真运行状态，系统自动生成如图 7-4-6 所示的整流电路.sdf 的仿真波形输出窗口。

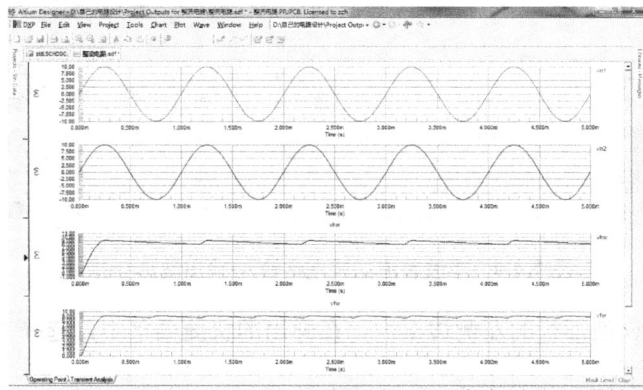

图 7-4-6　整流电路.sdf 仿真波形输出窗口

😊　**特别注释**

➢ 在如图 7-4-6 所示的整流电路.sdf 窗口中未显示全，还差 VIN3 输入波形。

➢ 这个图我们看上去，并不理想，输入/输出五个波形分散，两个整流电路波形前后交叉，显示有些乱，需要整理。

➢ 要将半波整流滤波电路输入/输出波形合并，同样将桥式整流滤波电路输入/输出波形合并。以下步骤注意提示性的黑框。可以参看教学资料包中的相关视频教学内容。

（5）选中 Vhw 波形图右边的 Vhw 网络标号，窗口效果如图 7-4-7 所示。

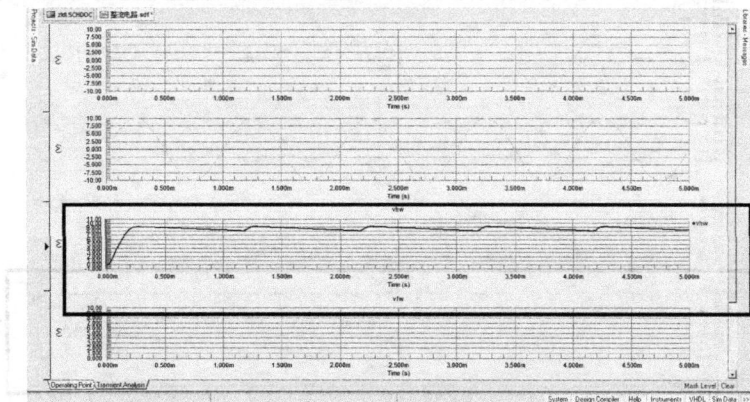

图 7-4-7　选中 Vhw 网络标号

（6）选中 Vhw 网络标号（半波整流滤波电路输出波形），鼠标此时不放松并拖动此波形到 VIN1 波形窗口。单击窗口右下角的"Clear"按钮（清除掩膜功能按钮），结果如图 7-4-8 所示，完成半波整流滤波电路输入/输出波形合并。

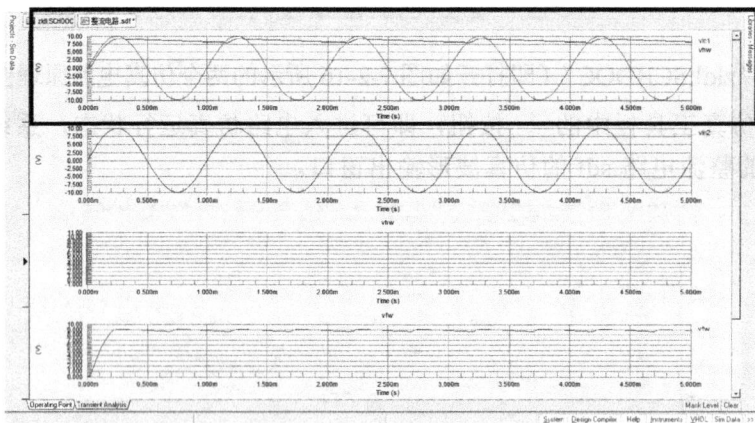

图 7-4-8　半波整流滤波电路输入/输出波形合并

（7）右击原 Vhw 波形行的左侧边框区，在弹出的快捷菜单中，选择"Delete Plot"菜单命令，如图 7-4-9 所示。

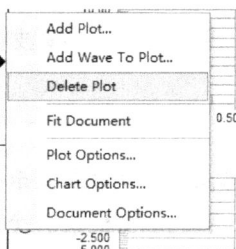

图 7-4-9　波形行操作的快捷菜单

（8）此时，波形自动变成如图 7-4-10 所示的"整流电路.sdf"窗口，VIN3 展现出来了。

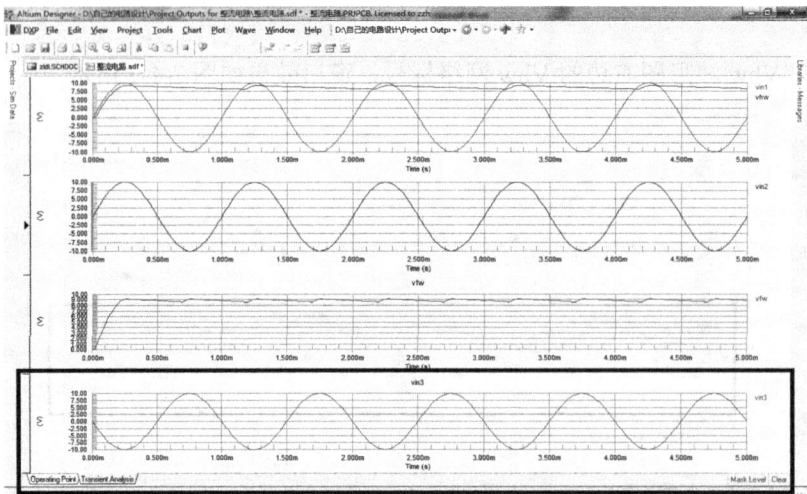

图 7-4-10　自动调整后的"整流电路.sdf"窗口

（9）同理操作 5～8，将 VIN2、VIN3、Vfw 三个波形合并，即桥式整流滤波电路输入/输出波形合并，结果如图 7-1-2 所示。通过波形很明显看出交流电已经变成脉动很小的直流电了。

（10）单击"保存"按钮，将生成的"整流电路.sdf"保存。

（11）双击"Projects"面板窗口的"PN.SchDoc"，打开仿真电路原理图。

（12）单击仿真工具栏中的 ⊞ 按钮，即可进入电路仿真运行状态，系统自动生成如图 7-4-11 所示的"PN.sdf 仿真波形输出"窗口。

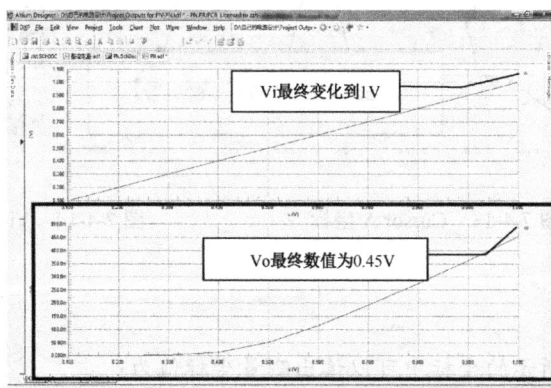

图 7-4-11 "PN.sdf 仿真波形输出"窗口

（13）通过观察如图 7-4-11 所示的"PN.sdf 的仿真波形输出"数据，见放大数据显示可分析出：Vi 输入最终为 1V，经过二极管工作后最终电阻两端输出电压为 0.45V，说明此二极管分压 0.55V，说明是硅二极管，所以 Vo 是一条变化的曲线，而不像输入电压是 0.1V 递增的直线。

（14）单击常用工具栏中的"保存"按钮，即完成对 PN.sdf 文件的保存。

任务二 整流电路仿真参数分析

做中学

对 PN.PCBDOC 电路仿真增加瞬态分析，在得到的仿真结果中对波形的具体数据进行进一步系统分析，具体操作如下。

1．右击字符串 Vi，弹出如图 7-4-12 所示的菜单。

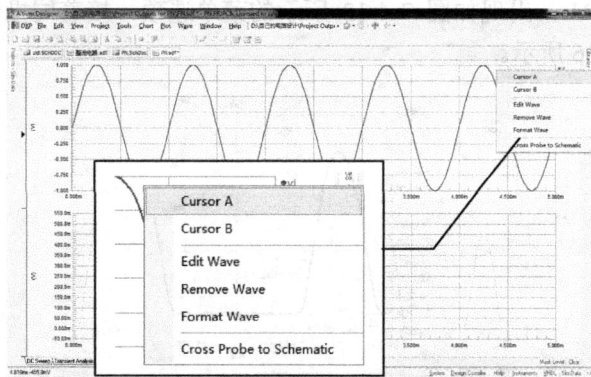

图 7-4-12 右击 Vi 弹出的快捷菜单

（2）菜单选项"Cursor A"和"Cursor B"是测量坐标 A 和 B，单击"Cursor A"即可得到如图 7-4-13 所示的"Cursor A 坐标"，可以看到图中的正弦波的原点数值显示在坐标下方处。

（3）用鼠标选中测量坐标 A，拖动它便可以在横轴上进行左右移动，到达第一个周期的负半周顶点时，其 Vi 坐标 A 显示如图 7-4-14 所示。

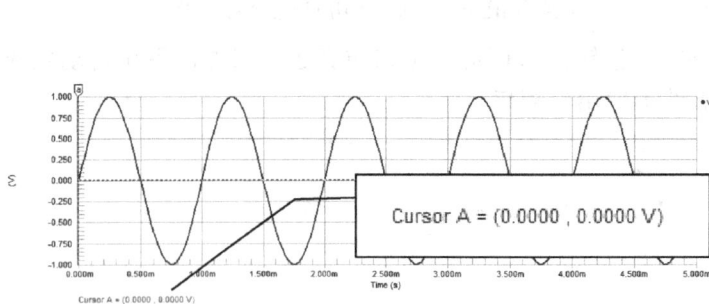

| 图 7-4-13　Cursor A 坐标 | 图 7-4-14　Vi 坐标 A 负半周顶点坐标 |

☺ **特别注释**

➤ 在如图 7-4-14 所示的坐标中可以读出测量坐标值为：Cursor A = (747.26u, -997.99mV)，时间是 747.26μs，电压是-997.99mV（约为-1V）；

➤ 分析完后，右击测量坐标，出现"Cursor Off"提示，可将坐标轴关闭，坐标轴关闭按钮效果图如图 7-4-15 所示。

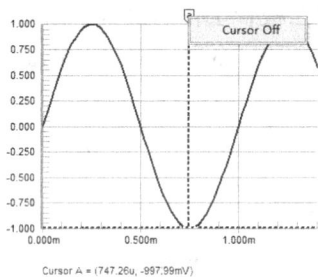

图 7-4-15　坐标轴关闭按钮时的过程效果图

（4）右击字符串 Vo，出现如图 7-4-12 所示的菜单选项；接着同操作步骤 2～3，其 Vo 坐标 A 显示如图 7-4-16 所示。

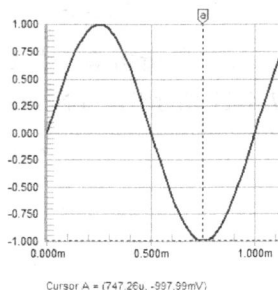

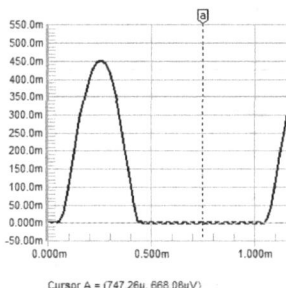

图 7-4-16　Vo 坐标 A 负半周顶点坐标

特别注释

➤ 在如图 7-4-16 所示的坐标中可以读出测量坐标值为：Cursor A = (747.26u, 668.08uV)，时间同样是 747.26μs，电压是 668.08μV（此值可忽略不计，或为 0V），证明此时的二极管处于截止状态。电路参数及设计正确。

➤ 分析完后，右击测量坐标，出现"Cursor Off"提示，可将坐标轴关闭。

技能重点考核内容小结

（1）掌握 Protel 建立仿真操作的一般步骤。
（2）能进行常见电子线路仿真激励源，网络标号节点等参数的设置。
（3）掌握运行仿真操作的方法。
（4）能通过整流电路仿真结果进行验证或分析电路设计是否符合设计要求。

习题与实训

一、填空题

1. 单击"File"→"New"→"Design Workspace"菜单命令，新建工程项目组文件扩展名为_____。

2. 电子元器件具有_____属性就可以用于电路仿真。

3. 常用的仿真激励源位于系统安装目标驱动器\Altium2004 下的_____文件夹下。

4. 单击_____菜单下的"Simulate"→"Mixed Sim"菜单命令，进行电路仿真。

二、选择题

1. 要测试电路电源电压的变化对电路性能的影响情况，需采用_____仿真。
   A．参数扫描分析　　　　　　　　　B．直流扫描分析
   C．温度扫描分析　　　　　　　　　D．传递函数分析

2. 仿真库"Simulation Sources.IntLib"主要用于往电路仿真添加_____元器件。
   A．数学函数模块　　　　　　　　　B．特殊功能模块
   C．电压源　　　　　　　　　　　　D．激励源

3. 运行"仿真分析设置"对话框时，仿真结果中显示的是_____的信号。
   A．网络标号的节点　　　　　　　　B．所有电路节点
   C．可用信号列表区　　　　　　　　D．活动信号列表区

4. 正弦波电流激励源英文是_____。
   A．VSIN　　　　B．ISIN　　　　C．VULSE　　　　D．ISRC

三、判断题

1. Protel 系统自带的 Altium2004\Library\Simulation 目录下有 5 个元器件库，每个库中所包含元器件都具有 Simulation 属性。　　　　　　　　　　　　　　　　（　　）

2. 绘制仿真电路原理图的过程与绘制普通电路原理图有根本区别。 　　　　（　　）

四、简答题

1. Protel 电路仿真使用的激励源有哪些？

2. 如何在电路仿真原理图中放置电路仿真节点，其作用是什么？

五、实训操作

实训一　单管共发射极分压式负反馈放大电路

1. 实训任务

（1）用静态工作点类型分析单管共发射极分压式负反馈放大电路，重点分析基极、发射极、集电极的静态工作电压（或电流），要求仿真结果输出显示。

（2）将仿真静态工作点结果数值与用纯理论公式计算结果进行数据比对，试分析其中误差及原因。

2. 操作参考

（1）仿真电路图如图 7-1 所示。其中输入直流电压为 9V，交流信号为默认正弦信号。

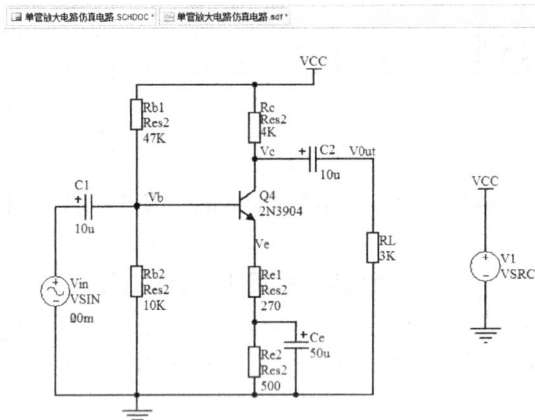

图 7-1

（2）试仿真运行，获得静态工作点数据。

（3）试仿真运行，获得瞬态分析输入/输出波形。

实训二　分析滤波电路中电容数据

1. 实训任务

对整流滤波电路仿真原理图进行瞬态分析，其中输入信号为正弦信号，电压幅值为 10V，频率为 1k Hz，显示瞬态分析仿真输入/输出信号的波形。

操作重点是仿真过程。通过修改电容的大小（第一次为 $10\mu F$，第二次为 $470\mu F$），将前后两次输出波形进行对比，其他参数不变，利用仿真波形输出坐标（重点是时间）进行数据统计，来验证时间常数。

2. 操作参考

（1）整流滤波电路仿真原理图如图 7-2-14 所示，注意此时 $C_1=C_2=10\mu F$。试输出瞬态分析输入/输出波形。

（2）将 C 的电容量变为 $C_1=C_2=470\mu F$，试输出瞬态分析输入/输出波形。

第七单元实训综合评价表

班级		姓名		PC 号		学生自评成绩	
操作	考核内容		配分	重点评分内容			扣分
1	建立仿真工程项目组文件		15	*.DSNWRK、*.PrjPCB、*.SchDoc 文件的建立正确			
2	仿真元器件库的添加与删除		10	添加与删除仿真元器件库操作正确			
3	绘制仿真电路原理图		15	电子元器件的添加与属性编辑及建立连接正确			
4	正确添加并设置激励源		15	能够正确添加交直流电压/电流及脉冲激励源，并进行正确设置			
5	建立电路仿真节点		10	会用 Net Label 建立网络端口，正确设置电路工作节点			
6	正确设置仿真分析类型及对话框相关选项		15	能正确进行 "Analyses Setup" 对话框中的仿真分析类型及活动节点等设置			
7	能进行符合自己学情的电路分析		10	参照相关教材，建立仿真电路原理图，主要通过仿真结果，分析验证电路设计是否符合设计要求			
8	仿真电路原理图的检查		10	根据 Messages 信息反馈窗口，能处理一般性错误，及时更新、修改			
反馈	能够较好操作完成的有哪些？						
	仿真操作中存在什么问题？						
教师综合评定成绩				教师签字			

233

常用电子元器件图形符号库

Protel DXP 2004 中为用户提供使用十分频繁的两个基本库：Miscellaneous Devices.IntLib（共计 196 个）和 Miscellaneous Connectors.IntLib（共计 182 个）。其常用的电子元器件原理图符号与 PCB 封装形式及 3D 仿真见表 A-1。（封装相同时，仅列一种元器件）

表 A-1　Miscellaneous Devices.IntLib

库元件名	原理图符号	封装名称	PCB 封装	仿真属性
2N3904		BCY-W3/D4.7		有
ADC-8		TSSO5x6-G16		有
Antenna		PIN1		无
Battery		BAT-2		无
Bell		PIN2		无
Bridge1		E-BIP-P4/D10		有
Bridge2		E-BIP-P4/X2.1		有
Buzzer		ABSM-1574		无

续表

库元件名	原理图符号	封装名称	PCB 封装	仿真属性
Cap	C? Cap	RAD-0.3		有
Cap Feed	C? Cap Feed	VR4		无
Cap2	C? Cap2	CAPR5-4X5		有
Cap Pol1	C? Cap Pol1	RB7.6-15		有
Cap Pol2	C? Cap Pol2	POLAR0.8		有
Cap Pol3	C? Cap Pol3	CC2012-0805		有
Cap Semi	C? Cap Semi	CC3216-1206		有
Cap Var	C? Cap Var	CC3225-1210		无
Circuit Breaker	CB? Circuit Breake	SPST-2		无
D Schottky	D? D Schottky	DSO-C2/X2.3		有
Diac-NPN	Q? Diac-NPN	SFM-T3/X1.6V		无
Diac-PNP	Q? Diac-PNP	SOT89		无
Diode 1N914	D? Diode 1N914	DIO7.1-3.9x1.9		有

库元件名	原理图符号	封装名称	PCB 封装	仿真属性
Diode 1N4001	Diode 1N4001	DIO10.46-5.3x2.8		有
Diode 1N4149	Diode 1N4149	DIO7.8-4.6x2		有
Diode 1N5400	Diode 1N5400	DIO18.84-9.6x5.6		有
Diode 10TQ035	Diode 10TQ035	SFM-T2（3）/X1.7V		有
Diode BAS16	Diode BAS16	SO-G3/C2.5		有
Diode BBY31	Diode BBY31	SO-G3/X.9		有
Dpy 16-Seg	Dpy 16-Seg	LEDDIP-18ANUM		有
D Tunnel1	D Tunnel1	DSO-F2/D6.1		有
Dpy Amber-CA	Dpy Amber-CA	LEDDIP-10/C5.08RHD		有
Dpy Blue-CA	Dpy Blue-CA	LEDDIP-10/C15.24RHD		有
Dpy Overflow	Dpy Overflow	LEDDIP-12(14)/7.62OVF		有
Fuse 1	Fuse 1	PIN-W2/E2.8		有
IGBT-N	IGBT-N	SFM-F3/Y2.3		有

续表

库元件名	原理图符号	封装名称	PCB 封装	仿真属性
IGBT-P	Q? IGBT-P	SFM-F3/B1.5		有
Inductor	L? Inductor	INDC1005-0402		有
Inductor Adj	L? Inductor Adj	AXIAL-0.8		有
Inductor Iron	L? Inductor Iron	AXIAL-0.9		有
Inductor Iron Adj	L? Inductor Iron Adj	AXIAL-1.0		有
Inductor Iron Dot	L? Inductor Iron Dot	DIODE SMC		无
Inductor Isolated	L? Inductor Isolated	SOD123/X.85		无
JFET-N	Q? JFET-N	SFM-T3/A6.6V		有
JFET-P	Q? JFET-P	SO-F3/Y.75R		有
Jumper	W? Jumper	RAD-0.2		无
Lamp	DS? Lamp	PIN2		无
LED0	DS? LED0	LED-0		有
LED1	DS? LED1	LED-1		有

库元件名	原理图符号	封装名称	PCB 封装	仿真属性
ATLED3		SMD_LED		有
MESFET-N		CAN-3/D5.9		有
Meter		RAD-0.1		无
MOSFET-2GN		SFM-T5/X1.4V		无
MOSFET-2GP		SOT143		无
MOSFET-N		BCY-W3/B.8		有
MOSFET-N4		SOT343/P1.3		有
MOSFET-P3		DFM-T5/X1.7V		无
MOSFET-P4		DSO-G3		有
Motor		RB5-10.5		无
Motor Step		DIP-6		无
NMOS-2		SFM-T3/A4.7V		有

续表

库元件名	原理图符号	封装名称	PCB 封装	仿真属性
NPN1		BCY-W3/B.7		有
Op Amp		CAN-8/D9.4		有
Opto TRIAC		SIP-P4/A7.5		无
Optoisolator1		DIP-4		无
Optoisolator2		SOP5		有
Photo NPN		SFM-T2（3）/X1.6V		无
PLL		SSO-G8/P.65		有
PUT		CAN-3/D5.6		有
Relay		DIP-P5/X1.65		有
Relay-DPDT		DIP-P8/E10		有
Res Bridge		SFM-T4/A4.1V		有
Res Tap		VR3		有
Res1		AXIAL-0.3		有

239

库元件名	原理图符号	封装名称	PCB 封装	仿真属性
Res2	R? Res2	AXIAL-0.4		有
Res Adj1	R? Res Adj1	AXIAL-0.7		有
Res Adj2	R? Res Adj2	AXIAL-0.6		有
Res Pack1	1 R?A 16 Res Pack1	SO-G16		有
Res Pack2	1 R?A 16 Res Pack2	DIP-16		有
RPot	R? RPot	VR5		有
RPot SM	R? RPot SM	POT4MM-2		无
SCR	Q? SCR	SFM-T3/E10.7V		有
SW-6WAY	S? SW-6WAY	SW-7		无
SW DPDT	S? SW-DPST	SO-G6/P.95		无
SW-PB	S? SW-PB	SPST-2		无
Trans	T? Trans	TRANS		有
Trans Adj	T? Trans Adj	TRF_4		有

续表

库元件名	原理图符号	封装名称	PCB 封装	仿真属性
Trans BB	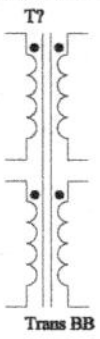	TRF_8	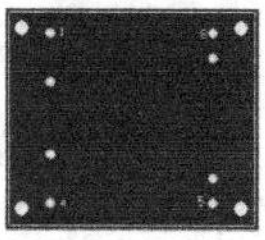	有
Trans CT	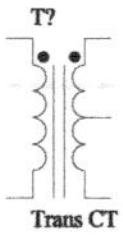	TRF_5	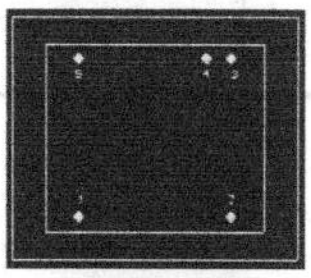	有
Trans3	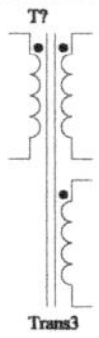	TRF_6	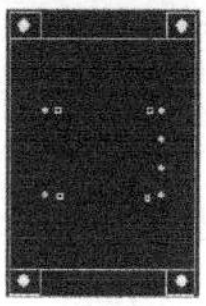	有
Tranzorb	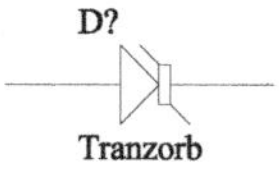	DIO10.2-7X2.7		无
Triac	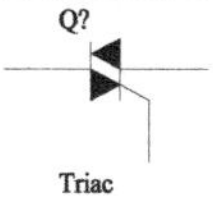	SFM-T3/A2.4V	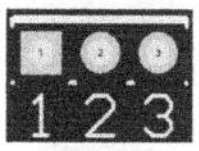	有
Tube 6L6GC	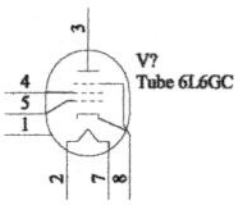	VTUBE-7	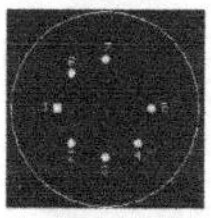	有
Tube 6SN7	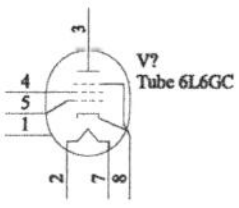	VTUBE-8	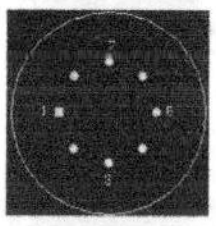	有
Tube 12AU7	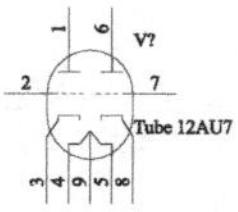	VTUBE-9	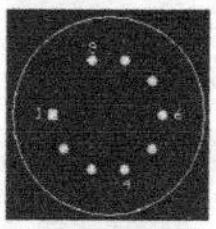	有
Tube Triode	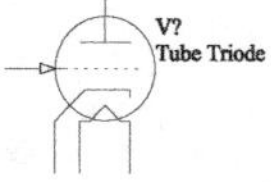	VTUBE-5		无
UJT-N	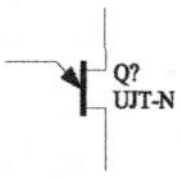	CAN-3/Y1.4	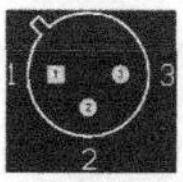	有
UJT-P	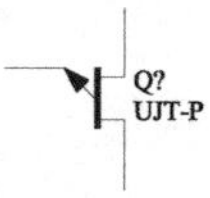	CAN-3/Y1.5	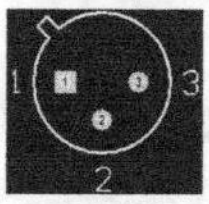	无

241

续表

库元件名	原理图符号	封装名称	PCB 封装	仿真属性
Volt Reg	VR? Vin　Vout GND Volt Reg	SIP-G3/Y2		无
XTAL	Y? 1　2 XTAL	BCY-W2/D3.1		有

附录 B

Protel DXP 2004 操作常用快捷键

表 B-1　操作常用的功能键

键	功能
Enter	选取或启动
Esc	放弃或取消
PgUp	放大窗口显示比例
PgDn	缩小窗口显示比例
Tab	启动浮动图件的属性窗口
Del	删除选取的元件（一个）
Space	将浮动图件逆时针旋转 90 度
Shift+Space	将浮动图件顺时针旋转 90 度
Ctrl+Ins	将选取图件复制到剪贴板
shift+Ins	将剪贴板里的图粘贴到编辑区
Ctrl+g	指定内容的查找与替换
Ctrl+f	寻找指定的文字
Space	绘制导线，直线或总线时，改变走线模式
V+d	缩放视图，以显示整张电路图
V+f	缩放视图，以显示所有电路部件
Home	以光标位置为中心，刷新屏幕
左箭头	光标左移 1 个电器栅格
Shift+左箭头	光标左移 10 个电器栅格
右箭头	光标右移 1 个电器栅格
Shift+右箭头	光标右移 10 个电器栅格
上箭头	光标上移 1 个电器栅格
Shift+上箭头	光标上移 10 个电器栅格
下箭头	光标下移 1 个电器栅格
Shift+下箭头	光标下移 10 个电器栅格
Ctrl + Shift+ b	将选定对象以下边缘为基准，底部对齐
Ctrl + Shift+t	将选定对象以上边缘为基准，顶部对齐
Ctrl + Shift+l	将选定对象以左边缘为基准，靠左对齐
Ctrl + Shift+r	将选定对象以右边缘为基准，靠右对齐
Ctrl +Shift+h	将选定对象在左右边缘之间，水平均布
Ctrl +Shift+v	将选定对象在上下边缘之间，垂直均布
Shift +F4	将打开的所有文档窗口平铺显示

表 B-2　实用的单字母快捷键

单字母快捷键	功能	单字母快捷键	功能
a	弹出 edit align 子菜单	b	弹出 view toolbars 子菜单
e	弹出 edit 子菜单	f	弹出 file 子菜单
h	弹出 help 子菜单	j	弹出 edit jump 子菜单
l	弹出 edit jump location marks 子菜单	m	弹出 edit move 子菜单
o	弹出 options 菜单	p	弹出 place 菜单
r	弹出 reports 菜单	s	弹出 edit select 子菜单
t	弹出 tools 菜单	v	弹出 view 菜单
w	弹出 window 菜单	x	弹出 edit deselect 菜单
x	将浮动图件左右翻转 （选中图件时有效）	y	将浮动图件上下翻转 （选中图件时有效）
z	弹出 zoom 菜单		

注：一部分通用快捷键此处略。

常用集成电路封装简汇

摩尔定律预测：每平方英寸芯片的晶体管数目每过 18 个月就将增加一倍，成本则下降一半。

世界半导体产业的发展一直遵循着这条定律，以美国 Intel 公司为例，自 1971 年设计制造出 4 位微处理器芯片以来，在 40 多年时间内，CPU 从 Intel4004、8086、80286……发展到目前的酷睿 7 核，数位从 4 位发展到 64 位；主频从几兆赫兹到今天的 500GHz 以上；现在的微处理器已经能够在 1.2 平方厘米的空间内集成几亿个晶体管，真到了不可思议的地步了。

因此，封装对 CPU 和其他 LSI 集成电路都起着重要的作用。新一代 CPU 的出现常常伴随着新的封装形式的使用。芯片的封装技术不断变迁，从 DIP、QFP、PGA 至 BGA、CSP，技术指标一代比一代先进，包括芯片面积与封装面积之比越来越接近于 1:1，执行频率越来越高，耐温性能越来越好，引脚数在倍增，引脚间距在倍减，重量在减小，稳定性、可靠性都在提高，安装更加方便，等等。

（一）集成电路封装简汇

1. DIP 封装

20 世纪 70 年代流行的双列直插封装，简称 DIP（Dualh-line Package）。DIP 封装结构形式有多种，如多层陶瓷双列直插式 DIP，单层陶瓷双列直插式 DIP，引线框架式 DIP（含玻璃陶瓷封装式、塑料包封结构式、陶瓷低熔玻璃封装式）等。今天，在简单的电路设计中还有着广泛的应用。如图附 C-1 所示为 DIP 14 引脚图及常见的 74LS×× 系列芯片。

（a）PCB图	（b）3D仿真	（c）实物图

图附 C-1　DIP 14 引脚

2. COB（Chip On Board）

裸芯片贴装技术之一，俗称"软封装"。IC 芯片直接黏结在 PCB 板上，引脚焊在铜箔上并用黑塑胶包封，形成"绑定"板。该封装成本最低，主要用于民品。如图附 C-2 所示是 COB 库元件与封装实物图。

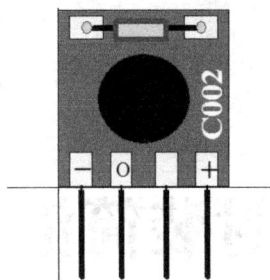

（a）建立的Sch库元件　　　　　　　（b）实物图

图附 C-2　COB 库元件与封装实物图

3. PLCC（Plastic Leaded Chip Carder）——带引线的塑料芯片载体封装

20 世纪 80 年代出现了芯片载体封装，其中有陶瓷无引线芯片载体 LCCC（Leadless Ceramic Chip Carrier）、塑料有引线芯片载体 PLCC、小尺寸封装 SOP（Small Outline Package），引脚从封装的四个侧面引出，呈 J 字形。引脚中心距为 1.27mm，引脚数为 18～84。J 形引脚不易变形，但焊接后的外观检查较为困难。如图附 C-3 所示为 PLCC28 引脚图。

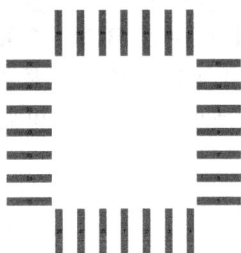
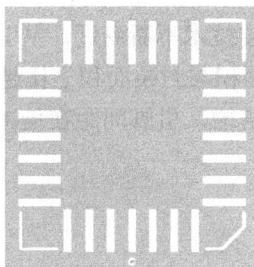

（a）建立的PCB库元件　　　　　　（b）3D仿真　　　　　　　　（c）实物图

图附 C-3　PLCC 28 引脚

4. PGA（Pin Grid Array）——陈列引脚封装

通常 PGA 为插装型封装，引脚长约 3.4mm。而表面贴装型 PGA 在封装的底面有陈列状的引脚，其长度从 1.5mm 到 2.0mm。贴装采用与印刷基板碰焊的方法，因而也称为碰焊 PGA。因为引脚中心距只有 1.27mm，比插装型 PGA 小一半，所以封装本体可制作得不怎么大，而引脚数比插装型多（250～528），是大规模逻辑 LSI 常用的封装形式。如图附 C-4 所示为 PGA179 引脚图。

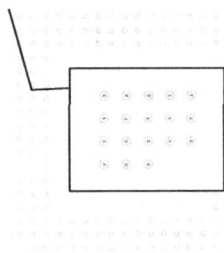

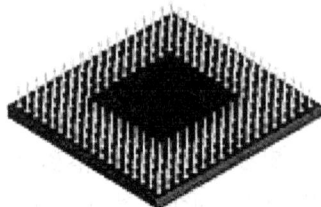

（a）建立的PCB库元件　　　　　　（b）3D仿真　　　　　　　　（c）实物图

图附 C-4　PGA 179 引脚

5．QFP（Quad Flat Package）——四侧引脚扁平封装

四侧引脚扁平封装，脚从四个侧面引出呈海鸥翼（L）型，基材有陶瓷、金属和塑料三种。LQFP（low profile quad flat package）) 薄型 QFP，指封装本体厚度为 1.4mm 的 QFP，是日本电子机械工业会根据制定的新 QFP 外形规格所用的名称。如图附 C-5 所示为 LQFP56 引脚图。

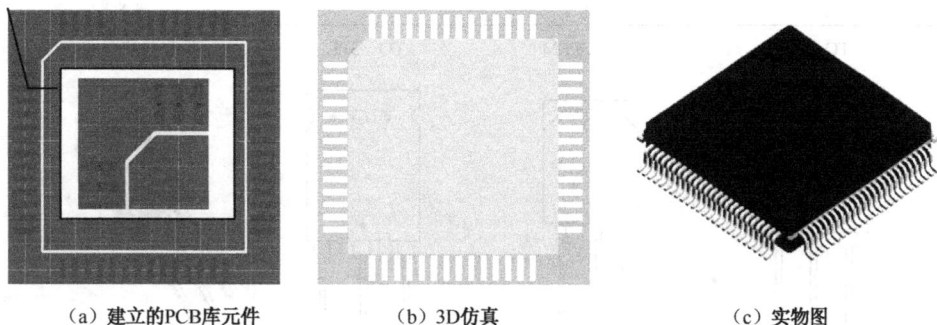

（a）建立的PCB库元件　　　　（b）3D仿真　　　　（c）实物图

图附 C-5　LQFP 56 引脚

6．BGA（Ball Grid Array）——球形触点陈列

表面贴装型封装之一。在印刷基板的背面按陈列方式制作出球形凸点用以代替引脚，在印刷基板的正面装配 LSI 芯片，然后用模压树脂或灌封方法进行密封。也称为凸点陈列载体（PAC）。该封装是美国 Motorola 公司开发的，首先在便携式电话等设备中被采用，目前在个人计算机等电子产品中使用十分普及。如附图 C-6 所示是 BGA196 引脚图。由图可见，此封装本体也可做得比 QFP（四侧引脚扁平封装）小。

（a）建立的PCB库元件　　　　（b）3D仿真　　　　（c）实物图

图附 C-6　BGA196 引脚

（二）常见电子小元件封装简汇

封装主要分为直插封装和 SMD 贴片封装两种。

从结构方面，封装经历了最早期的电阻、二极管 AXTAL、晶体管 TO（如 TO-89、TO92）封装发展到了双列直插 DIP 封装，随后由 PHILIP 公司开发出了 SOP 小外形封装，以后逐渐派生出 SOJ（J 型引脚小外形封装）、TSOP（薄小外形封装）、VSOP（甚小外形封装）、SSOP（缩小型 SOP）、TSSOP（薄的缩小型 SOP）及 SOT（小外形晶体管）、SOIC（小外形集成电路）等，如图附 C-7 所示。

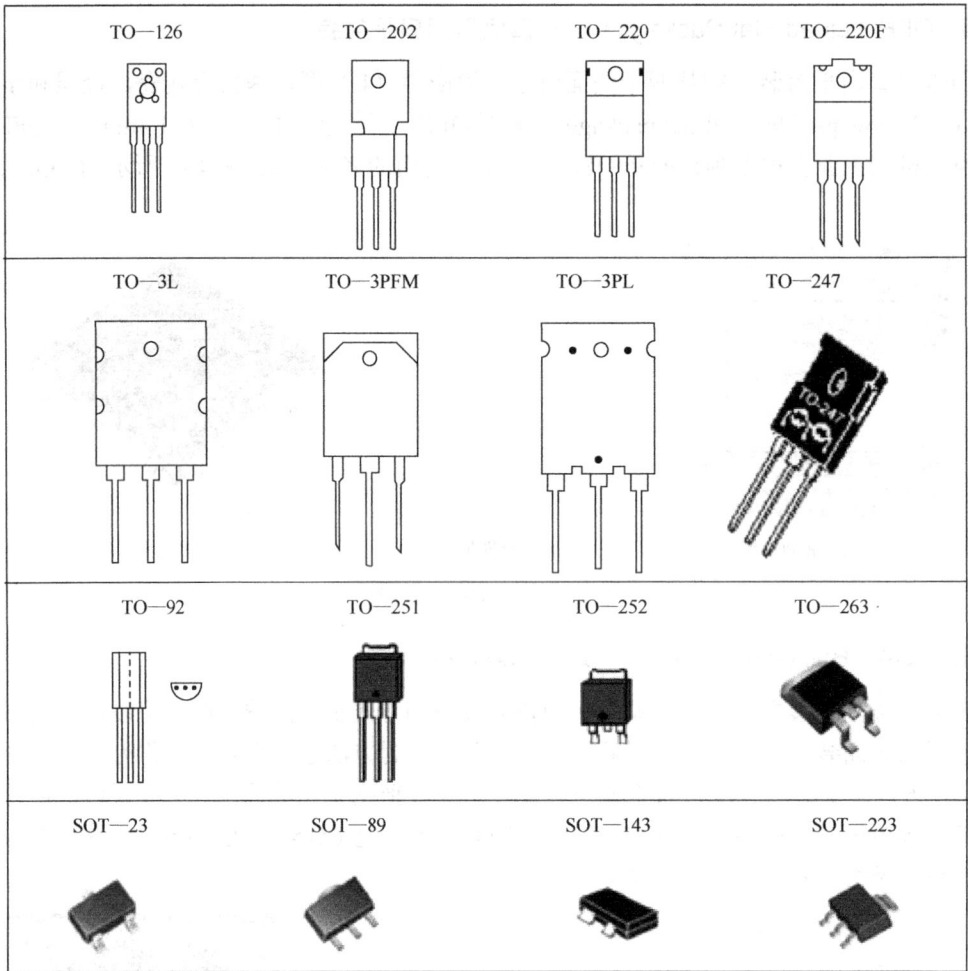

图附　C-7

从材料介质方面，包括金属、陶瓷、塑料等。目前很多高强度工作条件需求的电路，如军工和宇航级别仍有大量的金属封装。

参 考 文 献

［1］ 全国计算机信息高新技术考试教材编写委员会．Protel 2002 职业技能培训教程（绘图员级）[M]．北京：希望电子出版社，2007．

［2］ 国家职业技能鉴定专家委员会计算机专业委员会．Protel 2002 试题汇编[M]．北京：希望电子出版社，2007．

［3］ 刘瑞新等．Protel DXP 实用教程 [M]．北京：机械工业出版社，2003．

［4］ 李启炎．Protel 99SE 应用教程 印刷电路板设计 [M]．上海：同济大学出版社，2005．

［5］ 李永平，董欣．PSpice 电路设计实用教程 [M]．北京：国防工业出版社，2004．

［6］ 陈其纯 电子线路（第二版） [M]．北京：高等教育出版社，2006．

［7］ 孙立津，张兆河．电子线路 CAD 设计与仿真 [M]．北京：电子工业出版社，2011．

［8］ 张金华．电子技术基础与技能 [M]．北京：高等教育出版社，2010．

［9］ 张兆河，孙立津．单片机一体化应用技术基础 [M]．北京：电子工业出版社，2014．

反侵权盗版声明

电子工业出版社依法对本作品享有专有出版权。任何未经权利人书面许可，复制、销售或通过信息网络传播本作品的行为；歪曲、篡改、剽窃本作品的行为，均违反《中华人民共和国著作权法》，其行为人应承担相应的民事责任和行政责任，构成犯罪的，将被依法追究刑事责任。

为了维护市场秩序，保护权利人的合法权益，我社将依法查处和打击侵权盗版的单位和个人。欢迎社会各界人士积极举报侵权盗版行为，本社将奖励举报有功人员，并保证举报人的信息不被泄露。

举报电话：（010）88254396；（010）88258888

传　　真：（010）88254397

E-mail：　dbqq@phei.com.cn

通信地址：北京市万寿路 173 信箱

　　　　　电子工业出版社总编办公室

邮　　编：100036